下一个暴富点

[美] 肯·费雪（Ken Fisher）
劳拉·霍夫曼斯（Lara Hoffmans） 著
刘寅龙 译

廣東省出版集團
广东人民出版社
·广州·

图书在版编目（CIP）数据

下一个暴富点 / (美) 肯 · 费雪 , 劳拉 · 霍夫曼斯著 ; 刘寅龙译 . — 广州 : 广东人民出版社 , 2013.6

ISBN978-7-218-08379-7

Ⅰ . ①下… Ⅱ . ①肯… ②劳… ③刘… Ⅲ . ①私人投资－基本知识 Ⅳ . ① F830.59

中国版本图书馆 CIP 数据核字 (2012) 第 276011 号

Markets Never Forget (But People Do) : How Your Memory is Costing You Money and Why This Time isn't Different (ISBN-9781118091548) by Ken Fisher & Lara Hoffmans.

Xia yi ge baofu dian
下一个暴富点
[美] 肯 · 费雪　劳拉 · 霍夫曼斯　著　　刘寅龙　译

出 版 人：曾　莹

策　　划：中资海派
执行策划：黄　河　桂　林
责任编辑：肖风华　梁　茵
特约编辑：杜天宜
版式设计：王　芳
封面设计：张　英

出版发行：广东人民出版社
地　　址：广州市大沙头四马路 10 号（邮政编码：510102）
电　　话：(020) 83798714（总编室）
传　　真：(020) 83780199
网　　址：http：//www.gdpph.com
印　　刷：深圳市鹰达印刷包装有限公司
书　　号：ISBN978-7-218-08379-7
开　　本：787mm × 1092mm　1/16
印　　张：16.5　　**字　　数：**229 千
版　　次：2013 年 6 月第 1 版　2013 年 7 月第 2 次印刷
定　　价：68.00 元

如发现印装质量问题，影响阅读，请与出版社（020-83795749）联系调换。
售书热线：(020) 83790604　83791487　**邮　购：**(020) 83781421

致中国读者信

TO ALL MY FRIENDS IN CHINA—

HOPEFULLY SOME FEW OF THE CONCEPTS CONTAINED HEREIN WILL HELP YOU CAPTURE THE AWESOME POTENTIAL AHEAD OF CHINA'S EXTRAORDINARY CAPABILITIES.

BEST OF LUCK IN ALL THINGS -- IN ALL WAYS -- FOR ALL OF THE FUTURE.

Ken Fisher

亲爱的中国读者：

眼下中国资本市场充满机遇，希望书中的观点可以帮助你们获得巨额财富！

祝你们万事如意！

肯·费雪

李大霄　英大证券研究所所长

肯·费雪在本书中从投资者常见的投资误区入手，结合世界及美国的政治经济股市历史，总结出很多极为有用的投资规律，并进一步丰富和发展了菲利普·费雪的投资理念。股票投资，以史为镜，作为投资者必须牢记历史的教训，时刻回顾经济和股市的历史，这样才能在投资中立于不败之地。

但　斌　深圳市东方港湾投资管理有限责任公司董事长

资本市场有许多似是而非的错误认识贻害无穷。读史明智，《下一个暴富点》告诉我们：永远不要凭借直觉相信任何事情。历史就是最有说服力的实验室，它告诉我们，事实恰恰与想象的相反。资本市场是极其复杂的，我们需要从过去的错误中汲取教训，千万不要根据某一个因素就冒然采取行动。

刘建位　央视《学习巴菲特》节目主讲人
汇添富基金公司首席投资理财师

天气大冷大热，人们习以为常。股市大冷大热，人们却大惊小怪。为什么？因为人非常了解天气变化冷热交替的历史，而不了解股市也是涨跌轮换的历史。巴菲特感叹：“我们从历史上能够学到的是，人们总是不能以史为镜汲取经验教训。”肯·费雪的这本书用客观的数据和理性的分析带你探索股市大涨大跌交替变化的历史规律，让你像淡定看待天气冷热变化一样冷静应对股市大涨大跌。

杨 光 《中国证券报》金牛基金周刊副主编

肯·费雪是个能够将投机与投资双剑合璧的高手，他靠炒股进入美国福布斯富豪榜排行前百名。其秘籍之一是把逃熊市之顶作为“主要工作”——“避免遭遇熊市大滑落是我职业生涯的主要工作之一，避免一次熊市带来的损失，就相当于你获得了额外收益。”股市最大的特点是不确定性，也许所有的赚钱的历史和经验未必都能在股市中重演，以史为镜最有意义之处在于尽可能避免在熊市顶部而浑然不觉。

刘 坚 《经济观察报》总编辑

历史不会严丝合缝重复，过去也不能完全预测未来。投资是个概率游戏，不是确定性比赛。《下一个暴富点》做的就是挖掘记忆，以史为鉴。

艾经纬 《第一财经日报》资深编辑

正如肯·费雪所言，本书关于债务的观点可能激怒很多人。他认为担忧美国债务违约纯粹是唯恐天下不乱，而且是种思维缺陷……参照美国历史以及当前金融市场，他确实有底气这么说。虽然长期而言，我们可以不认同，但中短期而言，他确实提供了一种更务实的看问题的视角。

刘宏伟 《新领军者》杂志主编 《新金融观察》报副主编

如果从第一页开始读起，这本书或许和其他书没什么两样。但如果直接翻到第7章，读到作者关于“奥巴马能否实现连任”的精彩论述，你会看到，作者预测未来，竟如回顾历史一般，从容而准确……

王再峰 《理财》杂志执行总编

古语有云：以史为镜可以知兴替，这句话在股市中同样受用。纵观世界股市的历史，A股与其相比具有哪些共性和特性，如今风起云涌的股市又蕴藏着怎样的投资机遇，作为一个投资者怎样才能抓住A股的下一个暴富点，看看肯·费雪的《下一个暴富点》吧，你或许可以从中得到一些启发。

目 录

前 言

要想炒股致富，就别忘记历史

当鲍勃·霍普（Bob Hope，1903 ~ 2003）家喻户晓时，我还是一个孩子。在他的身上，你永远都能看到快乐，除了快乐，还是快乐！霍普曾出演52部喜剧影片，参加过各种电视片和脱口秀等节目，毫无疑问，他是一个伟大的表演家，即便是“伟大”这个词也不足以总结他的辉煌历史。霍普让希望永存，让快乐永存，无论是过去还是现在，他无时不在，无处不在！遗憾的是，我们的记忆力却没有尽职尽责。确切地说，一旦谈及经济和市场问题，我们的记忆力就会糟糕得一塌糊涂。

人们习惯于淡忘，不仅经常健忘，而且忘记得非常快。即使是刚刚发生的事情，也很难留存在我们的记忆中，我们能记住的太少了。而这必然招致无数投资失误，而且是极其严重的失误！有很多次，我们的记忆在股市中捉弄我们，我们却浑然不知。我们忘记了事件，忘记了原因和结果，甚至记不起我们的感受。因为我们总是忘记，所以，我们习惯于盯着摆在面前或是刚刚发生的事，行为学家称之为“思维近视”。我们总是以为，自己看到的都是新鲜事物，每一种发现都前所未有而且意义非凡，而事实却是，我们刚刚经历过类似事情，而且这样的事情在历史上比比皆是。

人类过分关注眼前事件的倾向并非偶然，这是进化的结果。

在漫长的进化过程中，人类一直在学习忘却过去，忘记痛苦与灾难。因为这种健忘，我们才会重复很多疯狂的举止，比如说用木棒和石头去猎杀大型野兽，或是在旱灾、冰雹、野火或者其他毁灭性灾害之后去重新翻耕土地。

忘却痛苦是人类谋求生存的一种本能，不幸的是，这种本能却让我们忘记了教训。尽管每个人都善忘，而市场却不善忘。事实上，历史绝对不会分毫不差地重复，每一次熊市都有一套独特的诱因，每一次牛市也都有不同以往的特有动因。然而人类的行为却不会变化，至少说不会在短时间内发生巨大变化。投资者或许不会记得他们曾经对债务、赤字、愚蠢的政治家、高油价、低油价、过度消费有过几乎完全相同的体验，市场却清晰记得，细节或许会有所差异，但总体行为特征却不会变化。

几十年以来，我曾听说过很多聪明的商界大师高谈阔论当前形势的极端性。历史却说明，这些现象不仅不算极端，甚至与常态没有什么区别，这种例子举不胜举，而且贯穿本书。如果你告诉某个人，他所说的事实纯属谬误，你可能会碰一鼻子灰，因为他根本就不可能相信你！他们以为自己无所不知，实际上只是从媒体或是网络上道听途说，他们的朋友信以为真，于是，这就成了他们的事实。这是虚假的事实，只要我们稍有一点记性，就会轻易地识别这些伪事实，但因为我们都是健忘的人，我们的社会也就变成了一个健忘的社会。

这就是投资者经常犯相同错误的原因，千万不要认为只有普通投资者才容易犯错误。第三方调查公司 CXO 对所谓的投资大腕们进行了研究，也就是那些通过各种方式预测市场走势的专业人士。有些人本身就管理着大量资产，就像我这样，他们选择的专业投资人士中也包括我；有些人虽然不亲自操盘，却会公布投资通讯，撰写投资评论等。在这些人当中，并非每个人都是发布公开市场预测的专业人员。

那么，CXO的调查结果发现这些专业投资者的预测准确度又怎样呢？至我创作本书的时候，这个数字是47%，我在本书第1章里提到了他们对我的评价。我可以坚定地认为，他们的平均正确率绝对不超过50%！这就是专业人士！这些名声显赫的所谓专业市场预测大师，平均正确率竟然还不到一半！这样的话，我们完全有理由相信，非专业人士的预测准确率也差不到哪里去。关于这一点，可以阅读第2章。

贪婪和恐惧导致我们善忘？

为什么投资者在多半的时间里会面对失败呢？原因简单而重要：我们太健忘！我们总是不能以史为鉴，从历史的失败中汲取教训。投资者不仅始终被贪婪和恐惧所控制，而且还会忘记，贪婪和恐惧曾经让他们屡屡受挫。他们之所以总是毫无理由地与贪婪和恐惧为伍，是因为他们觉得这种感受十分强烈，难以抗拒，尽管客观事实或许并非如此。

他们习惯于被貌似剧烈但实属正常的波动所吓倒，因为他们忘记自己曾无数次地经历过这样的波动。他们总是反应过激，可能是出于极度的悲观，也可能是因为超常的乐观，他们所依赖的无非是零零散散的风言风语，或是媒体大惊小怪的末日预言，而随后的事实往往会无一例外地证实：这些只是危言耸听，甚至完全是一派胡言。为什么会这样？他们不知道，媒体也习惯于重复同样的错误，原因当然完全一样：它们也是由人组成的。

比如说，2008年的市场剧烈震荡让媒体惊慌失措，但这一次和2003年或是1974年熊市探底没有任何不同，而且比后两次甚至有过之而无不及。与此同时，媒体又忽略了2009年市场探底后的大牛市，他们似乎永远也不会预见到股票居然会变脸得如此之快，尽管我们在2003年刚刚经历过类似的事情，只不过程度略缓而已。当然，还有 1975 ~ 1976 年的触底反弹，诸如此类的事情在历次的熊市中屡见不鲜，但距 2002 年和 2003 年不过只有几年啊，投资者至少不会把刚刚过去的事情就忘得一干二净吧！

的确是这样，尽管 2008 年的市场波动情况相对短期历史稍微加强，但是较长时期内并不突出，投资者显然忘记了用历史做一下检验。在我们的世界里，以史为鉴似乎是一件很难得的事情。首先，历史对大多数人来说繁琐枯燥；其次，大多数人根本就不认为他们的思维鼠目寸光，而且几十年前埃菲社的事情到今天早已经物是人非了。在现实中，市场在基本运行规律上并没有太多的变化，因为市场运行的参与者们风雨依旧。行为心理学带给我们的一个最基本规律就是：人类不仅不善于变化，而且不善于学习。

当然还有更多的例子。投资者坚信，自己所拥护的政党或者自己最喜爱的政治家一旦当选，将有利于股市，但近期历史会告诉我们，就总体而言，任何政党对股票而言都无所谓好坏，详见第 7 章。投资者认为，自己喜欢的资产类别会随着时间的推移而越来越有魅力，却忘记了刚刚经历过的事实已经断然否定了这一推理，详见第 6 章。他们还忘记了，自己之所以会忘记上一次的教训，是因为这种教训过于痛苦，以至于除了忘记之外已别无选择！如此反反复复地品尝同样的痛苦，都源自相同的错误认识和错误观念。

幸运的是，在投资中，要得到可以接受的回报并不需要我们做到 100% 的正确，况且这也是不可能的。如果抱有这种期望，你唯一的命运就是失望，因为任何人不可能在任何时候都做到百密而无一疏。相反，你应该尽可能地少犯错误，在投资领域，如果你能在 60% 的时间里作出正确选择，那你就应该算作传奇人物了；如果是 70%，那你绝对是上帝了。实际上，只要正确的概率超过50%，就意味着你已经比大多数投资者更胜一筹了，即便是很多专业人士也会对你仰视。

在我看来，改善投资业绩的一种好办法，就是以减小失误率为目标。如果你对问题能看得比别人更清晰，而且不会受限于迷惑了大多数投资者的错误观点，你就已经走在正确的道路上了。从本质上说，这也是我在很多论著、《福布斯》的专栏文章和其他作品中的核心思想，并且也是我始终倡导的理念：客观看待世界，尽可能从不同的视角去认识它，据此作出反应或是静观其变。而所有这一切都是以减少错误为核心，尽管我们还是会犯各种各样的错误，但这已经足够我们超过大多数投资者了。

而要减少错误，以更清晰的视角看待世界，最有意义的工具，无疑就是通过反复持久的练习改善我们的记忆力，哪怕是记住一点点的历史，也会让我们受益匪浅。

别忘了，投资玩的就是概率游戏

每当我谈及历史在资本市场预测方面所发挥的巨大作用时，总会有人说，“以往的业绩不能用来预测未来”，的确如此，这也是我们不能依赖历史的原由所在。我们可以把历史当做实验室，对各种各样的合理预期进行检验。比如说，当事件X发生的时候，结果通常是B、C或者D，但也有可能是从A到F的其他结果，这样，我就可以知道，尽管任何事情都可能发生，但出现从A到F的可能性较大，出现B、C或D的概率就更高了。而出现上述区间以外结果的可能性则非常小，这时，如果我们要把赌注压在这个区间以外的事情上，显然还需要更多的依据来作出判断。

因此，我们还要考虑其他会对结果产生影响的要素，比如说经济、政治和心理等方面的因素。例如，如果事件Y与事件X同时发生，Y可能会减少发生事件D的概率，增加事件B发生的可能性；或者说，事件Z即将发生，它通常会导致事件Q的出现。因此，尽管事件Q在预期范围以外，但还是要把它纳入到考虑范围中。这就是我教给各位的方法，用概率论的知识思考问题，从根本上说，投资本身就是一种概率游戏，而非确定性游戏。

有趣的是，即便是抱怨历史不足成为指南的人，也会拍着胸脯打包票："政府的债务必将毁掉经济，拖累股市。"或是称："如果失业率很高，经济就无法复苏。"真的吗？这些论调的基础何在？

假设你无比肯定某种条件会导致特定结果，因为你曾在以前看到过这种对应关系的存在，或是历史已经以某种方式验证了这一点，不管是出于特殊状况，还是经济基本面导致的必然结果。别人会觉得合理吗？但是这也不公平啊！即使很多人认为事件X必定会导致Y，我们检验一下历史中是否发生过这样的事情，也没有什么坏处吧。原因很简单，如果以前没有发生过这样的事情，不管人们怎么想，它发生的概率都不会很大。

当某个特定事件会导致特定结果的逻辑关系已被社会广泛接受时，如果我再说历史上未曾出现过先例，媒体、博客或是社交网中的多数人还是会大发雷霆，对我群起而攻之。我在这里就不引用事实和历史数据了，我们在下文将详细探讨这个问题。更常见的情况是，那些被人们视为比以往更明显、更糟糕而且也更具因果预测关系的新鲜事物，往往是我们曾多次亲身经历过的现实，遗憾的是，它们往往不会带来人们普遍预期的结果。

批判家们喜欢指责人们以市场历史来反驳某些根深蒂固的传统观点。当人们认为失业率太高导致经济无力复苏时，他们又会用历史为自己伸张正义。仅仅通过某些事件，并不能证实他们的说法，因为我们总能在失业率的历史数据中找到反驳依据。事实上，认为高失业率必然会导致经济增长放缓或是股市下跌，和前面所言红衬衫的神奇预测能力并无区别。事实显然不会这么简单。我们在历史实验室中也没有找到这样的先例，而且它显然也不足以成为公司在销售额尚未复苏时便加大劳动用工的依据。

有时也会发生不合常规的事情，只要穿上神奇的红衬衫买彩票，你就能赢得大奖。这很不可思议吧！但一个思维正常的人不会总是去赌彩票，即使穿上你的神奇红衬衫，每次买上1 000注彩票，你也不可能总能得到大奖！彩票中奖完全是一个概率性结果，中奖的概率低得几乎可以忽略不计。显然，我们找不到有说服力的证据表明，衬衫的颜色是上一次中奖的主要原因。虽然穿上红衬衫会让你感到很舒服，红色也是我最喜欢的颜色，但它丝毫不能改变这个近似于零的概率。

这就是历史的重要性所在，如前所述，投资是概率游戏，而不是可以确定的游戏。任何人都不可能百分百地保证未来将会发生什么。那些坚持如是说的人或许只是在向你兜售你根本就不会喜欢的东西，或是想蒙上你的眼睛，然后再实施抢劫。

当你穿红衬衫的时候，可能会赢得百万美元大奖。同样，彗星也可能会撞上地球，消灭地球上的生命，这是很多科幻小说中的典型情节。如果你购买一点股票，或许可能把自己变成下一个微软的老板。可能性是无穷无尽的，但我们显然不能把赌注押在仅仅是具有可能性的事件上。我们也不可能围绕着不计其数的可能性建立自己的投资组合，不管这种可能性看上去有多么美妙。相反，我们只能考虑处于一定可能性区间内的结果，然后按照其概率构思我们对未来的预期。你可能依旧会犯错误，而且会经常犯错误。你必须为此作好准备，但是，如果我们合理构建这个概率区间，就更有可能在长期内获得更理想的结果，虽然错误依旧不可避免。

如果你的记忆受损，这个过程恐怕就要艰难得多了。不过，只要你还能牢记，并且尝试着学习用历史去认识可能性，那么，你就可以更好地理解，哪些可能性更有可能成为现实，或是哪些可能性永远都不可能实现。这样，你就可以不断降低失误率了。

记忆让我们学会逆向投资？

在本书中，我引用了大量以往的新闻报道，它们可以更形象地说明问题，而不是为了回顾历史。比如，如果我想说明人们经常会在新一轮经济衰退初期便开始担心二次探底，这显然不是什么新现象，当然也不能说明什么新问题了，我就会引用一系列以前的新闻报道。它们的用意在于说明这种心理依旧存在。我当然不能用“绝不可能，这个世界上根本就不存在二次探底”这样的咆哮去驳斥每一个人吧？或许就会有人这么做，但我认为这对你显然没有意义。

通常情况下，人们总是习惯于在身边寻找特定的事例，去验证他们信以为真的道理，而对不支持其观点的事情则视而不见或者大事化小。这种早已经被人们所熟知的认知偏差，被研究各种行为方式包括行为金融学的人称之为确认偏误（Confirmation Bias），我们倾向于搜寻支持自己的证据，对与之相对立的证据则不予理会。

行为学家指出，它对人类实现成功进化有着不可忽略的深远意义。它让我们在进化道路上面对极端严酷的环境时更加自信，敢于不断挑战艰难险阻，但是在市场上，这种认知方式却是有害无益的。

此外，更多的投资者在本性上倾向于怀疑，或者说悲观看待市场，而不习惯于采取乐观态度。即便是最窝囊的熊也会偶露狰狞，虽然老实的熊厉害起来或许不是一个好征兆。但值得关注的是，股市上涨的时间多于下跌，这是股市2/3以上历史时段内的实际表现，因此，悲观多于乐观显然违背了人的本能。人们在本不该悲观的时候采取悲观态度，这是很多人不能实现长期投资收益的根本原因所在。这不由得让我们想起沃伦·巴菲特的一句话：“当其他人胆颤心惊时，你应该贪婪无比，当别人贪得无厌时，你应该心有余悸。”

我并不是在主张逆向投资，而且逆向投资也不一定有效。一件事情的发生未必表明其对立事件也会发生，这也是逆向投资的基本定义，我只是主张不要盲目跟随潮流。

事实却是，不管是乐观者还是悲观者，大多数人会去寻找与自己的观点相一致的最新市场报道或权威专家点评，然后对它们笃信不疑。在任何一个时点，你总能找到大量证据告诉自己：

> 经济衰退是不可能的。
>
> 这有可能只是一次市场调整。
>
> 全球增长态势良好。
>
> 企业利润较为健康，不要担心。
>
> ……

但假如你忘记了历史而且又错误地经常采取悲观态度，那么，你就有可能低估那些毫无警惕性的报道，去寻找那些能给你的观点添油加醋的材料。同样的道理，你也可能会错误地采取乐观态度。这也是我决定对这些历史报道点到为止、而不是长篇大论的原因。此外，看看历史也是很有趣的。因为那时的人有着与今天完全相同的担忧，和 1 年、3 年、7 年、23 年或是 189 年之后的人，也不会有什么差别。

因此，读者可以随便对我引用的这些报道挑三拣四。我不想改变大多数读者的观点，因为我知道，大多数读者会固执己见地去寻找支持自己的证据，他们对反对意见麻木不仁。

我们还是应该在回顾历史中体会到一份快乐。谷歌的搜索引擎不仅非常有用，而且非常有趣，《纽约时报》也是我们了解历史事件的一个好去处。此外，每一家差不多的图书馆都典藏着大量出版物的微缩文件，尽管它们的技术含量不及谷歌，但显然能让你回忆起年轻时在大学图书馆里埋头苦学的情景。我的观点是，我在本书中提及的任何情绪和行为都不是新事物，如果你能以历史为工具补偿自己的糟糕记性，那么，历史自然会成为你的良师益友。

此外，这也是我的第 8 本书，这的确有点让我难以置信。虽然我的市场观点每年都会依据未来 12 个月的预测而有所变化，但我的基本世界观却鲜有变化。我坚信市场规律和资本市场的价格法则。基于这个观点，我相信供给和需求是决定股票价格的两大基本要素，尽管供求也会受到诸多其他因素的影响。

因此，如果读过我以前写的书，你或许会注意到某些章节存在重复现象，不过，出现在本书中的内容均采用了最新数据。这也是有意为之的，假如某种方式确实有助于说明我的观点，我并不在意重复。但我也会以新的方式重述这些章节，或是在全新的场合下使用这些内容。实际上，本书中的很多章节均来自于 1987 年创作的《华尔街的华尔兹》（*The Wall Street Waltz*）一书，这本书中的很多内容太有价值了，以至于我没有办法拒绝。毕竟，在一本讲述历史价值的书里，重复一下我自己的历史也是合情合理的。因此，假如你发现某些图片似曾相识，我还恳请你能宽容大度，有些市场规律不仅适用于我所经历的这短短 40 年，它们的价值要长久得多。

既然如此，那我们就一同去回顾历史吧。

而且还要记得感谢我们的记忆。

第1章 大衰退必将伴以大复苏

巴菲特和约翰爵士等投资大师，为何会选择在市场最绝望的时候“像饿狼一样贪婪”地买入？

虽然21世纪第一个10年被称为“失去的10年”，但全球经济在此期间实现增长翻番。我们对经济形势的评估为何是错的？

经济增长乏力、股市低迷、房地产泡沫、欧债危机……对于愁云笼罩的投资者而言，这次危机真的是前所未有的泥潭？本次危机将会如何收场？下一轮大牛市是否已经提前来临？

Markets Never Forget (But People Do)

无论是衰退还是复苏，都是正常的，与衰退期相比，经济复苏时期的持续时间往往更长，程度也更猛烈。

巴菲特与约翰爵士的投资共识

"'这次会不一样'是最昂贵的一句话"。这是投资圣人约翰·邓普顿爵士（Sir John Templeton，1912 ~ 2008 年）送给我们的教诲，他是永远的圣人，他带给我们永远的启迪，愿他在天堂永远保佑我们。当然，他说的只是投资。但或许也在说灵魂，或是两者兼而有之。

说约翰爵士是一个传奇人物，似乎对传奇这个词有点不公平。他是共同基金行业的先驱者，创建并一手打造出世界上规模最大的基金公司。他也是全球投资领域的领军人物，率先开启为全球客户提供增值服务的先河。约翰爵士的血管里似乎流着冰水，因为他永远都能镇定自若，他永远坚守自己的信条：不要随波逐流。他比巴菲特更早知道，在别人胆战心惊时，你应该像饿狼一样贪婪，反之亦然。他从不相信占卜术，不管它们看上去有多么诱人，他坚定不移地依赖基本面，坚信自己所说的"便宜货"。

我有幸多次见到约翰爵士，每次都对他关注有加，不仅因为我们两个人的生日在同一天，虽然相差近半个世纪，还因为他平易近人。此外，我还发现，在任何场合下约翰爵士都谦逊低调、彬彬有礼，浑身散发着高贵的气息。他几乎可以成为任何人学习的典范，以前是，现在是，而且永远都是，不管你是谁，不管你从事何种职业。

约翰爵士绝对是一个多才多艺的天才。除了创立“邓普顿宗教奖”（Templeton Prize in Religion）之外，他还热心投身慈善，建立了很多慈善基金。他勤俭节约，宁愿驾驶破旧的二手车，也不坐专职司机驾驶的豪华座驾；乘飞机时，他只坐经济舱。他虽然被授予爵士，但依旧谦逊平和。他还是一个非常出色的桥牌手，在耶鲁大学里，他是常胜将军。和我一样，他也认为美国政府既不是我们的好管家，更不是我们的好仆人，因此，他选择定居巴哈马。此外，他对投资实体经济也十分在行，他创建的企业提供了几千个就业岗位，而且报酬颇丰。在约翰爵士的言传身教下，很多人深得他的衣钵，无数跟随他的投资者都赚得盆满钵满。正是他的成功，才启发我创建一家大型投资公司。

他是一个令人称奇的心灵思想家。如果你曾阅读过他那本早已绝版的《中庸之道》（*The Humble Approach*），就会感悟到他通灵一般的思维。不管你信仰如何，这本书都会震撼你的心灵。约翰爵士绝对是最深邃、最睿智的思想家。

但是在我的心目中，约翰爵士最大的贡献就是他那句精辟的训诫。**假如你觉得这次会不一样，那么你绝对大错特错，可以肯定的是，这样的想法会让你付出惨重代价**。

这并不是说历史总会毫无偏差地重现，当然也绝不会毫厘不差地翻版，这并不是约翰爵士的本意。衰退终归还是衰退，只是程度不同而已，但投资者都会度过这些危机。信贷危机并不陌生，熊市也不是什么新鲜事，牛市同样会来去依旧，地缘政治冲突、战争甚至恐怖袭击自古以来就存在，自然灾害更是如家常便饭！认为今天的自然灾害正在变得越来越严重、越来越频繁的想法根本就没有任何依据。

了解以往投资者对类似事件的反应，我们就能以史为鉴，更好地展望未来。虽然我们不能根据过去妄断未来，但它可以为我们点亮一盏灯。

我们生活在某个与众不同的新时代，历史上每一代人都生活在前人不曾生活过的时代，因此，约翰爵士格外懂得研究历史的价值。如果不以史为鉴，我们就缺少了认识当下的背景和展望未来的基准。在一个绝大多数市场实操者认为历史仅限于他们职业跨度的世界里，约翰爵士显然是名副其实的历史学家。

此外，约翰爵士还深知一个优秀投资家最应该铭记在心的事情：人类的进化过程异常缓慢，我们不可能一夜之间便旧貌换新颜。因为人在本质上就是一种进化缓慢的动物，尽管环境可以变化，但我们依旧会对世界做出相同的本能性反应。

我们之所以会做出相同的反应，是因为我们根本就不会牢记过去。我对此的认识是：我们就像是没有记忆、嗷嗷做吼的大猩猩。没有历史认识、数据收集或者分析能力，我们就只能坐以待毙。约翰爵士在这三个方面造诣颇深，而且他还知道，我们总是自欺欺人地以为，每一次袭来的危机都比上一次更可怕，更令人痛苦，我们刚刚经历的信贷危机让以前的危机都相形见绌。这只是人类在进化过程中得到的一份礼物，有了这样的经历我们就永远不会在绝望中自暴自弃。

正因为如此，约翰爵士“这次会不一样”的教诲才能让我们永远铭记于心。不管过去经济多么繁荣，也不管危机到来时有多可怕，我们总有过类似体会。假如你能记住这些经历，并能从中吸取教训，你就会知道危机到来时应该怎样做。你就会知道，这一次并不比上一次更糟糕，也不比上一次更好。

世界经济和资本市场到底有多大的活力，尤其是在发达国家？我们不得而知，人们总是忘记过去，但约翰爵士永远也不会。再有用的话说多了也会变成废话，但我们还是不得不重复：长期熊市隐藏在每个角落，详见第 4 章。如果事实确实如此，如果资本市场确实不如我们想象的那么活力四射，那么全球公开上市交易股票的价值到底会是多少呢？会是现在的 54 万亿美元吗？今天的全球经济总量为 63 万亿美元，2000 年的时候还只有 31 万亿美元。尽管全球经济产出翻番，但 21 世纪的第一个 10 年还是经常被人们称为“失去的 10 年”，1990 年全球产出只有 19 万亿美元。到了 2020 年，2050 年，2083 年或是 3754 年，这个数字又会是多少呢？我可不知道，即使约翰爵士还活着，他也不会知道。但我记得他在过去几十年里曾无数次地说过，这个数字将会越来越高，而且基本会保持我们曾经实现的增长率，或许稍高一点，也有可能稍低一点。但那个时候几乎没有人相信他，尤其是他在熊市或是经济衰退时说这些话的时候，就更没有人相信了，但事实却证明，他总是对的。

顺便提醒一下，人们之所以对这个社会感到厌恶，我相信是因为新闻业的衰亡引发的。曾几何时，新闻业恪守职业道德。要成为一名新闻工作者，你必须受过教育，接受过培训，学好五要素的必修课：谁、什么、何时、何地、为何以及如何。首先用一小段篇幅阐明所有相关信息：在塔尔萨的郊区，一个男子咬了一条狗，因为这只狗偷吃了他的肉眼牛排，接着是你的故事细节。但编辑可以彻底改造你的故事，难道他们就不需要了解第七段里关于这只狗品种的描述吗？它是一只长着三条腿、没有尾巴的京巴犬，这一段干脆删掉；也不需要知道第五段关于这个人的生日宴会的细节吗？依旧是全盘删除。

以往的报刊杂志刊头上会有一大串特约撰稿人的名字，有些是新人，但更多是鬓角斑白的老家伙，他们是这个行业里最优越、同时也是资格最老的成员，他们老谋深算。如果有年轻人说：“我的老天！这个技术股泡沫绝对是有史以来最大的！没有活路了！”鬓角斑白的老家伙们就会说：“你什么也不知道。1980 年的能源股泡沫不是一样糟糕、甚至比这还可怕吗？”他们有过这样的经历，而且不止一次。

今天，传统的新闻业正在衰亡，你可以指责互联网，也可以抱怨有线电视，还可以把责任归结到你喜欢的任何事物上。但到底谁来承担过错已经不再重要，传统媒体已经奄奄一息！你可以随便翻开一份报刊或杂志，刊头已荡然无存。或许还会有几个特约撰稿人，但 5 年前的那些撰稿人已不复存在，他们开除了那些鬓角斑白的老家伙，转而聘用更廉价的撰稿人，很多人都是为了温饱才不得不涉足这个领域，有些人甚至是在无偿劳动。在线博客网站拥有无数无偿撰稿人，他们发布的很多东西无聊之极。很多媒体甚至直接把网上的一些文章稍加编辑便自行发表。

但现在，多数新闻撰稿人没有经历过什么大世面，在 2007 ~ 2009 年期间发生的事情他们或许还从未体验过。他们在上一次大萧条的时候或许还在大学里，上一次大熊市的时候或许还在读高中。而在更早一次的大萧条或是大熊市发生时，他们或许还未出生，他们完全没有过这样的经历。对他们来说，这个世界的确要走到尽头，他们无从想象我们将会陷入怎样的深渊，原因是他们根本就没有经历过这样的事情。作为一个成年人，他们不知道这样的灾难到底会带来怎样的后果。

当然，我并不是说他们完全不了解这些危机。尽管这个行业里依旧还活跃着为数不多的老牌记者，但绝对是凤毛麟角，总体而言，即便是最近发生的事件，我们似乎也记得不是很清楚。即便媒体告诉我们人类的记忆力有多么的糟糕，但依旧无济于事。

面对名存实亡的新闻业，我们会禁不住倒吸一口凉气，心惊胆战地反问自己："我们到底忘记了哪些事情？眼前的事情是否曾经发生过？我们是否经历过这样的事情或者是类似的事情？"除了那些不知深浅的年轻人之外，我们都会有这样的担忧。

在一个痼疾难愈的世界里，相信这次会不一样显然是对这个世界的误读。它极有可能会造成严重的投资失误。在我们的世界里，人们完全是凭自己的世界观下注，他们可以用自己的钱，但更多的还是在用别人的钱。但遗憾的是，任何理论都不可能尽善尽美，任何人也都不可能完美无缺。要在资金管理行业里立足，不管打理自己的钱财还是为他人理财，你都必须在长期内做到赢多输少。而这又意味着你还会犯很多错误，而且经常会犯很低级的错误。但假如你能以正确的方式看待周围的世界，做到赢多输少就会容易得多。

世界观之所以重要，是因为正确认识世界并牢记这一次并不会真正不同于上一次，会让我们减少很多在 2009 年和 2010 年曾犯下的错误，让我们能逃脱下一次大恐慌，在超级牛市或者稳赚不赔的热潮侵袭时能做到不为所动。

好在识别这次会不一样的思维定式并不困难。它常常伪装成这样：

- 新常态（new normal）或者新时代，有时也被人们冠以新经济之名。但仅仅因为人们认为这一次会不同，并不能说明这一切都很糟糕，有时，他们会非常乐观，有时又会表现出无缘无故的极端悲观。
- 无就业复苏（jobless recovery）。任何一次复苏都不是无就业的，除非没有复苏。但却没有人记得这些。
- 对二次探底（double dip）的担忧，经常被人们挂在嘴上但却难得一见。尽管人们也会经常提及其他事物，但“二次探底”却是你最有可能遭遇到的，因此，我们有必要做一番探究。

新一轮牛市：触底后反弹 93.3%

从 2009 年初开始，新常态这个术语开始被媒体大肆宣扬。新常态是这次会不一样的另一种说法，具体含义是指，近期经济衰退中出现或是预见的负面问题短时间内不可能解决，由此导致经济增长率低于平均水平、市场收益率低下甚至是两次探底的出现。

新常态存在诸多弊病，有些是现实存在的，但也有一些则被人们无限放大：至今尚在低谷中挣扎的楼市，居高不下的美国联邦债务，无限膨胀的居民消费债务。很多人坚信，是贪婪的银行家把我们的金融体系推到了悬崖边缘，让它陷入了不可救药的境地。经济之所以无力复苏，是因为银行不愿意提供贷款给两手空空的消费者！

今天，一个理性的消费者或许会停下来想想，如果他在担心每个人过度负债和过度消费的同时，又担心银行不提供信贷，这本身就不符合逻辑。如果你担心人们过度负债，那么银行不放贷就是好事，你不可能在抱怨人们把自己变成穷光蛋的同时，又抱怨他们消费不足，这同样不符合逻辑。但千万不要担心，因为每一次经济衰退和熊市几乎都会带来这样的非理性疯狂。

面对这场论战，政客们当然不甘寂寞，他们声称这种新常态就是他们的护身符，增税、减税、公费医疗等无不是新常态所支持的政策。而市场权威人士和媒体从业者则对新常态横加指责，似乎他们从来就没有听说过这样的事情，这真是天方夜谭！

但新常态这个概念绝非什么新鲜事物，实际上，我们在每个经济周期中都能找到它的影子。以下是媒体发表的几个重要事件——

◆ 2009 年 9 月：“新常态的中心语当然是新”。显然，这是对最新一轮新常态化进程的基本定位。

◆ 2003 年 12 月 13 日：“行业步入新常态，增长放缓但却可持续”。

◆ 2003 年 4 月 30 日：《快公司》（*Fast company*）发表专栏文章“欢迎进入新常态时代”，并称新常态是“一个有点笨拙、有点怪异的时期”，企业盈利能力将面临更大挑战。就在这篇文章发表之时，一场经济大萧条刚刚在一年半之前慢慢褪去，一场大牛市正在空前的大熊市中酝酿成型。

◆ 1987 年 11 月 2 日：《时代》发表封面文章名曰“经历了华尔街大灾难，这个世界正在变得不同以往”。实际上，这根本就不是什么新常态，只不过是这次会不一样的另一种说法而已，因为它并没有什么不同之处。这个世界曾经从 1987 年经济大萧条及随后的熊市中走出来，并以崭新面貌结束了长达 10 年之久的噩梦。

◆ 1978 年 1 月 7 日：“新常态就在眼前”。同样的新常态概念，只不过是出现在不同的国家而已，这则新闻出自一份加拿大报纸。

- ◆ 1959 年 6 月 15 日："我们或许可以期待这个国家回到 1930 年'大萧条'的新常态。"你当然可以期待这样的事情发生，但它的确没有发生。1959 年的 GDP 年均增长率为 7.2%，1960 年为 2.5%，1961 年为 2.1%，1963 年为 4.4%，这当然是常态，绝对振奋人心的经济增长数据。尽管有一点波动，但绝对是正常的常态，而非什么新的常态。
- ◆ 1939 年 10 月 20 日："必须把当前形势视为常态，而且是一种新的常态。"如果说新常态就意味着 GDP 的年均增长率在 1939 年到 1943 年期间达到 8.1%、8.8%、17.1%、18.5% 以及 16.4%，那这段时间绝对是名符其实的新常态时期。

但这并不是说，在每一次所谓的新常态时期后，都会出现如此高速甚至是令人惊叹的 GDP 增长率。它只是在衰退即将结束以及随后复苏的若干年内会出现，因为在这个时期所有人都近乎于绝望，因此眼前呈现的景象最为光明。这绝对不是什么新概念，甚至没有任何预见性可言。

2009 年的"新常态"新在何处?

最近一轮的新常态时期同样没有展现出任何不同之处。这一周期在 2008 年 5 月进入高潮，当时，彭博（Bloomberg）、路透（Reuters）、《市场观察》（*MarketWatch*）及《商业周刊》（*BusinessWeek*）等纷纷发表了以新常态为主题的专栏文章或新闻报道。由此，这个概念进入大爆发阶段，2009 年和 2010 年，只要你在 Google 上搜索"新常态"这个词，都可以得到成千上万个结果。

在这两年中，几乎所有媒体都在大肆宣扬经济已进入以下行为主题的新时期，这种情况下，你难道认为股市还会上涨吗？首先，认为经济步入下行期就是错误的。美国经济研究局（National Bureau of Economic Research，NBER）将经济衰退的结束时间定为 2009 年 6 月，但他们直到 2010 年 9 月才宣布这个消息。这已经见怪不怪，因为美国经济研究局在确定重大事件起止时间上的拖沓一向是出了名的。

即使没有美国经济研究局发布的官方信息，GDP 增长率也足以说明经济衰退即将结束。2009 年第二季度，美国 GDP 增长率便初现锋芒，这显然是经济复苏的先行信号。在随后的第三季度 GDP 增长率达到 1.7%，第四季度继续提高到 3.8%，2010 年第一季度则进一步增至 3.9%（均为年均增长率）。尽管 GDP 增长率并不是美国经济研究局认定萧条终结的唯一标志，但它绝对是一个主要标准，换言之，迄今还没有两个连续正增长的时段被美国经济研究局认定为衰退期。

而遵循这种新常态行事只能更糟糕，2009 年 3 月，股票市场先于经济探底。随后，股票开始反弹，全球股市在谷底徘徊之后大涨 44.1%，美国股市更是上涨 40.2%。12 个月之后全球股市继续上涨 74.3%，而美国股市则上涨 72.3%，这也是自 1932 年以来最大的 3 个月及 12 个月反弹涨幅。从股市探底到 2010 年底，全球股市暴涨了 93.3%，而美国股市上涨了 93.1%。

如果你坚信这次下跌会使得股市陷入永久性停滞，而不是出现在每个熊市之后的正常常态，那么，你注定会错过这轮股市大涨。对那些依旧在投资并能有效实行分散化投资策略的人来说，这轮大涨可能会弥补前一轮熊市的大部分损失，而且其速度之快或许将会让所有人始料不及。

这同样没有不寻常之处。它依旧是市场的常态，而且是绝对正常的常态，它和以往几乎没有任何区别。通常，股市往往先于官方确认的衰退开始下跌，并提前在价格上作出反应。随后，当大多数人还在预想着最糟糕的结果时，股票市场则对当前经济有了明显的反应，虽然还算不上世界末日，但足以让我们警惕。股市明显先于经济探底，其超前反应能力之快让主观感知与客观现实之间似乎显得毫无关联。

表 1.1 可以让我们对这种现象略知端倪，尽管熊市与衰退并不始终相互重叠，但两者在大体上还是一致的。尤其是在大熊市或者大牛市下，股票价格依旧是反映经济走向的重要指标。股价在经济衰退之前先行进入熊市，并在经济复苏之前开始反弹。对于那些确实与经济衰退重叠的

正常熊市而言，股票几乎会无一例外地先行上涨，这就是所谓正常的常态。

表中并未包含股市在 2001 ～ 2003 年期间遭遇的大跌，2001 年经济衰退的特点是时间短、程度低，且熊市持续期超过经济衰退期。1987 年的熊市甚至完全没有经济衰退与之相重叠，类似的还有 1966 年及 1961 ～ 1962 年出现的熊市，经济衰退早在 1961 年 2 月已结束，随后出现的熊市与之关系不大。与 1937 ～ 1942 年期间爆发的大熊市相比，从 1937 年 5 月持续到 1938 年 6 月的第二轮经济萎缩即“大萧条”显然要短命得多。

表 1.1　衰退结束日期及股票收益率

熊市开始日期	牛市开始日期	衰退结束日期	牛市开始到衰退结束期间的收益率（%）	牛市期间的总收益率（%）
1929-09-07	1932-06-01	1933-03-31	32.57	323.71
1946-05-29	1949-06-13	1949-10-31	18.36	267.10
1956-08-02	1957-10-22	1958-04-30	11.44	86.35
1968-11-29	1970-05-26	1970-11-30	25.85	73.53
1973-01-11	1974-10-03	1975-03-31	33.85	125.63
1980-11-28	1982-08-12	1982-11-30	35.27	228.81
1990-07-16	1990-10-11	1991-03-31	27.00	416.98
2007-10-09	2009-03-09	2009-06-30	35.89	——
平均收益率		27.50%		
中值收益率		29.80%		

资料来源：全球金融数据公司（Global Financial Data，Inc.），标普 500 指数收益率，汤姆森路透（Thomson Reuters），美国经济研究局。

但是当熊市和经济衰退完全重叠时，历史就更加清晰可鉴了，应该在经济衰退结束之前抛掉你手中的股票。牛市开始到衰退正式结束期间的股票年均收益率为 27.5%，原因很简单，在人们还没有发现股票上涨时，股价已开始反弹。

即便是在新的牛市早已开始甚至是进入新一轮的大规模复苏之后，人们还在说这次会不一样，他们在心底坚信，已经出现在眼前的复苏永远不会发生。这就是正常的常态。

巴菲特：股市越绝望，越应该贪婪

还有一种“常态”同属正常常态，因为事实证明这种常态并不像人们想象的那么糟，而那些主张新常态的人当然也不会束手就擒，承认错误。新常态这个定义同样可以有所变化，而且这种新变化在2009～2011年期间体现得淋漓尽致。首先，这种常态表现为企业利润偏低，但持续的时间并不长，毕竟从历史上看，企业利润增长率是相当可观的，相比之下，企业在衰退期的低盈利性就显得更加突兀了；而后，常态则转为高失业下的高盈利性或是强势经济增长，这样的观点不胜枚举，譬如，“奥巴马对无就业增长条件下的高盈利常态忧心忡忡”，“高失业率或将成为一种新常态”，以及“强势增长或将带来高失业”等。随后则是以低消费支出为基本特征的新常态，通胀是否正在阻止美国人消费？这样的变化同样在正常范围之内。

还要顺便提一下，记忆力失常的另一个例子就是认为消费者支出不反弹就不会有经济复苏。但人们忘记了，美国的消费支出在经济衰退期间从未大幅削减过，因而不必也不可能大幅反弹，而且在现实中的确很少会出现大幅反弹。消费支出的弹性大得令人难以置信，很大一部分原因在于大多数基本消费属生活必需品，即使是在最拮据的时候，我们也不可能不购买牙膏或是心脏病药品。在2010年出版的《揭穿真相》（*Debunkery*）一书中，我对此已经做了阐述。

我将此称为悲观的怀疑论。在整个2009年，基本面继续好转，尽管整体说不上出色，但还算不错，远远好于预期。企业利润明显高于预期，而且这个预期已经不错了，但还是有人说，“是啊，但这只是因为前面下降得太多”确实是这样。GDP的表现同样好于预期，但还是会有人说，“是啊，但最终还会恶化”，大家都已经习惯于“是啊，但……”，于是，人们就再也看不到积极的事物。即使遇到好事，他们也会认为这是不正常的，或者干脆把好事变成坏事。在每一次衰退和熊市之后，我们都能看到这样的事情。如果这种事情一而再再而三地出现，就说明，要么是熊市即将探底，要么是你刚刚错过一个大好时机。但不管怎样，噩梦终究有一天会终止，而且在现实中也从未持久过。无论是约翰爵士，还是巴菲特先生，他们都深知，也许这个世界会让人们感到绝望，但这或许也是你最应贪婪的时刻。

衰退也有章可循?

我认为，人们对2009年和2010年的经济形势抱有的悲观情绪是错误的，这不仅仅是因为股票市场强势反弹，尽管股票是最根本的先行经济指标，还因为现实已经证明了这一点。到2010年11月，也就是全球股票市场探底的整整一年半以及世界经济恢复增长的一年多之后，媒体仍然还在大肆地渲染末日论。当时我在月度专栏中撰文指出，“不要被某些人的把戏混淆视听”，见2010年11月4日《福布斯》:

> 目前，熊市论者的大多数论据无非是一派胡言，他们认为过度负债就是在搬起石头砸自己的脚。自去年秋天以来，对未来的悲观预测在市场走强的现实面前一一粉碎，而看空派抱住不放的救命稻草就是过度债务。
>
> 过度债务恰是市场将长期走向牛市的一个理由，看空派简直就是在搬起石头砸自己的脚。负债灭亡论表现为不同形式，有人认为危机会最先在银行业开始蔓延，也有人认为它将从房地产业崩盘开始。所有这些观点相互关联，无不体现出“房地产价格暴跌会让银行破产并引发大恐慌”之类的论调。此后，还有人指出，“手头拮据的消费者”没有能力或不情愿借贷，这导致复苏乏力，抑或是根本就不会复苏。归根到底，最终或许会导致这些伪智者们最情有独钟的“二次探底”的出现。

顺便提一句，上述观点并不新鲜，它是我在2010年11月提出的。实际上，这段文字直接摘自我在1991年8月5日在《福布斯》专栏上发表的“笨熊”(Dumb Bears）一文，但这段写于近 20 年前的文字却似乎出炉于 2010 年 11 月的某个早晨。

今天，人们仍在为了同样的事情而烦恼：债务、信贷危机、房地产市场疲软、没有良心的银行和囊中羞涩的消费者，1991 年，人们正是为了这些事而感到纠结，现在一切再度重现！简直就是没有脑子、毫无历史意识！我在 1991 年写下这些文字之后，哪些预测没有变成现实呢？

- 末日大审判，尽管人们曾认为它在未来是不可避免的；
- 美国的灭亡；
- 世界末日；
- 标普 500 指数归零。

哪些事情变成了现实呢？

- 经济震荡几乎持续了整整 10 年；
- 有史以来最大的牛市；
- 以上两大事件的引导者主要还是美国。

我之所以在 1991 年发出如此感慨，完全出自我在这个行业里的经验。我的父亲曾在这个行业里摸爬滚打几十年，我也从 1991 年起投身其中，尽管我们的经历和见解不尽相同，但我们都发现，很多噩梦曾一再出现于眼前。作为市场和经济史的迷恋者和研究者，我知道一切都会依旧如故：当每个人都认为一切都将顺势而下、水到渠成时，现实往往给出不一样的答案。实际上，这或许但绝非必然意味着对立方为真，事实迟早会证明这一点或者已经证明了这一点。

尽管我不知道 20 世纪 90 年代是否算历史上最糟糕的 10 年，但可以肯定的是，所有人担心的事情未必就会成为现实，虽然所有这些担心都将在市场中反映出来。这毕竟是人们对市场的期望：充分体现当前市场的预期，因此，只有未知力量才能改变未来市场的走向。

在 2009 年和 2010 年，很多人忘记了我们已经走出之前的衰退、信贷危机和赤字时期。衰退并不是新事物，它常来常去，而且永远不会停止，从人类诞生以来，衰退就没有间断过。衰退使人们感到痛苦，他们认为世界将难见光明，但光明总会重新光顾，并将超越以往的繁荣，而且还会不断前进。在未来的某个时刻，衰退将再次光顾，而且会一而再再而三地降临，同样不断重复的是随之而来的复苏，而且复苏总会超过人们的预期，并时不时地创造新记录。

在 2011 年，有一个最简单的事件但完全没引起媒体的关注：当年年中，全球 GDP 已达到历史新高。就在本人创作本书之时，几乎还没有人知道这个事实，或是根本就不相信这个事实。而在两年之后，GDP 达到历史新高则已经成为正常的常态了，因为媒体从未提过这件事，似乎这样的事实根本就不足为奇，这就是常态。

和我不同的是，那些认为这次绝对会不一样的人注定对人性持悲观态度。在全球层面上，要让这一次有所不同，必然意味着人性不再受利益驱使。而利益动机显然是最令人匪夷所思的好东西，它不仅给我们带来能治病救人的药品，还带来功能越来越强大的计算机，智能电话之类的高科技产品，更有越来越舒服的住房和越来越安全的汽车，即便是运动鞋这种司空见惯的日常用品，也变得越来越漂亮，而且越来越便宜。**利润动机是激发金融创新的发动机**。它让更多的人可以购买住房，可以借钱去上大学，买汽车，做很多以前不能做的事情。我认为这种趋势不会终止，因为人类的创造力几乎没有止境。几十年以来，约翰爵士几乎一直在提醒我们这一点，在遭遇困境时，譬如低速增长、政府管制、疾病和愚蠢的立法，我们应该坚定信念，相信总能找到实现创新的途径。不过，那些认为这次会不同的人肯定会认为，该是接受惨痛现实、面对悲情未来的时候了。

尽管声称这次会不同以及我们正处于一种新常态的文章连篇累牍，无休无止，但我们所得到的依旧是返朴归真的常态：回归增长。经济总会无一例外地恢复增长，而且增长势头往往超出每个人的预期。

如果人们不再忘记过去，他们也许就不会如此惊讶。如果人们能记得过去，或许就会少犯大错，比如说，至少不至于在市场高潮到来时依旧袖手旁观。

有些人或许会对我的观点产生误解，认为我是一个易于冲动、盲目乐观的人，而且总会自欺欺人地认为经济衰退无所谓，或者认为熊市根本就不会发生。

事实并非如此，他们绝对错了，这样的看法太荒谬。衰退毕竟是一种常态，但绝非什么新常态，它只是现实的一部分。它确实会给我们带来伤害，但不知出于何种原因，人们的心里却容不下这样的想法：经济复苏和市场转暖同样是生活的一部分，衰退就是复苏的序幕，跌跌涨涨，无论是衰退还是复苏，都是正常的，与衰退期相比，经济复苏持续时间往往更长，程度也更猛烈。如果你在生活中只看到糟糕的时刻，并且为生活的艰辛所吓倒，那么，当经济恢复活力，资本市场不断创造新高并持续向好时，你就有可能错过这些经常出现、持续时间更长而且势头更好的时光。

我当然无从知晓下一次衰退何时到来，我根本不可能精确预测它，但我几乎百分百地保证：在衰退之后，也就是说在股市已经探底并开始强劲反弹后，衰退就会走向尾声，你会再度听到各种各样不同形式的新常态理论，而且从官方认可的衰退结束时刻起，这种常态还可能持续一到三年，这就是经济的运行方式，鲜有例外。

“新经济”造成的集体性失忆

人们总是很健忘，虽然每一次衰退后都将伴随复苏的到来，但人们却总像啾啾而鸣的黑猩猩，不仅彻底忘却历史的轮回，而且丝毫没有物极必反的意识。还记得“新经济”吗？这个时髦的概念从 1998 年开始盛行一时，并在 1999 年继续吸引人们的眼球，一直延续到 2000 年，即便是在 2001 年依旧热潮不减，2000 年 1 月的《商业周刊》的封面报道将这股浪潮推至极点："在美洲大陆得到验证的新经济能否走向全球？"

尽管新经济就是新常态的另一个极端，但两者却有着相同的渊源，它们均源自人们的坏记性。正是这个新经济概念，人们才自欺欺人地认为，新技术行业市值的超速增长将永久持续，而且有可能在其他行业得以复制，利润并非不可或缺。这的确不无道理，因为在这些炙手可热的科技企业中，大多数企业根本就没有利润。新经济的支持者们认为，利润只是迟早的事情，或许根本就不需要利润，如果总有源源不断的投资者把手里的钱扔给你，还要利润干什么呢？

事实最有说服力，这场新经济几乎就是 20 世纪 80 年代末能源危机的翻版，但人们却忘记了那段刻骨铭心的经历。我在 2000 年 3 月 6 日《福布斯》专栏文章"重归 1980"中曾对 2000 年科技股泡沫与 1980 年能源泡沫进行比较，并在文中指出，两者之间存在很多令人难以想象的相同之处，我曾怀疑市场已处于或者说至少已接近高潮。就在全球科技股泡沫破裂前几天，我的预言不幸成真，尽管这一切纯属偶然。不管是出于乐观还是悲观的态度，假如全世界都在为一种新经济或者新常态感到欢欣鼓舞或是诚惶诚恐，这或许只能说明，整个社会已陷入一种传染性的集体性记忆缺失，这同样是正常的常态。

图 1.1 值得我们反复推敲。这张图表追溯到 1790 年的商业活动运行周期。我们从中应该看到的是：某些时候，经济收缩的程度可大可小，但扩张期的变化程度则大得多。但经济毕竟具有周期性，无论是美国还是其他国家都如此。就总体而言，经济始终处于上升趋势，由此，对于看空未来的观点，我自然持怀疑态度。

复苏时期的衰退错觉

即使是每个理性的人都认同经济衰退已真正结束，但你依旧会看到很多专栏或者新闻报道不厌其烦地说："尽管这或许并非衰退，但感觉确实像是一场衰退！"

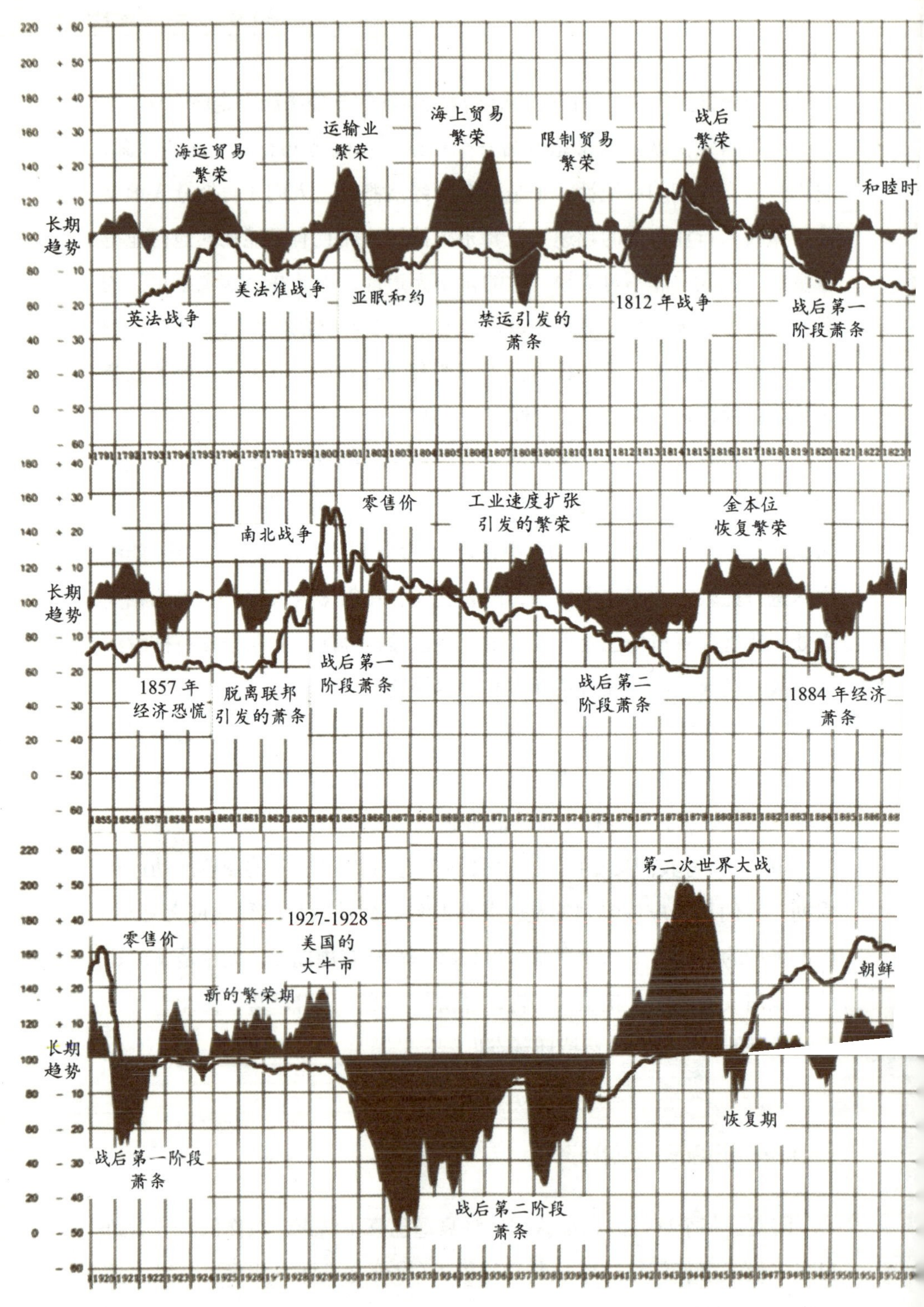

图 1.1　美国商业活动（1790 ~ 1986 年）

资料来源：美信公司（Ameritrust Corporation），1986 年 1 月。

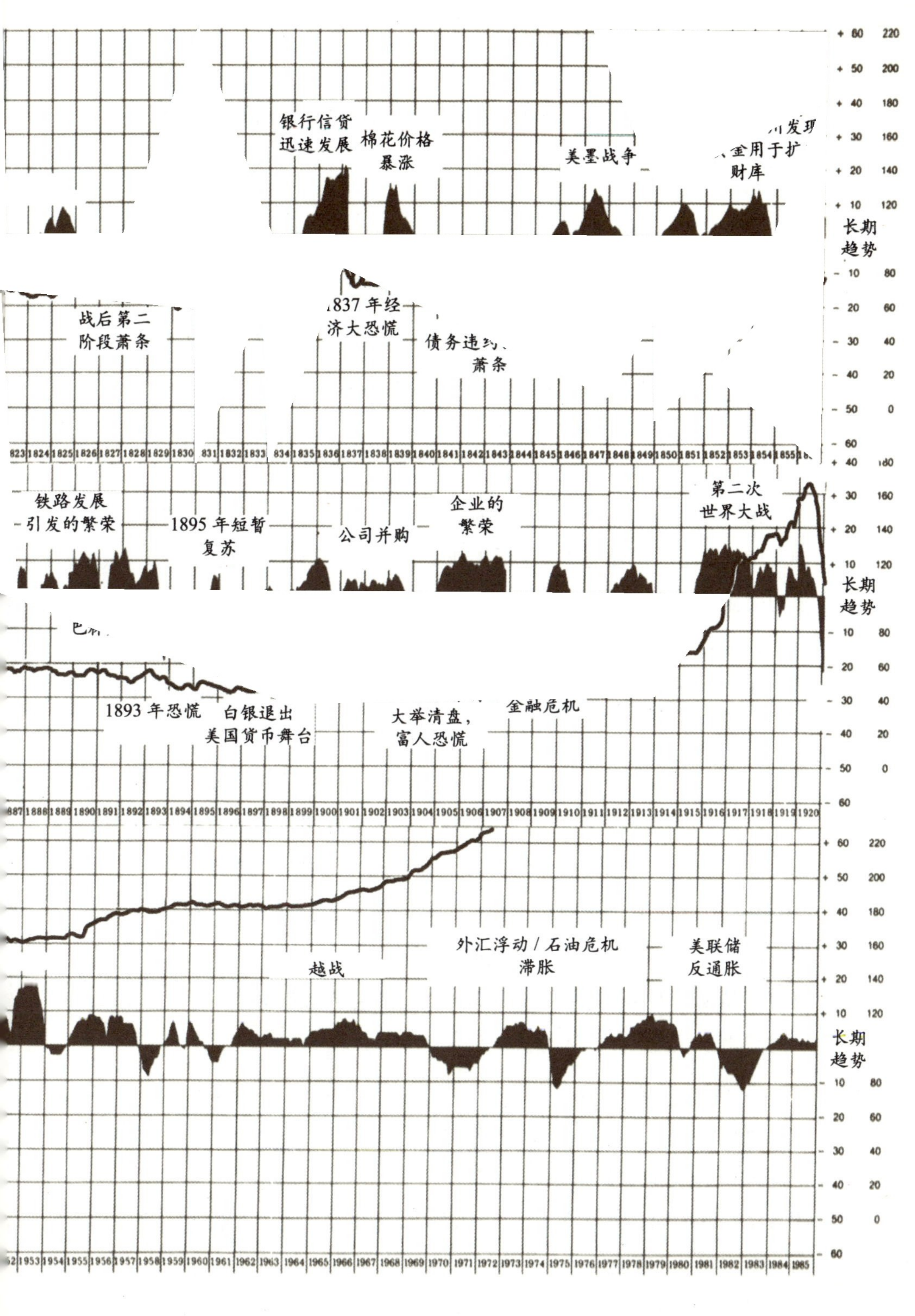
银行信贷
迅速发展
棉花价格
暴涨
美墨战争
长期
趋势
战后第二
阶段萧条
1837年经
济大恐慌
萧条
铁路发展
引发的繁荣
1895年短暂
复苏
公司并购
企业的
繁荣
第二次
世界大战
1893年恐慌
白银退出
美国货币舞台
大举清盘，
富人恐慌
金融危机
越战
外汇浮动/石油危机
滞胀
美联储
反通胀

但衰退到底应该是怎样的呢？按照美国经济研究局的说法，衰退绝非只是主观感受：

> 经济衰退是整个经济出现大规模下滑，且持续时间超过几个月，其影响通常在真实GDP、真实收入、就业、工业产值以及批发零售额等基本指标上有所反映。这段话丝毫没有谈及大众的感受。我们可以想象，如果经济运行放缓这很有可能会让你感到痛苦。但是在经济回暖时，人们为什么还会感觉这是一场衰退呢？

我猜想，其中的很大一部分原因在于失业。在每一次衰退中，失业都会增加，而且在衰退结束之后失业会继续增加，这是千真万确的事实。成为失业者显然是一种痛苦的经历，而未来的不确定性或许更令人痛苦。因此，随着越来越多的人失业，就会有越来越多的人感到痛苦。此外，在失业率上升时，会有更多的人担心自己会失业，这同样会让他们不安。

有趣的是，在确定衰退的期限时美国经济研究局依据的数据却是就业率，而不是失业率，它们完全是两个极端不同的统计指标，绝非是很多人想象中的镜像数据。失业率始终是一种具有明显滞后效应的经济指标，而且各种各样稀奇古怪的官方计算方式又使得失业率与就业率之间不存在直接性关联。就业统计数据的目的在于考量有多少人在工作，就业率是工作人数占总劳动力人数的比例。但官方发布的失业人数并不是直接计算没有工作的人数，按照政府计算失业人数的方法，它是指在某一时点正在寻找工作的人数。

在经济复苏的初期，某些人先找到工作，其他人看到之后在心态上会变得更乐观，于是，他们也开始着手寻找工作，但这种观望情绪会导致高失业率一直持续到经济扩张期。这也是造成工资水平和失业率同时出现上涨的原因，几乎在每一次经济扩张期都会出现这种情况，但媒体似乎根本就记不住这一点。

但即使是在经济处于强劲增长时期，人们也有可能失去工作，对于他们来说，那种失业的感受肯定更为痛苦。由此，外在的感受不一定能用来衡量经济的景气程度。

这种不真实性造成了一种假象，使得人们认为经济仍然处于衰退之中，因此它成为了媒体宣扬无就业复苏的基本背景。事实上，任何复苏过程的就业增长都很缓慢，某些稍快一点，某些稍慢一点，有些甚至根本就没有增长。这同样不是什么新事物，但投资者、专业人士、政治家甚至是普通大众都很容易忘记这一点。如果你经历过多次衰退，你就会听到有人这样说，不过，或许你早已经忘记了。但是当你第三次听到有人说无就业复苏时，你的确应该牢记："哦，天啊！他们经常这么说。但不管他们是谁，这么说肯定是错误的。"

谷歌有一个非常有趣的搜索词统计工具，通过这个功能，你可以看到某些词汇在哪些领域最常见，用得最多，虽然有些术语也会成为人们搜索的对象，但毫无意义。不过，像无就业复苏这样的词汇显然是经常被搜索的对象。如果搜索一下这个词，你就会发现，不管将搜索范围追溯到什么时候，它在每个衰退期结束时都会成为媒体上最流行的词汇。例如，在 2009 年经济衰退结束之后：

- 2010 年 2 月 5 日：标题"分析师：这就是我们所说的无就业复苏"。
- 2010 年 6 月 10 日："劳动力市场复苏的希望正在泯灭。我们或许正在走向另一轮无就业复苏"。撰写这篇报道的记者或许没有意识到，这个世界上根本就不存在真正的无就业复苏，因此，要再来一次"无就业复苏"同样不易。

在 2001 年的衰退之后：

- 2002 年 7 月 6 日：标题"高失业率下的低复苏"。该文章指出，"根据政府昨日发布数据，上月失业率小幅上升至 5.9%，经济似乎再次呈现类似于上世纪初低速增长时期的无就业复苏迹象……在某种意义上，尽管衰退已经结束，但复苏尚未开始。”这种说法显然具有双刃剑效应，因为大多数看过这篇报道的读者都会不由自主地回想起那痛苦的10年！

◆ 2002年11月2日：“联邦银行的一些行长始终担心企业复苏的脚步不尽如人意，整个国家已经基本陷入一种无就业复苏状态”。

◆ 2003年10月：“直觉告诉我们新常态或许就是就业率小幅攀升的经济复苏”。又是新常态和无就业复苏。

但我们并没有遭遇无就业复苏，失业率最终还是下降了，尽管存在滞后，但毕竟还是一如既往地下降了。但人们还是很善忘，即便是联邦银行的行长们也不例外。在1991年的衰退结束之后：

◆ 1993年1月9日：“如果看看两个月的就业数据就会发现，它可以验证我们的预测，这自始至终就是一场无就业的复苏”。当然，20世纪90年代的就业并非毫无增长。

◆ 1993年5月8日：“劳工部部长罗伯特·莱克星期五称，四月份就业数据为经济始终处于无复苏状态提供了有力证据。”

劳工部部长似乎更加善忘，形形色色的政客们同样是糟糕的破坏者，因此，我觉得他们更有可能是刻意地选择忘记。

于是，我们就会看到这样的情况：尽管就业增加，却不是我们所期待的就业类型。

◆ 1993年9月7日：标题“多而不当的就业机会”。这篇报道指出，“首先，无就业复苏确已成事实。由此，我们正面对一场无就业复苏。这也是经济政策研究所一份最新报告的标题，该报告称我们没有任何理由为 20 世纪 90 年代创造的就业而欢欣鼓舞。”

随后便引来如下的一系列问题：对于这个经济政策研究所，它是否有资格决定到底什么样的就业才是合理的就业？他们是否认为你的工作就是所谓适当类型的工作？你在乎自己的工作是否合理吗？这些经济政策研究所的人可能会对上世纪初全球经济大发展初期所创造的就业机会不以为然，不过这可能会遭到所谓智库们的嘲笑。我猜想，他们也忘记了自己曾说过的话，这些智库的记忆力同样也好不到哪里去，他们的脑袋总是想得太深，装得太少。

但 20 世纪 90 年代还是实现了就业增长。我们不能忘记的是，到 2000 年 9 月，失业率降至整个 90 年代的最低点 3.9%，而这 10 年又恰恰是股票市场和全球经济最惨淡的 10 年。同样需要记住的是，尽管失业和就业并不直接相关，但有些时候它们又貌似相关，而且这种相关性往往体现在经济扩张阶段的后期，通常出现在下一次衰退即将到来之前。

还有更多这样的例子，在 20 世纪 80 年代初的两次衰退之后：

◆ 1983 年 6 月 4 日：一篇采访时任田纳西州议员吉米·库珀（Jim Cooper）的报道名为“议员称当前复苏乏力”，也许称之为无就业复苏更为恰当，但事实并非完全如此。如我所言，政治家们的记忆力尤其糟糕。

我们可以找到很多这样的事例，早在 1938 年的《纽约时报》上就曾有过这样的论述，“观察家们想知道我们究竟是否正在经历一场没有就业的复苏”。

在迄今为止有数据可查的每一次经济复苏中，改善失业的步伐远远滞后于经济复苏的脚步，但这仍然属于经济正常发展范围之中。新闻记者或许不愿意写这么多令人胆战心惊的报道，投资者也不愿意总像惊弓之鸟一样，但愿他们还记得上一次的经历以及再上一次。

你在什么时候招兵买马呢？不妨把失业问题放在一边，我们看看就业问题，这个问题似乎更重要，而且也是美国经济研究局在确定我们何时遭遇经济衰退时必须考虑的因素。假设你是一家公司的 CEO，公司产品的销售额增速出现放缓趋势，或许经济衰退正在悄然降临，或许已经就在眼前了，但你可能还不敢肯定，原因当然是官方发布数据的滞后性。

此后，销售额开始一落千丈，你又不想裁员，因为没有人愿意失业。于是，你只能硬着头皮挺着，你不得不削减成本，出差不再乘飞机，所有会议均采取电话会议形式，绞尽脑汁地降低成本，但销售额还在继续下降，你使出了所有能降低成本的招数。但是在经历了一两个季度之后，你终于意识到：除了裁员之外，你别无选择，否则整个公司就会破产。

尽管形势还会继续恶化一段时间，但你身边毕竟还有一批骨干人员，他们绞尽脑汁地寻找创新手段，提高公司的经营效率，最终，你度过了这一劫。终于有一天，公司销售额开始趋于稳定，或许你已经熬过了最艰难的时刻，或许还没有，或许你还会为了每个人都在谈虎色变的“二次探底”而牵肠挂肚，实际上“二次探底”很少出现，我们随后会讨论这个问题。此时，你是否会选择招兵买马呢？

不会。那绝对是疯狂之举，如果你真那样做的话，董事会或许就会解雇你。因为在这个时候，你的员工早已学会如何节俭度日，你根本就不必增加人手，因而不会选择招兵买马。之后，销售额开始增加，尽管你对未来已经开始谨慎乐观，但依旧不会扩大人手。由于生产效率的提高，你的现有员工完全有能力应付销售额的增长，随着销售额的增加和成本的下降，你再次实现了盈利。但此时的你还是不会招聘新员工，因为利润在经济紧缩期间的下降幅度太大，因此，你首先要恢复元气。

此后，销售额开始大幅飞涨，你的团队开始力不从心了，但你仍然不确信是否需要增员，经济衰退真的结束了吗？最终，又过了几个季度之后，你才坚信，形势已经一片大好，尽管你发现衰退早在三个季度之前已结束，但你知道，一切决策都必须依赖于公司的销售额。

于是，销售经理找到你并说："听着，现在是我们捡钱的时候了，但现有员工根本就不足以完成全部订单，顾客打来的电话已经让我们的销售人员吃不消了。"太好了，终于到了你可以心安理得地招聘新员工的时候了。

但即便是招兵买马也不应该在一夜之间全部实施完毕，最初，你可以尝试着使用临时工或合同工，因为尽管此时的形势非常乐观，仍有可能发生变故。雇用合同工不仅容易，而且成本更低，更重要的是，一旦事态再次恶化，你可以轻而易举地解雇他们，但不管怎么做，你都要保持合理的谨慎。或许你还可以再继续观望几个季度，待形势彻底稳定之后再考虑雇用难度更大、成本更高的长期工人，而且招募、面试、正式聘用和培训新员工也需要一段时间。

这就是绝大多数 CEO 对待增员的方法，他们永远也不会想："天啊，我们的销售额在下降，尽管经济形势很糟糕，但我还是要尽职尽责，再招聘一批员工，因为总裁想让我这么做，这可以让他得到好名声，尽管这么做可能会让我失业。"只有政客们才会认为应该这样经营企业，因为他们中的大多数人从来就没有过一份真正的工作，当然，这显然不是现实世界的真实反映。

这恰恰是图 1.2 和 1.3 所阐述的核心，自有月度数据的最早时间即 1928 年 12 月以来的经济衰退与失业率曲线。我经常使用这个图表，而且喜欢把所有数据绘制在同一个图形中，但是要显示可能出现的滞后时间，我在此对数据进行了分解。

请注意，**失业增加既有可能出现在经济衰退开始之前，也可能出现在开始之后，但纵观这段历史，衰退和失业基本都处于持续增长趋势之中。**有时可以持续几个月，有时可能会超过一年或者更长时间，但失业一直持续到衰退结束时才达到最高峰，然后在高位上维持相当长的一段时间。但最终必然会下降，降速有时很快，有时则较慢，但总体趋势一直是下降的。

在衰退过程及衰退结束之后，人们往往会抱怨政府公布的失业率数

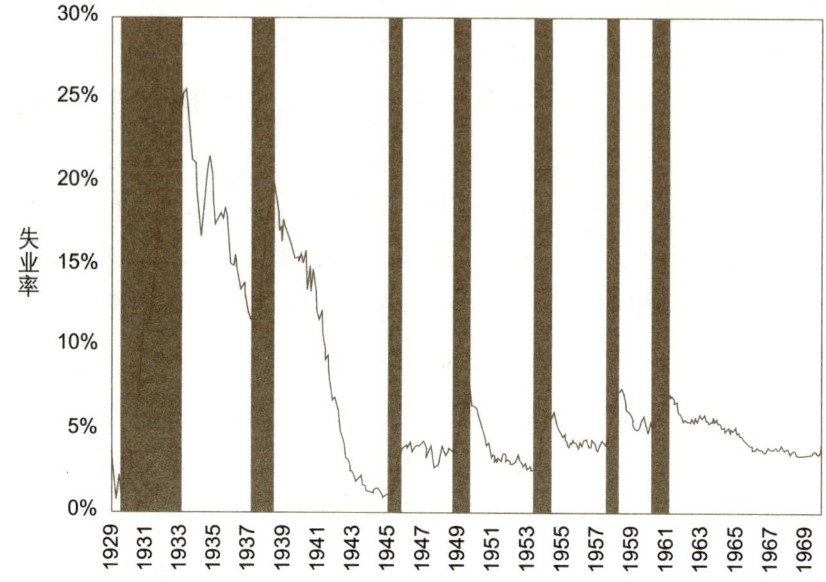

图 1.2　失业率与经济衰退（1929 ~ 1969 年）

资料来源：美国劳工统计局（US Bureau of Labor Statistics），美国经济研究局发布的 1928-12-31 ~ 1969-12-31 期间数据。

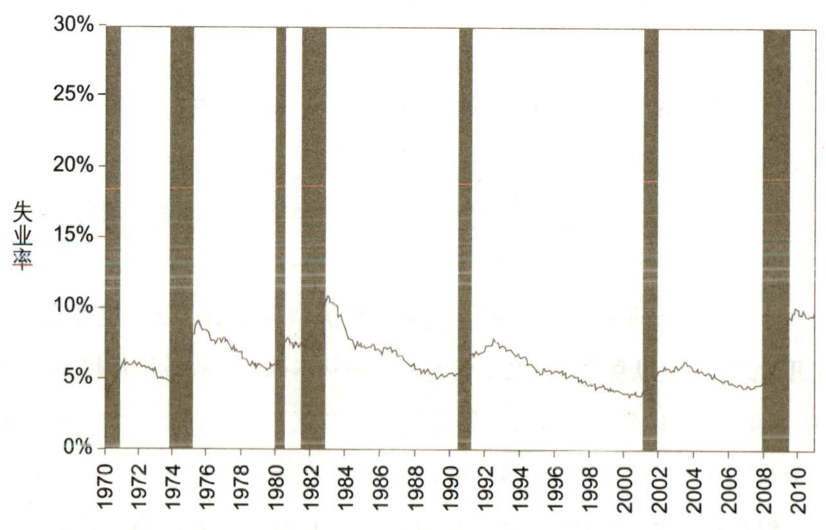

图 1.3　失业率与经济衰退（1970 ~ 2010 年）

资料来源：美国劳工统计局，美国经济研究局发布的 1969-12-31 ~ 2010-12-31 期间数据。

据不真实，他们可能未充分就业或者选择了错误的工作。但事实就是如此，即使在经济最景气的时期，人们依旧有可能未充分就业，而且政府公布的官方失业率数据本身就是靠不住的。你要么选择接受，要么就只能反抗，但结果是一样的，这一点毋庸置疑。

可以肯定的是，在下一次衰退中，失业率还会在衰退结束之后继续上升。媒体还会抱怨这是一场没有就业的复苏，等着瞧吧。

之所以需要牢记这一教训，是因为人们总是习惯于错误地认为，经济不可能在高失业率情况下实现增长。我们似乎有足够理由这么想，但根据迄今为止我们所掌握的所有证据看，这种观点在历史上是不成立的。在他们看来，股票在经济形势好转之前不可能上涨，这听起来似乎符合逻辑，但却不符合现实。这种观念不仅陈旧落后，而且极端错误。更重要的是，它会让你付出惨重代价，如果一定要等到失业数据出来并得到验证后才肯出手，那么，你注定会错失良机。因为在资本市场上，验证本身就是一种非常昂贵的东西，而且在这里显得尤为昂贵！

表 1.2 显示出你在失业达到最高峰时买进美股后，未来 12 个月的收益率，也就是说，你在失业率刚刚开始下降时买进这些股票。请注意，要做到这一点，你就必须知道失业率在何时达到顶峰。实际上，我们只有在事后才能确定这个时间，我还没有听说过有谁总能准确预见失业率顶点。

当然，我也没有理由希望你能做到这一点。此外，该表格还显示出在失业率顶峰前 6 个月所购进股票在随后 12 个月的收益情况，在这个时刻，所有人都把它称为无就业复苏，但感觉上仍处于衰退阶段。**显而易见，如果能在失业率达到顶峰之前买进股票，收益情况会更好，而且会好很多**。历史上，对于在失业率达到顶峰前买进的股票，其未来 12 个月的平均收益率为 14.8%；相比之下，对于在失业率达到顶峰前 6 个月买进的股票，未来 12 月的平均收益率则是 31.2%，后者足足相当于前者的两倍多。

如果了解了这段历史，你就会知道，即使失业率未能在复苏初期实现改善，你也不必惊慌失措。因为你知道，等到降低失业率的代价不再高得不可承受时再出手也不迟。但事实却是，绝大多数投资者并没有认识到这个问题，因为他们已经忘记了曾经多次陷入过的泥潭。但假如你确实认识到这一点，那么你还应该认识到的是，失业率上升并不一定会阻碍经济复苏或是股价上涨。我们从未遇到过这样的先例，但权威人士和政客们则会认为这才是真理，因为他们根本就不记得历史上从未出现过这样的事情。

表 1.2　失业率及标普 500 指数的收益率：股价领先，就业跟后

失业高峰	S&P500 远期合约 12 月收益率（%）	失业高峰前 6 个月	S&P500 远期合约 12 月收益率（%）
1933-05-31	3.0	1932-11-30	57.7
1938-06-30	–1.7	1937-12-31	33.2
1947-02-28	–4.3	1946-08-30	–3.4
1949-10-31	30.5	1949-04-30	31.3
1954-09-30	40.9	1954-03-31	42.3
1958-07-31	32.4	1958-01-31	37.9
1961-05-31	–7.7	1960-11-30	32.3
1971-08-31	15.5	1971-02-26	13.6
1975-05-30	14.4	1974-11-29	36.2
1980-07-31	13.0	1980-01-31	19.5
1982-12-31	22.6	1982-06-30	61.2
1992-06-30	13.6	1991-12-31	7.6
2003-06-30	19.1	2002-12-31	28.7
2009-10-31	16.5	2009-04-30	38.8
平均值	14.8	——	31.2

资料来源：美国劳工统计局，全球金融数据公司，标普 500 指数总收益率为截至 2011 年 5 月 1 日的数据。

二次探底究竟会不会发生？

“二次探底”无疑是一种近乎神话的发明，极少有什么东西会令人

们如此恐惧，而且会带来出人意料的损失。在整个 2010 年，关于二次探底的报道始终不绝于耳，我觉得没有必要在此赘述，但这种情况 2011 年又死灰复燃。全球股票市场在 2010 年中期展开一轮声势浩大的调整，部分原因在于人们担心欧债危机从欧元区进一步蔓延，还有一部分原因则是人们对美国及全球经济出现二次探底的顾虑。

不用说，二次探底并没有出现，即便是在欧洲也没有出现，在那里，葡萄牙、意大利、爱尔兰、希腊和西班牙已经将整个欧洲拖下了水。经历了两次深度调整之后，美国及全球股市在 2010 年收官时分别实现了 15.1% 和 11.8% 的增长率，而美国和全球经济在 2010 年的每个季度均实现了正增长。这让那些在 2010 年因担心二次探底而远离股票的投资者追悔莫及，无论是在绝对指标还是相对指标上，都让他们付出了沉重代价。克服淡忘历史、不求甚解的短视做法可以让我们规避这样的错误。

和新常态一样，人们很善忘，这种对二次探底的担忧同样不是什么新鲜事。每次衰退之后，人们就会开始这样的担忧。在经历了 2001 年的短期性浅度衰退之后，美国经济进入持续增长阶段，并一直延续到 2007 年 12 月，也就是说这期间根本就未出现过所谓的二次探底，但我们依旧看到很多曾经熟悉的新闻标题。

- 2002 年 7 月 13 日："股票市场的暴跌再次引发坊间对二次探底的担忧"。
- 2002 年 8 月 1 日："表现低靡引发市场二次探底之忧"。
- 2002 年 8 月 2 日："二次探底的可能性让市场战战兢兢"。
- 2001 年 12 月，《纽约时报》发布了一篇报道，名为"衰退之后就是繁荣吗？这一次或许未必"，报道指出，"时至今日，经济复苏的规律或许已大不相同，这倒不是因为'9·11 事件'，而是因为经济形势的基本面发生了变化"。这让我不由得再次想到这次会不一样。

但这些所谓的基本面变化到底是什么呢？该报道认为，在最近几十年里，经济扩张期开始变得越来越长，衰退期变得越来越短，而且程度越来越轻。因此，这似乎可以理解为，如果没有一场大衰退，经济就无从寻找实现可持续复苏的动力。这让我感到迷惑不解，我想这也会让你感到莫名其妙。

诚然，在最近几十年里，经济衰退所持续的时间和受到的影响的确低于20世纪前50年。首先，这可能是统计诈术带来的结果，个体事件发生的概率既有可能超过平均事件，也有可能低于平均事件，而这恰恰就是平均的用意所在；其次，不断强化的经济扩张也体现出科技在经营管理中日益显著的作用，在面对潜在危机时，企业可以借助于技术和计算机迅速做出反应，比如说削减存货，而一旦重拾信心，他们就可以绝地大反击，这是一种向好的基本面变化，而不是让我们的经济陷入病态发展的变化。

在1991年3月衰退终结之后，我们在1991年7月又看到了一份报告："二次探底令人担忧"。这篇报道指出："即使这种趋势并未加剧，市场分析师依旧相信，美国经济正面临着诸多问题，从压力重重的银行体系，到消费负债的过度累积，这些问题都将让本次复苏成为美国历史上最疲软的复苏。"文中自然不能不提及勉强有2%的年增长率，不过，在这次复苏之前，美国刚刚经历过一次史上最长、涨势最猛的大复苏，更有一场史无前例的大牛市。

其他类似报道在此期间也纷纷见诸于报：

- 1991年8月11日："美联储担心遭遇二次探底。"
- 1991年8月13日："零售额呈反弹趋势，经济学家警告二次探底正在临近。"这篇报道来自英国，尽管那里根本就未曾陷入二次探底，这显然是前述所谓悲观怀疑论的绝佳写照。零售额反弹的好消息完全被抛在一边。
- 1991年12月4日："美国经济徘徊于二次探底危机的边缘。"

奇怪的是，从 1980 年 7 月到 1981 年 7 月，鲜有看到有关二次探底的报道，这短短的 12 个月成了 20 世纪 80 年代初两次衰退的分界点，从概念上看，第二次衰退或许可以看做是前一次衰退的二次探底。不过，我倒是在 1981 年 2 月看到一篇报道称二次探底并未来到，“经济学家错误地估计了衰退预期”。1981 年 3 月，《华尔街周报》记者路易斯·鲁凯瑟尔著文指出：

> 所谓的二次探底越来越像是遥远星空中的梦幻岛……最近针对 44 位顶级经济学家进行的调查显示，1981 年前三月将呈现稳固的超过 2% 的真实增长率，而且第二季度可以与第一季度持平，在下半年重现强势扩张，增长率在年底达到峰值 4%。这显然远远超过最近几年的总体增长率。

不过，美国经济确实在 1981 年 7 月出现了下滑，并一直延续到次年 11 月，我并没有针对鲁凯瑟尔的意思，我对他的观点没有任何异议。预测经济趋势难如登天，坊间流传着一个笑话，称经济学家猜到 2 次衰退中的 11 次复苏。此外，如果你经常让这种观点左右自己，并撰写文章，频繁在媒体面前露面，公开表达自己的悲观情绪，那么，你迟早会犯错误，而且可能会经常犯错误。

我深知这一点，我毕竟已经为《福布斯》撰写了 27 年之久的月刊专栏，每个月，我都会为读者推荐一些股票。此外，我还会在文章中做出新的预测，验证以前的预测，或是对某些板块或行业走向做出评论。我也会犯错误，而且会经常犯错误，每当我犯错误的时候，很多博主或是其他权威人士就会对我展开口诛笔伐，我不介意，反倒愿意听到这样的声音。

每一个靠预测吃饭的人，无论是预测股票、经济形势、足球比赛还是预测小麦产量，都知道：一旦犯错误，人们就会群起而攻之；而在正确时，人们则视而不见。如果你想别人肯定你的正确预测，那么你就不适合写评论，也不适合从事基金管理，更不能同时做这两件事情。我一

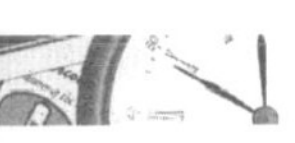

点也不在乎别人的赞扬，确实从来就没有人称赞过我，因此，我才可以在专栏作家和基金管理者这两个角色之间游刃有余。

但我还算幸运，因为在我的职场生涯中，正确的预测远远要多于错误的预测。第三方调查公司 CXO 发布的公开预测的市场“领袖”排名显示，多年以来，我始终是最准确的股票预测者之一，而最好的证据莫过于我在《福布斯》上推荐的股票，总体上，这些股票反映了我所管理的私人客户的基金投资策略。自 1996 年对投资顾问的选股记录进行跟踪的 15 年里，我在《福布斯》上推荐的股票仅有三次落后于标普 500 指数。此外，还有一次持平，在其余 11 次中，我挑选的股票均跑赢大盘，这还不算太糟糕吧。截止 2010 年底，我挑选的股票实现了 10.5% 的年均收益率，而同期标普 500 指数的年均收益率则是 5.2%。在进行比较时，《福布斯》假设在我的专栏发表当天对标普 500 进行同规模的投资，在计算收益率时，扣减我选股组合投资的 1% 作为交易费用，但是对标普 500 的投资不做扣除，最后在年终时比较两组投资的收益情况。在本人管理的基金公司中，所有股票类组合基金的收益率均已长期超越标普 500 指数及摩根士丹利资本国际指数（MSCI World Index）。顺便提一下，费雪投资私人客户公司（The Fisher Investments Private Client Group，简称 FI PCG）旗下的全球总收益基金（Global Total Return）创建于 1995 年 1 月 1 日，并一直以摩根士丹利资本国际指数为基准实施管理。从创建伊始一直到 2010 年 12 月 31 日，扣除顾问费、佣金及其他费用并考虑对股利及其他收益的再投资，其全球总收益基金的复合收益率超过了标普 500 指数及摩根士丹利资本国际指数的收益率之和。但历史上的优异表现并不能保证未来一定会实现收益，风险损失是股市投资的永恒话题。

但投资股票对我来说至少还算一个不错的职业，尽管我曾经犯过错误，而且肯定还会不断地犯错误，但就总体而言，我带给客户和读者的更多的是财富和有用的知识。

因此，我并不是在抨击鲁凯瑟尔，他绝对是一位优雅的绅士，而且无论从哪方面看，他都是电视财经媒体领域的先驱。在我还默默无闻的时候，他就曾邀请我参加他主持的节目，他就是这样一个善解人意的家伙。

具有讽刺意义的是，在 1981 年年中，媒体只罕见地仅仅几次提到二次探底，而此时确实出现了一次极端罕见的二次探底。尽管另一次衰退已经在暗流涌动，但在当时红极一时的鲁凯瑟尔则是在不遗余力地嘲笑二次探底论。生活在资本市场里，当一个权威人士是一件非常诡异离奇、不合常理的事情。

在其他大多数衰退发生之后，如果下一次衰退没有出现，媒体就会开始对这场根本就不存在的二次探底胡言乱语，就像福特公司一位高管在 1975 年 2 月所说的那样："我们现在最有可能面对的就是二次经济衰退。"但这场经济衰退仅在一个月之后便宣告结束，整体经济出现全面复苏，直至 1980 年，这样的事情一直在反反复复的发生。

我们最应该问的问题不是"什么时候出现过二次衰退",而应该是"到底何为二次探底"。

美国经济研究局将二次探底定义为……这么说只是为了幽默一下，事实上，他们不仅没有定义过，甚至根本就没有发现过二次探底。二次衰退似乎更像是滞涨，这是一个没有正式定义但却让很多人心有余悸的概念，在人们的心目中，它似乎就隐藏在面前的迷雾中，但却从未像媒体大肆宣传地那样成为现实。尽管如此，我们还是有必要通过某些尽可能正规的方式认识二次探底。

大多数人在谈及二次探底这个概念时，他们实际上是在说我们已经陷入经济衰退，尽管之后略有反弹，但由于无力摆脱衰退开始时遭遇的各种问题，导致随后又再次遭遇衰退。但由于二次探底并无正式定义，我们应该使用哪段时间作为夹在两次衰退之间的增长期呢？有些人认为应该以 12 个月为标准。但是在未发生这种情况的时候，二次探底就会被人们莫名其妙地延伸至 18 个月甚至是 24 个月。既然如此没谱，为什么这个阶段不能是 3 年或者是 4 年呢？按照这样的逻辑，2007 ~ 2009 年期间就有可能成为自上世纪 30 年代"大萧条"以来的第 14 次衰退，这不就成了"十次探底"了吗？真是无聊之极！

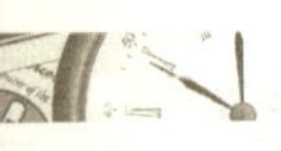

12 个月似乎更合理，而始于 1980 年 7 月和 1981 年 7 月的两次衰退恰好间隔 12 个月。见表 1.3，该表显示了美国经济研究局记载的经济周期日期。但最早发生的第一次衰退只维持了 7 个月，而第二次衰退则持续了 14 个月，自美国经济研究局有数据记载以来的 1854 年开始算起，全部衰退期的平均持续时间为 16 个月。如果把 20 世纪 80 年代发生的两次衰退放在一起考虑，我们就可以得到一次超过平均时间的衰退，只不过中间发生了一次短暂的增长而已。请注意，这次衰退之后便是一场近 10 年之久的股票市场大牛市和一场规模同样浩大的经济扩张，并在 20 世纪 90 年代再度复现，因此，所谓的二次探底在长期内并未给股市带来阴霾。

表 1.3　自 1854 年以来的美国经济周期

经济周期		持续期间（月）	
高峰	谷底	萎缩期（高峰到谷底）	扩张期（前一次谷底到本次谷底）
——	1854 年 12 月	——	——
1857 年 6 月	1858 年 12 月	18	30
1860 年 10 月	1861 年 6 月	8	22
1865 年 4 月	1867 年 12 月	32	46
1869 年 6 月	1870 年 12 月	18	18
1873 年 10 月	1879 年 3 月	65	34
1882 年 3 月	1885 年 5 月	38	36
1887 年 3 月	1888 年 4 月	13	22
1890 年 7 月	1891 年 5 月	10	27
1893 年 1 月	1894 年 6 月	17	20
1895 年 12 月	1897 年 6 月	18	18
1899 年 6 月	1900 年 12 月	18	24
1902 年 9 月	1904 年 8 月	23	21
1907 年 5 月	1908 年 6 月	13	33
1910 年 1 月	1912 年 1 月	24	19
1913 年 1 月	1914 年 12 月	23	12
1918 年 8 月	1919 年 3 月	7	44
1920 年 1 月	1921 年 7 月	18	10

（续表）

经济周期		持续期间（月）	
高峰	谷底	萎缩期（高峰到谷底）	扩张期（前一次谷底到本次谷底）
1923 年 5 月	1924 年 7 月	14	22
1926 年 10 月	1927 年 11 月	13	27
1929 年 8 月	1933 年 3 月	43	21
1937 年 5 月	1938 年 6 月	13	50
1945 年 2 月	1945 年 10 月	8	80
1948 年 11 月	1949 年 10 月	11	37
1953 年 7 月	1954 年 5 月	10	45
1957 年 8 月	1958 年 4 月	8	39
1960 年 4 月	1961 年 2 月	10	24
1969 年 12 月	1970 年 11 月	11	106
1973 年 11 月	1975 年 3 月	16	36
1980 年 1 月	1980 年 7 月	6	58
1981 年 7 月	1982 年 11 月	16	12
1990 年 7 月	1991 年 3 月	8	92
2001 年 3 月	2001 年 11 月	8	120
2007 年 12 月	2009 年 6 月	18	73
平均值（全部周期）			
1854–2009	(33 个周期)	16	42
1854–1919	(16 个周期)	22	27
1919–1945	(6 个周期)	18	35
1945–2009	(11 个周期)	11	59

资料来源：美国经济研究局，数据截至 2011 年 5 月 31 日。

1980 年之前，美国经济中发生的二次探底带来的危害大多数都不及“大萧条”。实际上，“大萧条”包括两次泾渭分明的衰退，顺便提一下，这是两场有明显间隔的熊市。第一次衰退极为惨烈，从 1929 年 8 月份开始并持续了 43 个月之久，其持续时间之长和影响程度之深远远超过以往的平均水平。需要提醒的是，这场衰退让最终的平均衰退时间显著提高。随后，我们又经历了超过 4 年的无间断增长期：约为 50 个月。经济的平均增长周期为 38 个月，19 世纪及 20 世纪初发生的几次较短周期导致平均结果明显减少，因此，出现在上世纪 30 年代中期的增长周期在持续期上明显超过平均水平！这绝非是二次探底。尽管无论是在整体还是在平均水平上，它都是一场不折不扣的惨剧，但绝非停滞期。

自 1980 年往前回溯，我们只有到 1918 年才能找到一个间歇期超过 12 个月的二次探底。第一次衰退始于 1918 年 8 月，并持续了 7 个月（短周期），10 个月之后，第二次新的衰退始于 1920 年，并持续了 18 个月。考虑到第一次衰退的持续时间非常短，而且两次衰退之间的增长期也很短，因此，那或许仅仅是一次漫长的衰退而已，当然，我说的仅仅是或许。我在这里并不是在批评美国经济研究所，因为那时的数据并不像现在这么精确。

如果从 1910 年算起，到 1980 年，我们可以发现一场持续 24 个月的衰退、一场 12 个月的衰退，以及一场始于 1913 年 1 月并持续了 23 个月的衰退。不管你如何看待联邦储备体系，在美联储于 1914 年创建之前，货币政策完全是愚蠢可笑的，甚至可以说完全不存在。因此，我们在这段时间里确实经历了更多的衰退，当然还有银行恐慌。再往前推，你能找到二次探底吗……没有。在美国，在这个世界上最大的单个经济体中，我没有找到任何二次探底。

我们不妨细细回顾一番。自 1854 年以来，我们已经经历了 3 次二次探底。其中的两次分别出现在美联储诞生之前以及诞生之后。而且我认为其中的一次还有待商榷，尽管美国经济研究所可能送给我一份措辞强硬、据理力争的免费资料。第三次则开始于 1980 年。这 3 次二次探底分布在 33 个经济周期之中，平均发生率为 10%。

或许你会认为，18 个月的增长间歇期更为合适。好吧，如果按这个标准，我们还可以找到两次二次探底，最后一次开始于 1893 年，在此之前的一次则发生于 1865 年，两次均出现在美联储建立之前。

当你下一次听到有人预测二次探底的时候，一定要问问他们是否是拿这个只有 10% 发生率的事件在打赌？而且在这些所谓的二次探底中，绝大多数出现在中央银行建立之前。这并不是说低概率事件不可能发生，当然有可能发生！但如果你认定一场二次探底，最好有一个说得过去的理由，这个理由至少应该能解释绝大多数长于二次探底的经济周期。否则，你糟糕的记忆会让你在拉斯韦加斯的赌场里输得一干二净。

总之，人们总是习惯于记住那些从未发生过或者极少发生过的事情，而忘记那些经常发生的事情。他们喜欢在每个周期的相同阶段去寻找新常态之类的概念，他们总是为了每一个经济扩张期的失业问题而感到忧心忡忡。他们经常会为了极其罕见的二次探底而顾虑重重。当然，还有很多让他们担心的，但最核心的问题还是在于我们的善忘。我们会忘掉很多原本应该记住的事情，而所有这些忘记的东西都会可以用约翰·邓普顿爵士那句至理名言来概括："世界上最昂贵的一句话就是这次会不一样"。

第2章 蛊惑人心的平均收益率

为何罗杰斯、巴菲特等投资大师更多时候都趋向于看多？难道仅仅只是因为盲目的乐观？为什么有时候购买国库券也会亏本？

在起伏不定的股市中，用平均收益率来衡量股票的投资潜力含金量几何？面对突如其来的暴涨牛市，为何投资者反而感到恐慌？怎样的选股策略才能让你在变化莫测的股市中获利？

Markets Never Forget (But People Do)

一切事物都遵循物极必反的规律，普遍性的悲观情绪往往就是好日子即将到来的征兆。

牛市不是收益的平均化，熊市也不是。事实上，实现平均收益是非常困难的事情。你或许会觉得这一点不难牢记，但这恰恰是投资者最容易忘记的事情，股票市场的收益率千变万化，而接近平均收益率则完全属于小概率事件。

人们总是认为，牛市就应该风平浪静而不应该波涛汹涌，每当牛市来临时，就会有人摇旗呐喊：“嘿，牛市已经到了，大家赶紧入市吧！”另一方面，如果熊市也能彬彬有礼地缓步到来，我们就更开心了，每天只跌一点点，这样我们既可以胸有成竹地认定熊市已经来临，又不会遭受重创，而且还有充裕的时间远离是非之地。

或许有人会说：“这简直太愚蠢了！每个人都知道，市场是起伏不定的。”既然如此，收益的波动性为什么又会让人们如此大惊小怪呢？实际上，即便是在牛市里，股市一样会经常下跌，但仅仅是一次或者连续几次大跌，就会让人们惊慌失措。投资者似乎从不担心全面调整：迅速下跌 10% ～ 20% 甚至更多，但是在短时间内又形成快速反弹的走势，它往往会使投资者坚信，牛市已经结束，实际上并未结束。在熊市中，逆势上涨同样会愚弄投资者，让他们自鸣得意。

这就是我所说的“强大的羞辱者”（The Great Humiliator，源自作者的《唯一重要的三个问题》一书。——译者注），TGH 绝对是最适合股票市场的名字。但是更糟糕的是，不管有过多少年的投资经验，很多人似乎仍然会忘记，投资收益率是千变万化的，即便是在牛市中也一样，每一天、每一个月、每一年都会让我们看到不一样的收益率。如果忘记了这些，你就会自欺欺人地让自己看不见很多悲惨的经历。

市场平均值的确是一种有效的分析工具，但每一周、每个月和每一年的数据却不能用平均数来替代，无论是在牛市还是熊市都概莫能外。在本章，我们就会看到投资者到底会忘记哪些：

- 熊市中的收益率在总体上超过平均水平。
- 牛市初期的收益率确实超过平均水平。
- 正常收益率具有极端的特殊性。
- 即使是在牛市期间，年收益率也可能具有很大的波动性，极有可能会小幅上涨，当然也可能会小幅下跌。
- 由于年收益率不同于平均收益率，因此，尽管实现平均收益率在策略上并不困难，但是在心理上却是非常不易。

是真牛市还是假反弹？

市场淡忘症的一种通常症状表现为：在新一轮牛市到来的第一个阶段，即第一年或是前两年，媒体总会无一例外地惊呼“这并非牛市”或是类似说法。绝大部分权威人士当然不愿意因为表现过于乐观而显得愚笨呆木，他们会说，这并不是一轮新牛市，而是较长熊市中的一段逆势上调。尽管这样的探底完全正常，但是在熊市探底后出现第一轮强势大幅上涨时，我们还是会听到这样的感慨，“这只不过是熊市中的反弹性调整而已”，关键是，这种调整会在经济对股市走势做出验证之后长期延续下去。

在任何时点人们都有可能会担心，牛市上行过程中的正常波动不过是熊市过程中的短期反弹。这样的例子在历史中显然举不胜举：

- 2009 年 3 月 26 日：在这篇报道里，一位金融服务业的 CEO 做出警告："这只不过是熊市中的调整而已。"见鬼！这肯定不只是简单的调整！在我创作本书时，全球熊市已在 17 天之前见底，而牛市行情依旧在持续。
- 2003 年 5 月 8 日："《艾略特波浪金融预报》的编辑霍奇伯格也认为，这只是熊市中的一个调整型反弹而已。"事实并非如此，全球熊市的双重底已在两个月之前出现，而二次熊市已连续四年多未再出现。
- 1996 年 8 月 3 日："我感觉这只不过是一次熊市调整。"这同样令人费解，它在长达 10 年之久的牛市中突兀可鉴，而随后却丝毫未看到熊市的迹象。股票在 7 月份呈现回落，但根本还不足以形成调整，随后便出现强势反弹。显而易见，这只是正常的牛市震荡，而非熊市的来临。
- 1990 年 12 月 28 日："自 9 ~ 10 月见底之后，市场走势基本与我们的熊市反弹相符。"实际上，上世纪 90 年代的超级大牛市均始于 10 月份，也就是这篇文章见报的两个月之前。
- 1985 年 5 月 6 日："我依旧认为复苏已经悄然降临……但持续下跌的利率完全足以消除人们的顾虑，从而促成一轮正常的熊市反弹。"始于 1982 年 8 月份的牛市或许一直持续到 1987 年 8 月，在 1987 年 6 月出现短暂的熊市之后，一直延续到 1990 年 7 月。
- 1962 年 11 月 1 日："……这种突如其来的剧烈反弹只能说明，它体现了一轮典型的熊市反弹走势。"但更确切地说，它反映了一轮新的牛市行情。始于 1962 年 6 月份的牛市一直延续到 1966 年 2 月。

有趣的是，人们总以为，只有审慎看待新一轮牛市才是最稳健的方法。他们认为，误把牛市看成熊市总是要好于误把熊市看做牛市，尽管历史一再告诉我们，如果你是一个着眼于稳定增长的投资者，盲目看空可能更容易损害长期收益。

在牛市里，不管多么可观的回报率都不应该吓倒你，或是让你感到意外，为什么呢？就是牛市收益率在总体上高于平均水平，我希望这不会让你感到不好理解，这似乎有点像废话，但我还是要重复。

令我不解的是，每当我提到这点时很多人就会大笑不已，称我是盲目的“死牛派”(perma-bull)。我可不是！我之所以更趋向于看多，是因为股市更多地是在上涨，就长期而言，其回报率远远高于类似的交易工具。我也曾多次看空整个市场，尤其是 1987 年、1999 年以及 2001 到 2002 年大部分时间的熊市。我也曾看空某些特定的投资对象，而看多另一些投资对象。此外，我在某些情况下也曾错误地看多市场，但我绝非他们所说的死牛派。

但人们还是无法记住，牛市的整体收益率确实超过平均收益率水平。大多数人只记得，在较长时期内股票的年均收益率约为 10%。或许会多一点， 也或许会少一点，但些许的误差总是可以谅解的。有些人会抱怨这个数字不正确，只有在包括股利之后才是真实的。我想知道的是，你为什么不考虑股利呢？股利同样是收益啊！他们或许还会说，这个收益率一定要考虑通货膨胀。当然，通货膨胀会影响所有具有可比性的资产类别，因此，不管你是否考虑通货膨胀，其他可比资产的收益率都不如股票。总体上，很多不相信股票收益率远远高于长期平均趋势的人往往都是坚定的看空派。

自 1926 年开始直至 2010 年底，标普 500 指数的年均收益率为 9.8%，从 1970 年即我们可获得可信数据之日开始，全球股市的年均收益率为 9.6%。绝对不能忘记，这种长期平均值既包括牛市也包括熊市，即使大牛市也不例外！牛市当然不能彻底排除短暂的熊市，不管怎样，所有事物的发展都会有好有坏，有喜有忧，这是世间万物的根本。熊市也是生活的一个侧面，但当投资者经历熊市时，他们会觉得一两个糟糕的年份就足以彻底击垮自己，会让他们永远也无法体验所谓的长期回报。

他们或许真的找不到这种感觉了！或许也能找到，因为他们只不过是遭遇了一个暂时的熊市。我们将会在本章后文中讨论，很多投资者之所以不能实现合理的长期回报率，主要是因为选择了错误的入市和退市时间，而且未能始终坚持既定策略。以往的长期收益率包括了下跌年份的损失，未来的长期收益率依旧要考虑熊市的损失，下跌年份同样是生活中不可缺少的一个部分。

假设你的投资已经过充分的分散化，即不把大部分资产投资于少数几只股票，或是不过多持有一个或少数几个板块的投资，并坚持一种适当的投资策略，根据历史，下跌年份的损失完全可以被随后更频繁、规模更大的牛市年份所弥补。因此，**如果你是一个长期的成长型投资者，并对投资实现了合理的分散化，你就不应该过多地在意暂时出现的下跌，因为牛市的持续时间更长，强度更大**。拥有超过平均水平的收益率是牛市的本质特征。

表 2.1 和表 2.2 记录了最近发生的 13 轮牛市和熊市。请注意它们在平均持续期上的差异，熊市的平均持续期为 21 个月。需要记住的是，平均数仅仅是平均数，它不可能代表任何一个年份，熊市极有可能持续较长时间，也有可能很短暂。在平均水平上看，熊市的累计下跌率为 40%。

现在，我们再来看看表 2.2 中的牛市情况，平均持续期为 53 个月，有些可能较长，有些则较短，但总体的累计上涨率则达到了 164%！这就是股票的收益率，如果包括了股利，这个收益率会更高！在这里，我之所以没有考虑股利，是因为无法收集到可追溯到 1926 年的每日总收益率数据。但股价收益已足以说明问题。

当牛市降临时，丰厚的回报让人们不知所措。它太诱人，来得也太快，当他们还处在熊市的惊恐中时，这样的好事情更像是从天而降的馅饼。如果他们不能记住，股票市场不可能每年都给投资者带来安全稳定

表 2.1　标普 500 指数的最近 13 轮熊市

开始日期	结束日期	持续时间（月）	年化收益率（%）	累计收益率（%）
1929-09-07	1932-06-01	33	-51.5	-86
1937-03-06	1942-04-28	62	-16.3	-60
1946-05-29	1949-06-13	36	-10.9	-30
1956-08-02	1957-10-22	15	-18.1	-22
1961-12-12	1962-06-26	6	-45.7	-28
1966-02-09	1966-10-07	8	-31.7	-22
1968-11-29	1970-05-26	18	-26.0	-36
1973-01-11	1974-10-03	21	-31.7	-48
1980-11-28	1982-08-12	20	-16.9	-27
1987-08-25	1987-12-04	3	-77.1	-34
1990-07-16	1990-10-11	3	-60.6	-20
2000-03-24	2002-10-09	30	-23.3	-49
2007-10-09	2009-03-09	17	-44.7	-57
平均值		21	-35.0	-40

注释：对于持续期，每月按 30.5 日计算。
资料来源：全球金融数据公司，标普 500 指数的价格收益率。

而且可预见的 10% 收益率，那么，不管经历过怎样的境遇，新一轮牛市都会让他们陷入眼前的恐惧之中。人在本能上都会有一定程度的恐惧心理，在经历了一场伤痕累累的熊市之后，一旦市场上涨超过其预期，他们就会担心重蹈覆辙。因为人的本性在于憎恨损失，偏好收获，在这种心理的驱使下人们会更加感到恐惧。

大多数人都知道，在股票下跌 25% 之后，上涨 25% 并不足以让他们盈亏平衡，因为要弥补先前的亏损，股票就必须反弹 33%。而要弥补 40% 的下跌，股票则需要上涨 67%。因此，当股票发生较大跌幅时，比如说像 2007 年 10 月到 2009 年 3 月那样大幅下跌 57.8%，那么就必须上涨 137% 才能重新返回前一个高点。

在 2009 年及此后，我经常听到人们说的一句话就是，“如果股票每年上涨 10%，我还得用 8 年时间才能回到不赔不赚的状态，如果还能接

表 2.2　标普 500 指数的最近 13 轮牛市：有长有短

开始日期	结束日期	持续时间（月）	年化收益率 (%)	累计收益率 (%)
1932-06-01	1937-03-06	57	35.4	324
1942-04-28	1946-05-29	49	26.1	158
1949-06-13	1956-08-02	85	20.0	267
1957-10-22	1961-12-12	50	16.2	86
1962-06-26	1966-02-09	43	17.6	80
1966-10-07	1968-11-29	26	20.0	48
1970-05-26	1973-01-11	32	23.3	74
1974-10-03	1980-11-28	74	14.1	126
1982-08-12	1987-08-25	60	26.6	229
1987-12-04	1990-07-16	31	21.0	65
1990-10-11	2000-03-24	113	19.0	417
2002-10-09	2007-10-09	60	15.0	101
2009-03-09	——	——	——	——
平均值		57	21.2	164

注释：对于持续期，每月按 30.5 日计算。
资料来源：全球金融数据公司，标普 500 指数的价格收益率。

着涨，那当然是好事情了！”这实际上是不可能的。相反，就像表 2.2 所示，牛市中的股票通常不会每年只上涨 10%，其年均增长率甚至达到 21.2%。在熊市之后，你完全可以期待未来远远超过 10% 的收益率，有时甚至高达 21%。

历史告诉我们，熊市时期越是艰难，探底后的初次反弹就会越强劲。在 2009 年 3 月 9 日全球股市见底后的前 12 个月里，全球股市疯涨 74.3%，美国股市也暴涨 72.3%。对于那些曾在熊市探底期间饱受煎熬的投资者来说，这样的涨势显然让他们始料不及。下跌期间带来的恐惧让我们变得过度悲观，根本就不会想到会有如此疯狂的涨势。而糟糕的记性又蒙蔽了我们，让我们拒绝接受这样一个事实：这样的暴涨完全是市场的正常之举。

下一个 V 形反转何时出现？

如果你曾多次经历过这样的市场周期，这种暴涨就不应该让你感到意外，也不会让你认为这只是熊市中的一次反弹而已。实际上，你完全有理由期待这样的大反攻，但大多数人却不敢这么想。我在 2009 年 2 月 16 日的《福布斯》专栏文章“令人渴望的 V 型趋势”（Viva The V）中曾写道：

> 熊市通常以 V 形趋势在触底反弹后转化为牛市。前期熊市的跌幅越大，跌势越猛，随后牛市的涨幅也越大，涨势也越猛。在过去的一个世纪里，为数不多的几次例外均由导致正常熊市的看空力量所引起。
>
> 比如说，从 1932 年 7 月到 1937 年 3 月，股票市场上涨 324%。在经过一轮由经济衰退引发的大熊市以及随后 12 个月的局部复苏之后，股票在 1939 年遭遇了全新的困境。而第二次世界大战又将股票市场带入比 1938 年初经济衰退更惨烈的危机之中。
>
> 这种情况有可能再度发生，但如果不发生这种意外情况，我们就应该遇到正常的 V 形趋势。而上行带来的收益将足以弥补此前下行阶段遭受的任何损失。

V 形（单底）反弹趋势如期而至，就在股市触底 3 周之后。我只能说自己很幸运，尽管我认为 V 形趋势即将到来，但却不知道也不可能知道何时开始。我如何能预料到 V 形趋势呢？我已经历了 40 年熊市的磨练，而且我始终在研究历史，现实迫使我必须牢记历史的规律。我知道，而且还经常告诫我的读者和客户，你必须冲破平均趋势的束缚，看清到底是什么构成了这个平均趋势。一定要这样做，即使你没有经历过多少熊市，或者记性很糟糕，也一样能判断牛市的来临。

表 2.3 通过美国股票及其较长期历史数据反映了新一轮牛市中前 3 月及前 12 月的收益率。在牛市最初的 3 个月，平均收益率为 23.1%，只有短短的 3 个月！而第一年的全年收益率则为 46.6%。因此，从根本上看，牛市周期中的第一年收益率约为整个牛市年均收益率的两倍，就历史整体而言，牛市周期的年均收益率仍高于平均水平，而且有一半的收益都来自于前 3 个月。尽管并非一贯如此，这已经足以让你意识到，绝不应该再错过剩下的牛市了，而且这剩下的牛市也足以弥补你在熊市中遭受的损失。

表 2.3　新一轮牛市前 3 月及前 12 月收益率：以美国股市为例

开始日期	结束日期	前 3 月的收益率（%）	前 12 月的收益率（%）
1932-06-01	1937-03-06	92.3	120.9
1942-04-28	1946-05-29	15.4	53.7
1949-06-13	1956-08-02	16.2	42.0
1957-10-22	1961-12-12	5.7	31.0
1962-06-26	1966-02-09	7.3	32.7
1966-10-07	1968-11-29	12.3	32.9
1970-05-26	1973-01-11	17.2	43.7
1974-10-03	1980-11-28	13.5	38.0
1982-08-12	1987-08-25	36.2	58.3
1987-12-04	1990-07-16	19.4	21.4
1990-10-11	2000-03-24	6.7	29.1
2002-10-09	2007-10-09	19.4	33.7
2009-03-09	——	39.3	68.6
平均值		23.1	46.6

资料来源：全球金融数据公司，标普 500 指数的价格收益率。

今天，很多投资者应该还对股票市场在 2002 年 10 月触底后的疯狂反弹记忆犹新，尽管曾在 2003 年 3 月经历短暂下挫，但随后不久便再度呈现疯涨。1990 年仅有 6.7% 的增长或许欺骗了他们，但全年表现不仅足以对此做出弥补，甚至让上世纪整个 90 年代的阴霾荡然无存。更多满腹牢骚的人还应记得始于 1987 年的熊市以及结束于 1982 年的两次短暂回升。

尽管历史先例不乏说服力，但显然还不足以说明一切，如果不能找到背后的基本面因素，即便是最有说服力的历史模式也没有意义。任何一只在触底后实现 V 形反转的股票都有其基本面因素。熊市初期的动力在于破坏性的基本面，可能是经济活动正在放缓，比如说销售额和企业利润开始减少。此时，股票市场开始随经济形势而变化，并在价格上做出反应，持续缓慢下跌，难得一见的暂时性反弹只能蒙蔽投资者。此时，媒体往往会大声疾呼："这只是一次调整而已，还是逢低买进吧。"

在熊市后期，市场情绪开始追逐恶劣的基本面。市场上的流动性开始枯竭，此时最有可能爆发信贷危机，甚至是像 2009 年那样的经济危机，尽管并非一贯如此。进入熊市尾期，随着政治家们试图化解导致市场大跌的诸多因素，我们往往会听到形形色色政治施压的言论。不幸的是，不够完善的管制或法规往往是造成熊市的主要诱因，甚至是罪魁祸首，譬如 2007 年 10 月颁布的第 157 号会计准则 FAS 157，即《公允价值计量准则》，它在很大程度上导致了随后的熊市和信贷危机。由于市场预期将出台新的做空政策，政选活动的威胁给股市带来巨大的下挫压力。而随着市场情绪进一步低落，股市开始大幅暴跌，跌速和跌幅甚至已超过基本面的恶化程度。历史经验表明，在熊市中，约 2/3 的亏损来自熊市持续期最后 1/3 的时段，也就是 V 形趋势线的左半边，且熊市最后阶段的亏损率也超过平均亏损率。

图 2.1 显示了一个假设的熊市探底过程，即典型的 V 形趋势线。大多数熊市的延续时间约为触底时间的二倍甚至是三倍，在底部短暂徘徊之后，进入成 V 形曲线的反转趋势。那么，V 形曲线的右侧一半又是由哪些要素促成的呢？尽管基本面还不够乐观，但也不像大多数人想象的那么悲观。在某个无法预测的时点，股市开始由快速下跌转为快速上涨。此时，市场流动性通常会出现一次有利于股市的大逆转。流动性的增加、不太恶劣的经济形势以及投资者预期的改善，共同造就了后半段的熊市。

于是，市场由跌转涨，V 趋势线彻底形成。

这就意味着，**熊市来得越猛烈，复苏的过程也强劲，不管在熊市中遭受多严重的亏损，投资者都能在远低于很多人想象的时间内弥补这些损失**。图 2.2，2.3，2.4 和 2.5 均为真实的 V 形反转趋势线，它们分别对应于 1942 年、1974 年、2002 年和 2009 年大熊市结束时的市场反弹。

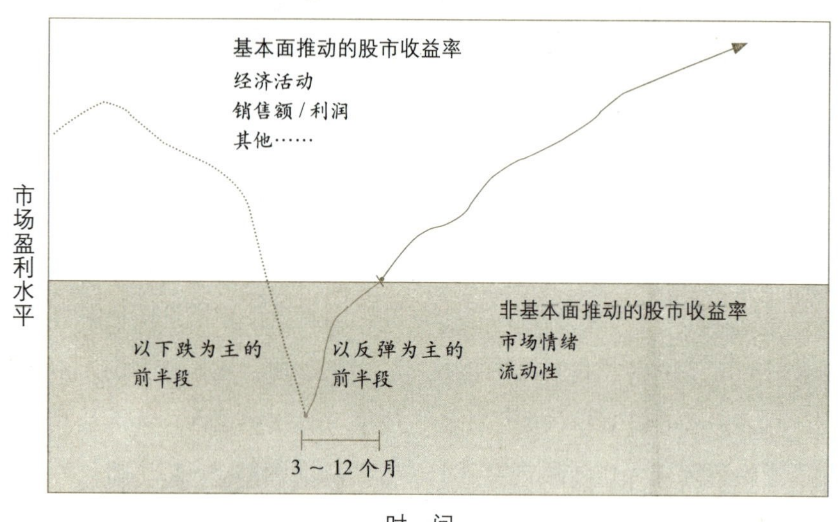

图 2.1　假设的 V 形反转

注释：本图仅用于说明问题，因未考虑数据准确性而不标注坐标轴。不得将本图视为市场预测之用。

这种市场趋势延续着，图 2.6 中的曲线摘自我的另一本书《华尔街的华尔兹》。该曲线显示了工业及铁路股票在 1907 年市场“人恐慌”及之后的表现。可以看到，股票价格形成了一个完美的 V 形翻转，经济初期复苏的速度和形态几乎与熊市后半段的速度和形态完全吻合。很多市场权威曾在 2008 年和 2009 年认为金融危机这次会不一样，纵向比较，本次危机更像是 1907 年的金融危机，并就此做出结论：在像这样的金融危机中，随后的市场收益能力会更加疲软。但如果研究一下 1907 年之后的影响，他们肯定会归于这条完美的 V 形反转趋势线。

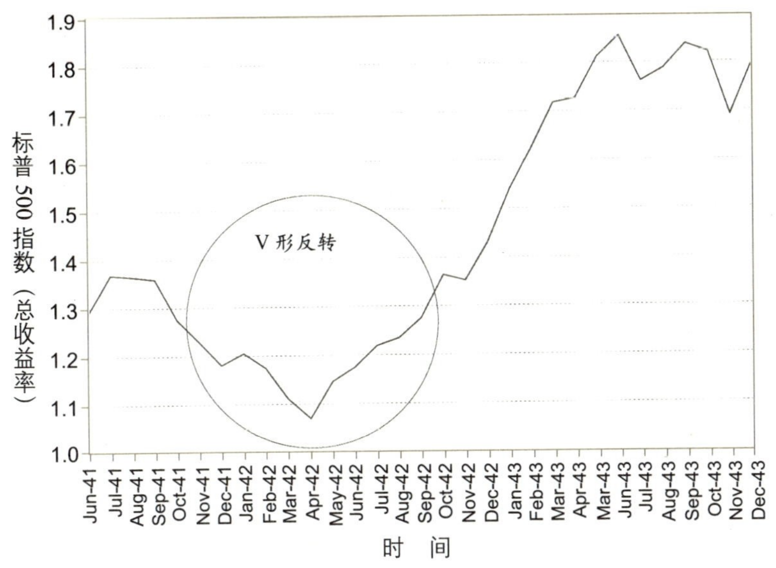

图 2.2　真实的 V 形反转（1942）

资料来源：全球金融数据公司，标普 500 指数的总收益率（月份数据）。

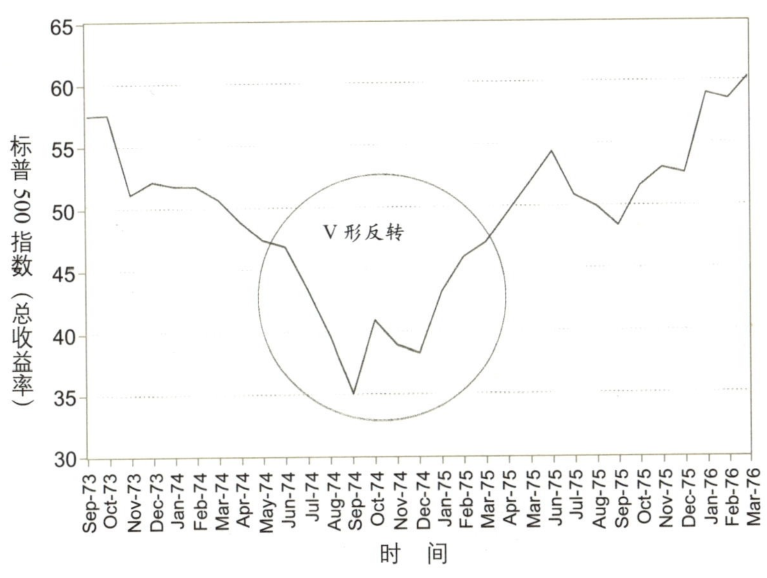

图 2.3　真实的 V 形反转（1974）

资料来源：全球金融数据公司，标普 500 指数的总收益率（月份数据）。

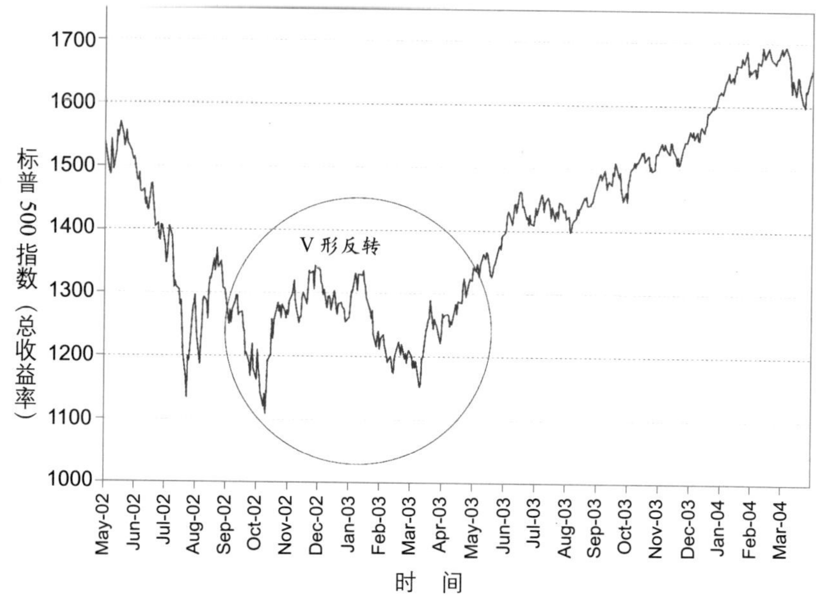

图 2.4　真实的 V（W）形反转（2002）

资料来源：全球金融数据公司，标普 500 指数的总收益率（月份数据）。

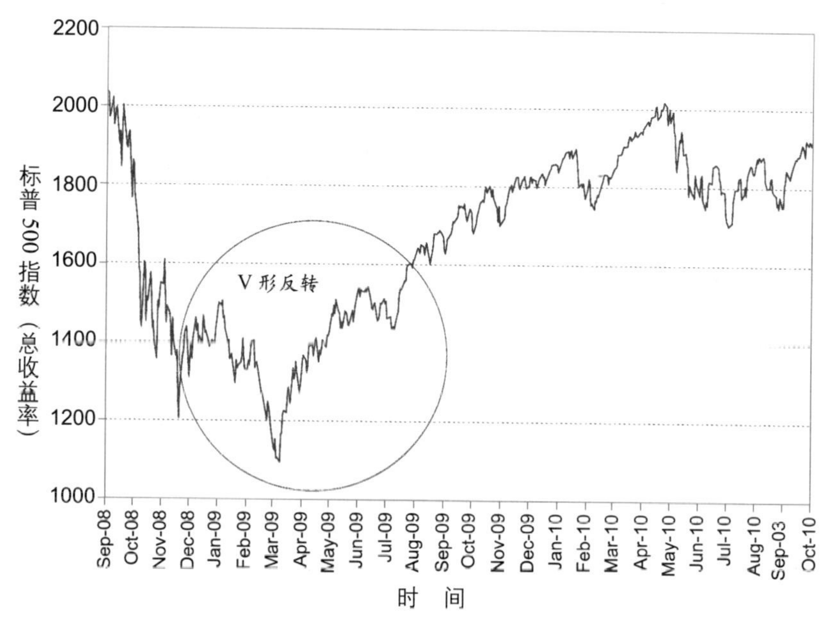

图 2.5　真实的 V 形反转（2009）

资料来源：全球金融数据公司，标普 500 指数的总收益率（月份数据）。

有些读者或许会错误地以为，这表明他们应该把注意力集中到熊市之后的盈亏临界点，事实却并非如此。如果你是一个以成长为目标的长期投资者，即大多数阅读本书的读者，就应该彻底抛弃盈亏临界点、市场高位或是大盘指数水平等随意性指标。**投资者应把注意力集中于你的投资策略是否有利于实现长期成长目标，而不是去考虑某只股票在上一周、上个月或者是去年的表现怎样。**

另一方面，V 形走势还告诉我们，平均水平对于我们认识股市收益率毫无意义。如果你在熊市期间抛出股票，并试图准确把握市场触底时间，还是别难为自己了。因为只要你稍一眨眼，就会错过这个机会，市场已跳出谷底并完成了强势反弹。此外，牛市的总收益不仅从根本上超过市场平均收益，而且在总体上也应超过熊市的总亏损，不管你在熊市期间满仓还是部分持仓。

历史表明，牛市总是突兀而至的，那么，如果你错过这次的大好时机，是否就应该只做一个旁观者，集中精力规避下一轮熊市，养精蓄锐等待下个牛市再爆发呢？不是的。

首先，并非每个牛市都是这样，譬如上个世纪 90 年代的大牛市，初期的上涨势头并不十分明显；此外，如果你仅仅因为错过初期暴涨就打算在整个牛市过程中做旁观者，怎么能知道下一轮大牛市在什么时候到来呢？

我猜想，如果你只做看客，或许就不会急于在股市深度触底时入市，因为熊市触底阶段的日子会让你提心吊胆，但只有在市场出现反弹且牛市迹象已尽显无遗的时候，你才知道这几天是股市最黑暗的日子。上一次曾经让你胆战心惊的任何风吹草动，下一次依旧会让你不寒而栗。

超过大多数人想象的是，牛市的持续时间通常更长，而且强度也更大。因此，如果你错过最初阶段的大涨，结果自然会让你大失所望。但是让自己置身于牛市之外会让你浪费更多的机会，以这样的方式惩罚投资者显然不合乎情理，毕竟，一场大牛市或许可以持续很多年。

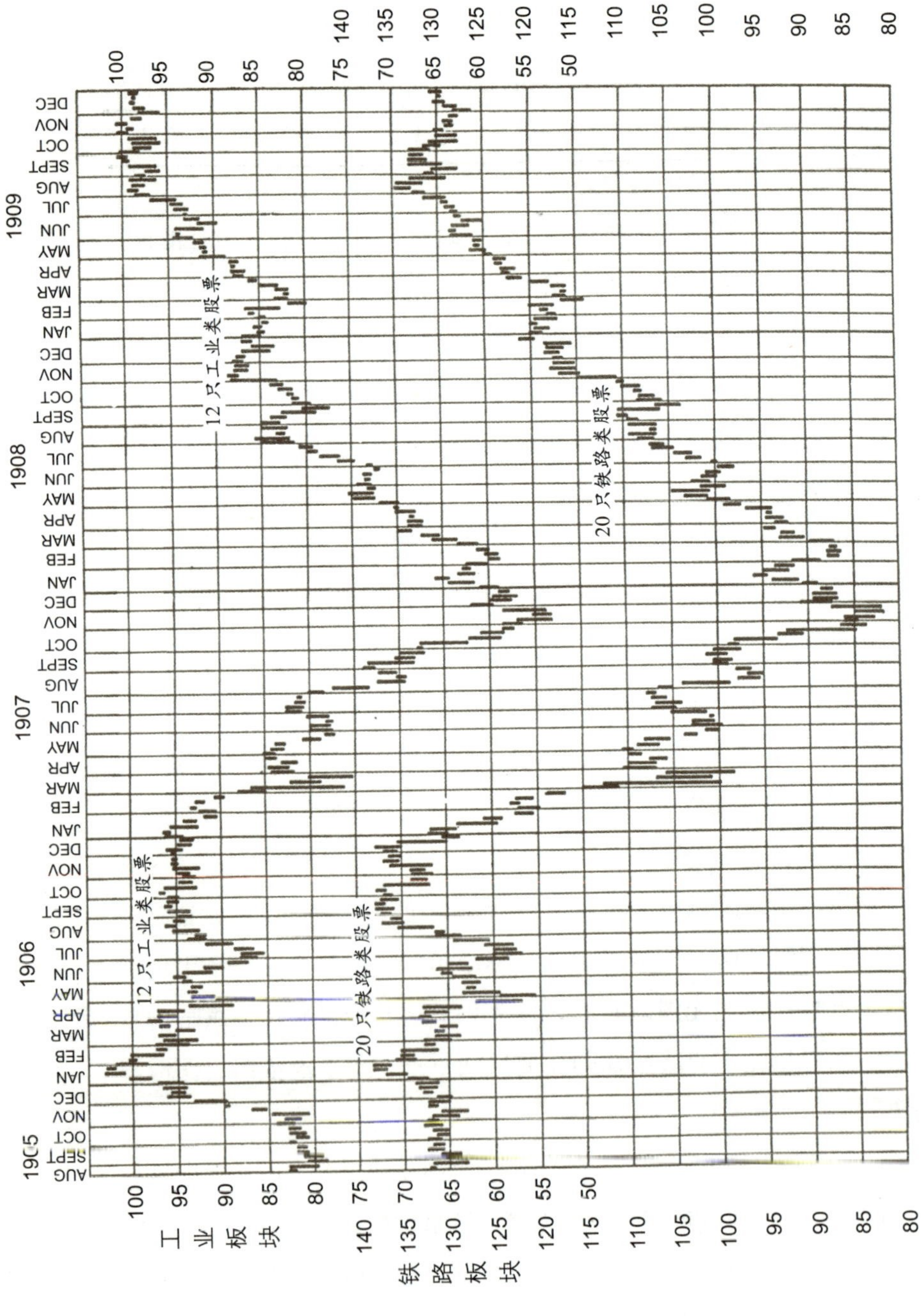

1905 1906 1907 1908 1909

AUG SEPT OCT NOV DEC JAN FEB MAR APR MAY JUN JUL AUG SEPT OCT NOV DEC JAN FEB MAR APR MAY JUN JUL AUG SEPT OCT NOV DEC JAN FEB MAR APR MAY JUN JUL AUG SEPT OCT NOV DEC JAN FEB MAR APR MAY JUN JUL AUG SEPT OCT NOV DEC

工业板块 100 95 90 85 80 75 70 65 60 55 50

铁路板块 140 135 130 125 120 115 110 105 100 95 90 85 80

12只工业类股票

20只铁路类股票

12只工业类股票

20只铁路类股票

图2.6 1907年“大恐慌”，历史上的V形反转

资料来源：菲利普·卡雷特（Philip Carret），《投机的艺术》（*The Art of Speculation*），1927年。

为什么买国库券不一定稳赚?

牢记大牛市是市场正常表象并不为之恐惧会带给我们哪些好处呢?在牛市期间,我们都知道“当心太猛、太快”这样经常被人们提及的观点。这种观点通常出现在牛市的前两年,也就是牛市初期的暴涨阶段。但是,在牛市的任何一个阶段,我们都有可能被太猛、太快这样的概念所侵扰。它并不意味着牛市一定会停止,为什么呢?因为就像我反复强调的那样,牛市往往比人们想象中的更长、更猛烈,而且其收益在根本上要超过平均水平。

通常情况下,股票的上涨势头从根本上讲不会太猛、太快,尽管确实有可能出现极端强劲的上涨,但这并没有不妥之处,某些大涨的背后的确有其理由,比如 1980 年的能源泡沫或者 2000 年的科技股泡沫。但这些大涨随后遭遇的大跌,则是源自于不支持高估值的基本面因素,而非特定的价格水平。股价强势大涨并不意味着它们必然要以大跌而收官。事实上,股票市场只是在以不规则方式持续上涨,但人们还是忘记了这一点。

- 1958 年 10 月 18 日:“顶级企业家已从迷茫转为过于乐观,甚至开始对强劲的复苏势头感到担忧……股票市场已经发疯了。”牛市不过刚刚开始而已,此后还有足足三年的时间。
- 1959 年 4 月 19 日:“证券交易委员会主席爱德华·盖德斯比发出警告,市场上涨疑似过猛、过快。”显然,1957 年开始并延续到 1961 年的牛市在当时正处于上升通道之中。
- 1962 年 7 月 13 日:“面对这样的统计数据,分析师自然会觉得市场上涨太猛、太快。”新一轮的大牛市在一个月之前刚刚拉开大幕,并一直延续到 1966 年。
- 1975 年 1 月 29 日:“卖空交易开始锐减,因为交易商坚信市场已进入快速而凶猛的大牛市。”新一轮牛市不过才开始三个月，这轮牛市足足持续了 74 个月，股价合计上涨 126%。

◆ 1982 年 8 月 14 日：“分析师指出，很多交易商认为债市和股市的近期反弹来得太猛、太快。”真的是太猛、太快了吗？但这轮牛市才开始了两天啊！实际上，它的真正终点是 1987 年那场令世人瞠目结舌的暴跌，股市在整个这一轮牛市中上涨了 229%。

◆ 1984 年 8 月 13 日：“分析师发现很多交易商似乎认为股市过去两周的反弹来得太猛、太快。”

◆ 1986 年 1 月 2 日：“约翰逊指出，股票市场和债券市场涨得太猛、太快，市场回调似乎有点过头。”一点也不，这轮牛市只不过才进行了一年半。此外，美国股市在 1986 年仅仅上涨了 18.6% 而已，而全球股市已大涨了 41.9%。

◆ 1992 年 5 月 20 日：“投资者遇到了麻烦……他们认为市场估值过高。他们担心股票市场涨得太猛、太快。”上世纪 90 年代这场永载史册的大牛市足足持续了 8 年多的时间，给美国投资者奉献出 546% 的超级回报，而全球投资者的总平均回报率也达到了 242%。

◆ 1995 年 3 月 29 日：“最近几天的市场已清晰表明，投资者、尤其是机构投资者正在变得越来越狂躁，他们担心市场上涨太猛、太快。”

◆ 1997 年 2 月 27 日：“联邦储备委员会主席艾伦·格林斯潘周三指出，过去两年的股市暴涨可能过于迅猛。”格林斯潘对股票市场发出的非理性繁荣警告让人们确信无疑，但问题在于，他说这番话的时间是 1996 年 12 月 5 日。牛市已开始了三年，而在他的警告之后，全球股市又继续上涨 75.7%，美国股市则上涨了 115.6%。

◆ 2003 年 7 月 1 日：“股票市场的涨势太猛、太快，因此，市场预期将出现一轮 7% ~ 8% 的回落。”此时，新一轮牛市仅仅才开始4个月，而全球股市在接下来的一年内上涨了33.1%。从2002年牛市上涨开始到2007年达到最高峰，全球股市累计上涨了161.0%。

- 2009年9月19日："股票市场一直在持续飞涨，而且似乎有点太猛、太快。"事实并非如此，在我创作本书的时候，始于3月份的牛市还在暴涨。
- 2009年10月15日："尽管星期三的华尔街欢欣鼓舞，但分析师却声称此论反弹似乎过于激烈"。

虽然这样的警告一而再再而三地出现，但我们却总会觉得它们前所未有并且充满新意。

在股票市场上，根本就没有太猛、太快这样的事情，牛市也没有固定的上限，上涨到一定限度不会必然下跌。同样，也不存在每周、每月或者每年股市升值不得超越的上限。

事实上，在任何既定的年份里，收益的绝大部分可能来自于短短几周的时间，或许只是几天，但我们根本就不可能知道到底会是哪几天。而在这几天到来时，市场收益自然显得分外诱人，而且很有可能会让人们觉得投资股票的大好时机已经到来。即便是近在眼前的未来几天，市场也是极端不可预测的。这就是常态，顺便提一下，处于另一个极端的熊市也遵照这样的规律。

那些认为牛市来得太猛、太快的人总是记不住：看空预期不可能带来高收益。绝对不可能！人们可能会认为缓慢上涨的市场风险更低，但这也压缩了股市上涨的空间。

因此，如果你希望得到更安全的可预见收益，那么，你就必须接受更低的风险，而这又降低了总收益率，这就是我们购买国库券并持有到期的动机。的确，你必须要持有到期，因为国库券本身在短期内也有可能会贬值。

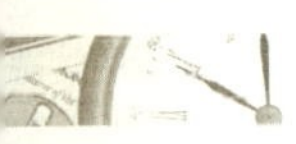

难道投资者也有恐高症?

人们对超级回报的担心部分源于人类大脑的进化发育方式，在行为金融学领域，我们把这种认知偏差称为“恐高症”(fear of heights)。我们的祖先早就凭借本能意识到，从很高的高处摔下来可能会立即丧命，至少会留下残疾，这在本质上和丧命没什么差异。因此，我们在本性上担心任何太高的事物。一旦身居高处，恐高的本能就会成为人类求得生存的工具，以前如此，现在依旧如此。但对市场来说却并非如此。

我们常常借助于比喻来表达自己的观点，我在本书中一直在采用这样的方式。但高收益并不意味着你会从高处掉下来摔断双腿，这一点似乎毋庸置疑。市场价格永远是波动的，首先达到某一水平，而后从这一点开始回落，随后又以无规则的方式在震荡中回升，直至超过另一个高点，并突破这个高点继续上涨。经过长期进化的人类大脑总会自然而然地认为，任何处于高处的事物最终都会下降，从原来很高的高处回归正常高度。这太糟糕了！因为这样的想法可能会给投资带来各种各样的误解，比如说因过早清仓而错过股票上涨最猛烈的几个月，甚至是几年，这将严重影响投资者的长期回报。

此外，熊市的收益率同样有可能高于市场的平均水平，比如说2007 ~ 2008年的熊市就是这样。一个有趣的现象是，在熊市中，市场往往会弥漫着一种股价只会永久下跌或者至少不会上涨的情绪。但是在牛市的任何时刻，我们却很难想到市场会下跌。在极端情况下，市场会沉浸于极度兴奋的情绪之中，甚至失去理智，而这往往是一个非常糟糕的信号。**一切事物都遵循物极必反的规律，普遍性的悲观情绪往往就是好日子即将到来的征兆。**

股票价格可能会在一段时间内先涨后跌，但股价下跌并不是因为价格太高。投资者从来就不缺少这样的经历，却一再忘却从中得到的教训。当他们说太猛、太快的时候，就已经把曾经得到的教训彻底抛在了脑后。市场估值的确依赖于利空基本面，而且远远压倒现有的利好基本面。否则，那些高喊太猛、太快的人只能让你意识到，他们的记忆力糟糕得无以复加，简直没有记性可言。

我相信你肯定听说过，在股票价格经过一段时间的波动之后（我们将在第 3 章看到，这同样是市场的常态），投资者就可以在市场行为趋于常态时主动出击了。我在这个行业里已经摸爬滚打了近 40 载，可以说，我已经走到了我职业生涯的后半段。27 年以来，我一直为《福布斯》定期撰写专栏文章。此外，我还撰写了很多学术文章和专著，为个人及机构投资者管理着几百亿美元的资产，经常参加各种学术演说、研讨会和电视专栏节目。到目前为止，我已经创作了 8 本与投资和个人理财有关的书籍，而且一直在以各种各样的方式和资本市场及投资者打交道。总之，我从未看到、而且永远也不会看到市场表现出的常态。

事实并非如此，市场的行为从来就没有失常，我的意思是说，市场本身就是千变万化、反复无常的，这就是常态。但是当人们说希望市场行为正常的时候，却并不是这个意思。他们真正想说的就是需要某种形式的信号，比如“没有问题，放心入市”或者是“当心危险，马上撤退”。他们希望一切都能平稳安全，希望收益不会那么起伏不定，而是更加稳定长久。如果你一定要等到市场风平浪静的那一天，那你很可能需要漫长的等待。因为市场本身就是极端不可预测的东西，它或许可以在某一时刻给投资者带来意料之中的回报，但更常见的是极端的收益而非平均水平的回报。

我经常向客户和读者演示表 2.4，它把股票回报率分解为超过 20% 的高收益、0 到 20% 的平均收益和负收益。在划分过程中，我对平均收益率这一类异常大方，因为我猜想大多数人会认为超过平均收益率至少应该超过 10%。但是为了涵盖更多情况，我是这样划分的：

首先，最容易被人们忘记也最让我感到不可思议的是，股票产生收益的时间远远要超过带来亏损的时间，两者的比例接近 2.5 : 1。那些认为长期熊市始终威胁投资者的人要么是记忆力太差，要么是衡量收益的方法有问题，抑或兼而有之。其次，**对股票而言，最常见的结果是超过**

20% 的收益率，占全部时间的 37.6%，而平均收益率只是次常见的结果，但这只是广义上的平均。自 1926 年以来，美国股市的收益率只有三次不偏不倚地落在平均收益率区间 9% ～ 11% 内，分别是在 1968 年的 11%、1993 年的 10.1% 和 2004 年的 10.9%。而全球股市在 1970 年以后则只实现过两次平均收益率，2005 年上涨了 10.0%，2007 年上涨了 9.6%。

表 2.4　平均收益率并非常态：常态收益才是极端

标普 500 年收益率范围	自 1926 年以来 出现的次数	频率（%）	
大于 40%	5	5.9	超级收益率（占全部时间的 37.6%）
30% ～ 40%	13	15.3	
20% ～ 30%	14	16.5	
10% ～ 20%	17	20.0	平均收益率（占全部时间的 34.1%）
0% ～ 10%	12	14.1	
-10% ～ 0%	12	14.1	负收益率（占全部时间的 28.2%）
-20% ～ -10%	6	7.1	
-30% ～ -20%	3	3.5	
-40% ～ -30%	2	2.4	
小于 -40%	1	1.2	
总次数	85		
简单平均收益率（%）	11.8		
年化平均收益率（%）	9.8		

资料来源：全球金融数据公司，标普 500 指数的总收益率（1925-12-31 ～ 2010-12-31）。

而最不常见的结果就是负收益率，同样容易被人们遗忘的是，历史还告诉我们，尽管大熊市不可避免但极其罕见。具有讽刺意义的是，只要遭遇过一次大熊市，我们就会想着下一场大熊市是不是马上就要到来，而历史却告诉我们，每当我们经历过一场大熊市，就会在很长一段时间内不会再次遭遇大熊市，事实经常如此。实际上，股市回报率低于 -20% 的情况在历史上只出现过 6 次。因此，我们必须承认，大熊市确实曾经发生过，而且那种经历痛苦无比。但随着时间的推移，再可怕的熊市都会被频率更快、持续更长和规模更大的牛市所弥补。

现在，我准备彻底颠覆自己。总体而言，牛市的收益率确实要超过平均水平，但这并不意味着牛市中每一个年份的收益率都会超过平均水平。股票市场的年收益率起伏不定，这就是说，我们有必要看看这个平均水平到底包含哪些内容。即便是在牛市期间，也会有收益率低于平均水平的年份。股票市场，也就是前面所说的那个强大的羞辱者（TGH），绝对是一个十足的无赖，它的唯一嗜好就是不择手段地骗取更多的人，而且不停地骗取他们的钱财。而熊市更是不折不扣的 TGH，它无时无刻不在绞尽脑汁地羞辱和玩弄投资者。而市场调整期则是这个 TGH 的登峰造极之作，当市场直线下跌 10% ~ 20% 甚至更多，然后再快速反弹并冲上新高时，这个过程必将对那些在股价处于低位时抛出的投资者给予重创：他们在惊慌失措之间犯下不可饶恕的错误，并丢掉大把的钞票。

但 TGH 欺骗投资者的手段还不止于此，它们还有另外一种伎俩：很长一段时间不进不退，止步不前。如果我们可以假设每一次牛市都是无条件地高速上涨，那岂不是太容易了吗？同样，在这里，太容易的含义很可能就是维持在较长时期内较低的总体收益率。因此，我们有理由不把投资想象得太容易。在每一个既定年份，股价都有可能发生如下之中的情形：大幅上涨，小幅上涨，小幅下跌或是大幅下跌。毫无疑问，每一种情形都有可能化为现实。大幅下跌对应着熊市年份，而大幅上涨则对应于牛市年份，但是在牛市期间，同样会出现小幅上涨的情况，不过还要当心，即便是在牛市之中，也有可能出现小幅下跌的年份。而小幅上涨和小幅下跌之间的差异，不过是市场在牛市全面形成前的震荡而已，小幅下跌一样可以是牛市年份。

如果你是一个以实现证券稳定增值为目标的长期投资者，而且你预计股票价格在未来 12 个月会出现微跌，那么，你是否应该大量减持手里的股票呢？我认为你无需大惊小怪。只要你认为当前市场处于牛市形成期，并尚未进入加速上涨期，甚至于你怀疑当前市场已进入熊市，只是尚未找到令人信服的证据，匆忙清仓会让你得不偿失。

为什么这样说呢？最关键的原因就是你的判断可能是错误的。如果股市在你清仓之后出现小幅上扬或是大幅飙升，你该怎么办？假如你的目标是实现长期增长，错过这样的机会显然会让你实现目标的概率大打折扣，比如说，你错过了一轮上涨15%的牛市，这样的损失可想而知，你要付出多少努力才能弥补这么大的损失啊！在扣除交易费之后，如果保持1%的年均收益率，你需要整整15年的时间！错失这样的良机注定会让你的长期投资面临极其糟糕的业绩。

因此，我们务必要对所谓的市场预测做出正确判断。如果不能始终明确区分微涨和微跌之间的差异，预测市场就更加难上加难了。此外，还要考虑交易费用和税收的影响，它们会让你的利润荡然无存。如果错过最佳入市时间，就相当于把未来唾手可得的利润拱手相让给别人，我觉得这太不值得了。

不同寻常的牛市第三年

在历史上，大牛市中总会不定期地出现所谓的停顿年，或者说发生在牛市过程中的股价停滞甚至是微跌期。历史经验表明，牛市的第三年往往会成为停滞年，这并不是绝对的，第二年、第四年或是第五年也有可能经历小幅涨跌震荡阶段，比如说1960年、1977年、1994年和2005年，股价在停顿之后恢复上涨，并由此进入下一次牛市大涨。表2.5为各牛市过程中第三年的情况。

我们可以看到，自1926年以来，牛市第三年通常会出现小幅震荡，在这段时间里，尽管很少出现大涨，但从未出现大跌。在表中出现的各个案例中，牛市均在第三年或随后年份恢复大涨。不管是第三年或是其他年份，股市停顿年完全属于常态，而且经常出现，以至于根本不值得大惊小怪，但人们还是记不住这个，而且大脑经常短路。出于担心股价停滞成为市场由牛转熊的标志点而清仓大甩卖，那无异于被抢劫，而且会损失惨重，不妨看看表2.5最右侧一栏的市场总收益率。从历史上看，

表 2.5　牛市第三年进入停顿期

牛　市					牛市总收益率（%）
起始日期	终止日期	第一年（%）	第二年（%）	第三年（%）	
1932-06-01	1937-03-06	121	-4	1	324
1942-04-28	1946-05-29	54	3	25	158
1949-06-13	1956-08-02	42	12	13	267
1957-10-22	1961-12-12	31	10	-5	86
1962-06-26	1966-02-09	33	17	2	80
1966-10-07	1968-11-29	33	7	-10	48
1970-05-26	1973-01-11	44	11	-2	74
1974-10-03	1980-11-28	38	21	-7	126
1982-08-12	1987-08-25	58	2	13	229
1987-12-04	1990-07-16	21	29	-7	65
1990-10-11	2000-03-24	29	6	14	417
2002-10-09	2007-10-09	34	8	7	101
2009-03-09	——	69	15	——	——
平均值		47	11	4	164

资料来源：全球金融数据公司，标普 500 指数的价格上涨幅度。

在第三年因为害怕而逃离股市就意味着你只能眼巴巴看着牛市中最大的一块肥肉从你的嘴边溜走。

牛市熊市皆有烦恼。股市的停顿年尤其符合“TGH”的特征。难道你不想在大牛市和大熊市面前都能做到游刃有余吗？但如果在它们夹入一个中间年份，每个人都不会感到无所适从。

更令人摸不着头脑的是，从根本上说，这些中间年份依旧是好年头。我们没有任何理由把这些年份看做多余的夹塞者。因为此时的经济增长态势依旧良好。但投资者很容易忘记，这些所谓的中间年份可能出现在经济趋好甚至是强势增长的背景下。事实上，股市停顿年只是市场预期与客观现实趋于一致的结果。形成牛市第一部分的动力不仅是市场的流动性，还有市场预期与市场现实之间的巨大反差，熊市带来的亏损让市场情绪趋于低落，而市场情绪的逐渐恢复则形成了这些 V 形反转的基本动力。

在经历一段高收益时期之后，市场会有所调整，这种调整不会像关灯那么黑白分明，它是一个投资者情绪逐渐与市场接轨的循序渐进的过程。超级回报不仅会让他们感到欣慰，而且可能使他们幻想一个不那么阴暗的未来。总之，在这个停顿期，投资者的情绪并非总是低迷，或是就会涌现出一批新的看多者。虽然不可能每个人都会走出市场低迷的情绪，但至少在总体上可以说，市场情绪在普遍改善，这也和现实日趋吻合。如果没有市场预期和市场现实之间的这种巨大反差，我们也就失去了股票继续走高的一个基本动力。

这就是市场在反弹前的一段小憩，这段停滞不仅不是坏事，而且还是一件好事，或许这段时间就是市场基本面发生转型的时候。当市场走出这段停滞期后，它的基本风向标通常会发展变换，比如说，首先是小盘股引领股市涨势，随后被大盘股取而代之，也可能是周期性股票带头，然后是乏善可陈的蓝筹股成为牛市上涨的主力军，但基本特征显然与市场情绪紧密相连。

对股市停顿期来说，它的最大好处就是能筛除市场上某些人的过度乐观情绪。由于收益水平始终远远落后于市场预期，因此，人们会认为大牛市的时代已经终结，或是担心新一轮熊市正在酝酿之中，人们又忘记了这一点，停滞年份使人们习惯于超级回报及高涨的利润增长率，殊不知这只不过是市场正常波动的一部分。

因此，当收益率回归中间值时，投资者的乐观心理就会遭受打击，甚至会激起全民的悲观情绪。而这就会再次扩大现实和预期间的落差，为牛市的下一轮崛起提供动力。

在历史上，出现在牛市之间的短暂停顿期并不罕见，尽管偶尔出现，人们还是记不住，或者找不到任何工具检验他们对收益徘徊的担忧是否属实。大跌年份不会影响股市的长期平均收益率而只是构成平均值的一部分，这种中间年份也一样。它们在历史上经常出现：微涨和微跌，只不过是某个既定年份可能面对的四种结果中的两种，它们都有可能变成现实。

就在 2011 年中期创作这本书的时候，我还一直认为，整个 2011 年将成为牛市中最典型的第三年，围绕着一个不是任何趋势的趋势剧烈震荡，而看出某种趋势。股市行情最终到底会怎样走？没人知道，但事实证明，我对 2011 年的判断与牛市的发展趋势相互吻合。我只是习惯于挖掘自己的记忆，只是习惯于以史为鉴。

怎样选股才能轻松跑赢大盘?

认识市场收益的波动性，而且要深深地把它刻在骨子里永不忘记，可以让你不会因患得患失或贪婪无度而惶恐不安。此外它还有更深刻的意义，假如市场在长时期内维持 10% 左右的平均收益率，且牛市期间的收益率超过股市的平均收益率，那么，你的投资组合肯定能轻而易举地实现 10% 的收益率，或是至少和这差不多的回报，事实真的是这样吗？实际上要做到这一点非常不易。在策略上，这并不难，但心理和情绪的变化却会让这件事不像我们想象得那么简单。

很多投资者的目标就是跑赢大盘，但现实却是，就平均水平而言，投资者不仅不能战胜大盘，甚至很难实现相当于大盘的收益率。如果能真正理解投资者不能实现大盘平均收益率的原由，你就可以不断提高自己的投资业绩。

当然，很多读者或许会说，“但我就超过了平均收益率了”，或许你做到了。就像乌比冈湖（Lake Wobegon，源自 Garrison Keillor 的小说，表示一种总认为在所有方面均超过平均水平的高估心理倾向。——译者注）的孩子一样，大多数投资者都相信自己的能力超过一般水平，而事实却并不一定如此。我当然是属于超过一般水平的那群人，但更有可能的情况是，本书大部分读者的投资业绩或许远远落后于股市的长期收益率，不管他们自己是不是承认这一点。

你不相信吗？位于波士顿的著名调查研究公司 Dalbar Inc. 每年都会发布投资者行为研究报告，而且对投资者业绩尤为关注。2011 年，该公司发布的报告显示，在 2010 年之前的 20 年中，股票型共同基金投资者的年均收益率为 3.83%，而且这个数字还没有扣除交易费用。

相比而言，作为 Dalbar 进行业绩对比的基准，标普 500 指数的年均收益率却达到 9.1%。我们不妨换一种说法，如果你在 20 年前将 100 000 美元投资于标普 500 指数，然后就把这笔投资扔到一边，不管不问，到了 2010 年底，你的这笔投资就变成了 571 000 美元，但普通的股票投资者在 20 年后却只能拿回 212 000 美元，仅相当于前者的 37%。

普通投资者为什么会与他们原本用作起点的基准相差甚远？原因就在于他们是在错误的时间入市，然后又在错误的时间退市。按照 Dalbar 的估计，共同基金投资者持有一只共同基金的平均时间只有 3.27 年。如果想了解这方面的更多情况，可以参考我在 2010 年出版的另一本书《揭穿真相》。大多数以成长为目标的长期投资者都会采取买进并持有的投资策略。虽然他们可能还未真正理解这种策略，甚至为如何实施这种策略的问题而争论不休，但很少有人会否认，持有一只平均时间为 3.27 年的共同基金就意味着买入并持有。

我接触过的很多投资者感到不解，既然买进并持有一只标普 500ETF 如此简单，那要基金经理还有什么用呢？买进一只基金然后扔到一边，就可以大功告成了！我非常同意这种说法，但是按照我的经验，却极少有人在实践中真正能做到这一点。而这恰恰是 Dalbar 所关注的，因为最常见的情况是，人们并不能建立一个投资组合，然后就让它们静静地躺在一边，尤其是在他们认为自己可以轻松做到的时候，他们反而做不到。

而这也是职业人员的价值最被低估的一个方面。并非每一个基金经理都能跑赢大盘、甚至是与大盘持平，在长期内很少有人能做到这一点。一个称职的职业投资者应该有能力指导你采取适当的长期投资策略，然后帮助你达到预定目标，并最终给你带来 7% 或是 8% 的长期净回报率。而这显然要远远高于 Dalbar 提到的投资者平均收益。

公正地说，他们或许根本就没有把消极投资作为一种投资策略。但假如他们采取频繁买卖的积极型策略，我猜想他们的目标肯定不是被市场远远抛在后面。你或许会认为，他们迟早有一天会发现自己总在做傻事，还不如挑选一只中规中矩的基金，然后就躲到一边去坐享其成呢。同样，如果这样做的话，他们根本就跑不过大盘，或许赶不上大盘，但他们至少不会每隔 3.27 年就彻底替换手中的股票，最终导致被市场远远抛在后面。

投资者总是在忙碌地进出市场，但他们在进出市场的时间上往往是错误的。虽然他们在时点的选择上还不算一错到底，但终究还是错误的。大熊市让投资者心惊胆战，以至于以为长期的股票平均收益率永远可望而不可及。他们在惊慌失措中选择了逃离股市，这显然和他们的长期投资目标不相符。大牛市一样会给他们带来伤害，它让投资者过分自信或是变得贪婪无度，于是，他们开始给自己已经承受的风险不断加码，这同样不符合他们的投资目标，而这就为他们在下一轮熊市中的凄惨命运埋下了伏笔。投资者始终在重复着这样的错误，所有这一切都在一点点地侵蚀着他们的收益。

更糟糕的是，他们依旧不能牢记这样的教训。他们忘记了在 20 世纪 90 年代末追逐科技股大潮带来的切肤之痛，更忘记了 2002 年之后对风险的过度厌恶带来的惨痛教训。随后，他们又开始疯狂地追赶房地产大潮，而在 2008 年之后，次贷危机则让他们再次反应过度，这也让他们错过了史上难得一见的抄底机会。他们之所以不能学会以史为鉴，是因为他们总是记不住：**市场收益不是平均收益。市场收益总处于剧烈的震荡之中，波动本身就是常态。**只要牢记这一点，你就能超过共同基金投资者的平均收益水平，因为他们总是在错误的时间做出错误的选择，频繁的进出使得他们永远也不能跑赢大盘。

第3章 市场波动的背后玄机

从20世纪30年代的大萧条到2008年的金融危机，全球股市在这期间经历了怎样的波动？

从早期的格雷厄姆到如今的索罗斯和巴菲特，又有多少投资大师在这些波动中功成名就？波动并不可怕，即使是“黑天鹅”同样也可以围捕……

Markets Never Forget
(But People Do)

那些关注市场每天交易情况的人，如果能每季度只看一次收益，不出三年，他们肯定会发现自己收益大为改观。

现在的市场是否更加跌宕起伏呢？读读报纸，看看电视，似乎有人这么说，而且几乎每一年都会有人这么说。这又是这次会不一样的变异，也为投资者极端糟糕的记忆力提供了更多证据。假如我们能找到时间机器，重返 1 年、5 年、10 年、17 年、32 年或是 147 年之前的某个时点，依旧可能会听到有人在说："天啊，现在的事情绝对比以前还要难以预料！"

这种观点并不一定出现在熊市见底反弹的时候，虽然在股市触底时的剧烈震荡期间，人们对起伏不定的股价表现出了越来越多的担忧，但在震荡较为缓和的年份，一样会有很多人认为股市因为这种动荡而难以捉摸，无法控制。震荡的本性就是变化，因而震荡程度也会千变万化。

股价本身就是变化不定的，任何股票都无法摆脱这个规律。尽管这种波动性可能会让人感到畏惧，但这一事实显然不值得大惊小怪。现在的市场是这样，以前也是这样，未来依旧如此，波动是市场永恒的旋律，因为没有波动就没有市场，市场的存在恰恰以价格的波动为基础。

当读者在 2011 年和 2012 年看到这本书的时候，或许还能回忆起 2008 年到 2009 年初那段令人恐怖的日子，在那段时间里，坏消息一个接一个，似乎永无尽头。银行接连倒闭，毫无准备的政府手忙脚乱，股价暴跌，失业率猛升，在那几个月里，世界似乎要走到了尽头。当然，2009 年我们随即就迎来了久违的复苏，美股上涨 25%，全球股市更是飙升 30%，2010 年同样让人兴奋不已，美股继续上涨 15.1%，全球股市则上涨 11.8%。

即便是 2010 年，也只不过是市场在全面调整后的一轮大幅反弹。随即，全世界的投资者就惊诧地发现，欧元区周边国家的经济形势远比人们想象得要糟糕，甚至已经直接危及到欧元本身的存在！然后便是耸人听闻的 5 月 6 日“闪电暴跌”，短时间内造成市场出现一连串技术性失误，并在几分钟之内造成全球股市出现连锁式反应。当天的股价几乎瞬间暴跌了近 10% 之多，而后迅速调头，在短时间内又恢复至下跌前水平，但当日收盘价仍略有下跌，这的确令人毛骨悚然。

但这就是当前股市在本质上波动的证据吗？市场是否真得更加动荡了？当然不是。2008 年确实是股票市场波澜壮阔的一年，但 2009 年也一样，虽然只有几年的间隔，但人们却似乎又忘记了，这就是市场的规律。他们只记得 2008 年令人恐怖的行情，2009 年飞速暴涨的股市，但不管涨还是跌，股市一直都在波动。

摆在我们眼前的事实是，股市在某些时段的波动性确实要高于其他年份，这和以前没有什么区别。即使是在某几个周或某几个月，市场也会表现出更大的波动性。尽管人们在过去几十年始终坚信眼前的股市比以前更动荡，但是就总体而言，我们并没有看到可以确认的波动性增强的趋势，波动性的变化依旧维持以往的常态，看不出什么实质性变化。此外，某一年的波动性是否强于或者弱于平均水平，本身并不能说明什么问题，股价在一段时间涨涨跌跌，表现出不同于平均波动性的动态，当然是市场的常态。

这种波动本身不具有任何预测性，股市一贯如此，人们还是一如既往的善忘。因此，我们还是应该以史为鉴，用经验矫正我们的记忆偏差。为此，我们可以看看：

- 波动性到底意味着什么？人们并不是总能理解波动性的含义。
- 波动性本身也存在程度上的变化。
- 不管你如何衡量，股票价格并没有出现很大的变化。
- 在一定时间窗口内，股票价格的波动性有可能低于债券。
- 归根到底，如果你期待的是长期增值，那么，波动性对你是有益的，而不是有害的。

股市波动缘何而来

在2008年到2010年那段时间里，很多人都在抱怨股市太不稳定……现在也一样会抱怨。尽管波动性确实存在，但是在熊市及随后的反弹过程中，这种波动性不过是历史中的常态而已。

- 2010年10月1日："总之，市场的波动性超过正常水平。美联社—CNBC在8～9月期间进行的一项民意调查中发现，3/5的投资者因市场波动性而对股票交易失去信心。"不要忘记，股市在2009年曾迎来大涨，并在2010年继续上扬。此外，调查还显示，市场情绪并不适合于预测股票。
- 2009年7月31日："不可否认的是，尽管这些金融创新确实让市场更有效，但我们也有足够的理由怀疑，它们也让市场变得更加捉摸不定，更加不稳定，而且更加不公平。"我确实不太清楚这个更不公平到底意味着什么，但也没有任何证据可以表明，股价在本质上变得更不稳定。这只不过是这次不一样的另一种说法而已。

人们之所以认为现在的股市更动荡，其中的部分原因或许在于，**人们对波动性的内涵产生了最根本的误解**。总之，人们痛恨股价下跌过程中的波动性，却不把上涨过程中的波动性看做波动性。上涨当然好，但波动性本无所谓好坏，它只是市场本身的特性而已。

通常，那些纸上谈兵的分析师总喜欢用标准差来衡量市场的波动性。如果还记得在大学统计课上学到的标准差，不妨拿来检验一下。标准差的含义很简单，就是用来衡量事物偏离预期平均值的程度。我们可以用它来衡量某只股票、某个板块或是市场整体的历史波动性，这么说吧，不管是旧金山的晴天数量还是波特兰的下雨天数量，只要掌握了足够的历史数据，你都可以计算它的标准差。较低的标准差表明实际结果相对于平均结果的偏离程度不大，而较高的标准差则意味着较大的可变性。

截止 2010 年底，标普 500 指数自 1926 年以来的年标准差为 19.2%。这是根据月收益率指标计算得到的，尽管我们还可以按照年收益率计算标准差，但这种方法的可用数据显然会少很多。当然，我们也可以按日收益数据计算标准差，但工业股的标准差通常采用月收益。但上述标准差由于考虑了两次“大萧条”期间的股价暴涨暴跌，因而拉大了收益率的波动性。自 1926 年以来，标准差的中值为 12.9%（见图 3.1）。

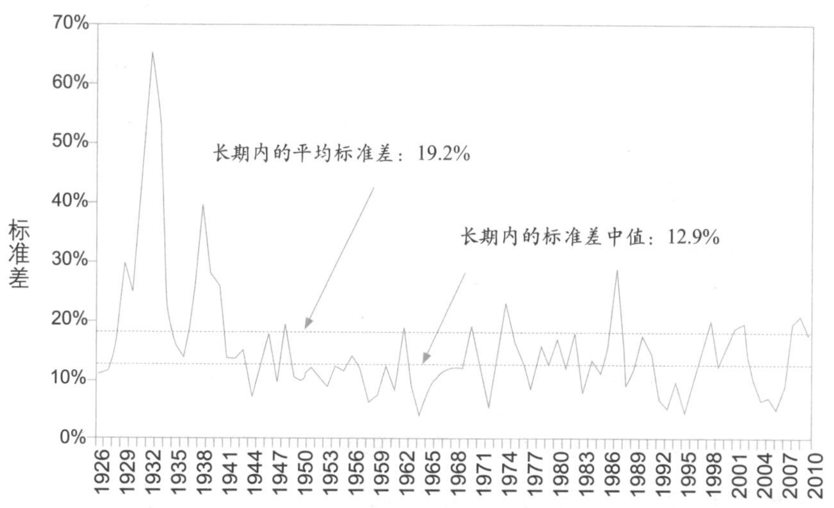

图 3.1　波动性就是波动而已，根本就不存在加剧趋势

资料来源：全球金融数据公司，标普 500 的总收益指数（1925-12-31 ~ 2010-12-31）。

还有一点需要牢记的是：标准差通常只针对历史数据，因而属于回顾性的。尽管它是一种非常有价值的分析工具，但标准差根本就不能告诉我们某种事物未来的波动性如何，它只能描述股票以往相对于平均水平的偏离程度。标准差显然是一个值得参考的指标，但绝不是好的预测工具。

对于那些没有学过统计学课程，或者几乎已经彻底忘掉，而且又对统计学倍感兴趣的人，可以用如下的简单方法计算标准差。了解它的计算方法有助于我们认识标准差可以做什么，不可以做什么。

◆ 收集一系列数据，计算它们的中值，即简单算术平均值。

◆ 计算每个数据对中值的偏离值,然后计算这个偏离值的平方值。

◆ 将上述得到的平方值加总，然后再除以数据的数量。计算该结果的平方根，由此便可获得标准差。

但更可取的办法还是把这些数据输入到一个 Excel 表格中，让 Excel 替你完成这项工作。这项技术真的很了不起啊。

标准差为零时，表明历史上的收益始终恒定，从未发生过变化。用一个形象的比喻，这就相当于你把所有现金都藏在自己的床垫里，不考虑通货膨胀对货币购买力的影响。但我们根本就没有必要用历史数据的标准差来说明股价有多么的起伏不定，我之所以说这个，就是因为股票市场的波动性仅仅就是一种波动。在某些年份，市场的波动性会远远高于平均水平；在另一些年份，其波动性则会远远低于平均水平，还有些年份，这两种情况有可能会出现在同一年。平均就是平均，不管个案围绕它会发生怎样的偏离，都不能改变这个平均值。

按标准差衡量，股市历史上波动性最大的年份是 1932 年，其中包括美国历史上最大熊市的谷底时期。这或许不会让你感到意外，该年度的股价标准差为 65.24%，也就是说，月收益率剧烈震荡。因此，在这段时间，股价可能会大幅暴跌，是这样吗？错！事实上，股价在 1932 年仅仅下跌了 8.41%。不仅变动不大，而且也根本算不上灾难，经过魔鬼过山车一般的大起大落后，全年股市黯淡收场。波动程度排在第二位的是 1933 年的股市，标准差为 53.8%，股价全年暴涨了 54.4%！巨大的波动性并不一定意味着股价必跌，尚且先不考虑上世纪 30 年代的股市，2009 年的标准差为 21.3%，同样远远高于平均水平，其股价更是上涨了 26.5%。1998 年的标准差为 20.6%，尽管当年的股市在年中的时候经历过一次大调整，但依旧暴涨了 28.6%。2010 年的标准差为 18.4%，股价上涨了 15.1%。的确，较大波动性也会带来股市的暴跌，但这并不代表你要为高于平均水平的波动性而担忧。

反之亦然，低水平的波动性也并不一定意味着高收益。比如说，1977 年的股市标准差为 9.0%，远远低于平均水平，但股价依旧下跌了 7.4%。不可思议的是，尽管波动性远低于 1933 年，但 1977 年的收益率几乎完全与 1933 年相同。1953 年，股价下跌了 1.2%，但标准差却高达 9.1%，2005 年股市的标准差为 7.6%，而股价却仅仅上涨了 4.9%。在标准差趋近于长期平均值 12% ~ 14% 时，收益率的波动性也非常巨大！1951 年，标准差为 12.1%，美国股价暴涨 24.6%。而在 1973 年，标准差为 13.7%，而美国股价却暴跌了 14.8%。我们当然可以对这些数据展开无限的遐想，但历史上股市的波动性显然不足以预测未来收益率。

这里有一个简单、但却几乎能难倒任何人的问题，包括 99% 的专业投资者。股市在哪一年的波动性更强，2008 年还是 2009 年？我猜想，绝大多数人会说 2008 年，事实并非如此。波动性更强的是 2009 年，尽管 2008 年股市惨淡，但 2009 年还算不错。2008 年股市标准差为 20.1%，而 2009 年则为 21.3%。如果有人怀疑你，可以把这些数据拿给他们看看。如果你还记得 2000 年的情况，就不会再为此而感到奇怪了：在这一年，美国股价整体上涨了 26.5%，但这也包含 3 月 9 日的大跌探底，此后一直到年底，股市一路飙升了 67.8%！

为了避免让你的测验参加者不至于太没面子，你可以告诉他们，你计算波动性的方法完全尊重学术界、金融专业人士甚至公认的方式。这其中绝没有什么不同寻常的奥秘，但糟糕的记性却总是让我们感到费解，我们对历史的感觉似乎就是可有可无。

如前所述，波动性的变化并不一定会表现在回报率上。但波动性的加剧显然更难以应对，无论是在情感上还是在心理上，股市的剧烈波动会让我们感到无法接受，而且它很有可能会导致我们投资失误。投资者为了规避市场的波动性往往会选择放弃股票，而这也让他们失去了未来的潜在收益。因此，从行为和心理角度看，波动性的加剧会成为人们担心的原因。此外，与传统观点相悖的是，我们在统计上根本就找不到证据可以说明，市场的波动性正在加剧。我们不妨再回头看看图3.1，它表明，市场的波动性始终处于不规则的变动状态，而且并未显示出任何加剧的长期性趋势，一点也没有！

互联网、贪婪的银行家和抵押债务凭证之类的创新金融工具，加剧了人们对市场波动性的担忧。当然不能不提的还有美国债券的降级，著名影星查理·辛的自杀，还有不伦不类的Lady GaGa！尽管很多事情令人感到焦虑，但我们还是找不到波动性正在趋高的迹象。不过大多数人却对此坚信不疑，这只不过是他们的感觉而已。

另一个让人们相信波动性加剧的因素就是高频交易之类的新技术。2010年《新闻周刊》发表的一篇报道曾大声疾呼："如今在眨眼之间就能完成几十亿的股票交易，这使得股票市场的反应比以往更激烈，波动也更剧烈。"多么敏锐的洞察力啊，但这毕竟只是感觉，不能代表现实，尽管很容易理解他们为什么会这么想，但这毕竟是一派胡言。哪里有什么证据能说明2010年的股市波动性明显高于以往呢？根本没有。

高频交易、互联网等诸如此类的因素在2003年、2004年、2005年、2006年和2007年同样存在！但这几年股市的标准差却很低。而标准差达到相对较高位置时的1987年，这些因素反倒根本就不存在。银行家们固然贪婪，但我不相信我们愿意生活在一个银行家不喜欢赚钱的世界里。1998年的时候，互联网还是襁褓之中的婴儿，而这一年同样是股市标准差相对较高的年份，而且当年股市暴涨了20.6%。当然，我们就更不用提 1948 年了，当年股市的标准差达到了 19.41%，而股价却只上涨了 5.1%，一个高标准差和中等收益率的典型组合。

我们不妨换一个角度看这个问题。“大萧条”时期的股市波动性非常大，无论是上涨还是下跌，其幅度之大、速度之快，是以往任何时期都不可比拟的，当然其中也有很多原因。其中的一个原因就在于缺乏流动性和透明度，当时市场上流通的股票数量还不多，股票投资者的数量就更少了，信息流动速度非常慢，因此，市场的价格发现功能非常有限。除了盘面上少数的大盘股之外，大多数股票买卖双方的出价都存在较大价差，因此，买卖的较量会导致股票价格发生较大变动。综合这些因素，如果不考虑其他经济因素，譬如灾难性的货币政策、财政的严重失衡、令人发疯的贸易政策、疲软乏力的经济、无以复加的不确定性、希特勒的崛起、叫嚣“分享财富”计划的休伊·朗等诸如此类的因素，今天的股票市场应该更加变化无常。

同样，即使是在今天，交易平淡的市场通常更具波动性，比如说小面额股票、微型市值股票，这两者通常属于同一类投资品种，或是某些超小新兴市场国家发行的股票。由于目前市场上可交易股票的数量众多，股票交易者则更多，而且很容易获得信息，因此，股票市场在根本上应该比交易惨淡的“大萧条”时期更稳定。当然，我并不是说你在明天醒来时就会发现市场发生了惊天逆转，这是不可能的，如果真是这样的话，你肯定会大失所望。就像我们在上世纪 30 年代时不易看到跌宕起伏的股市一样，对于今天交易平淡的股票，我们依旧会看到它们不冷静的一面。

投机洋葱的逻辑

无论是股票、石油还是周围你能看到的任何东西，人们总是喜欢把市场的波动怪罪于那些居心叵测的投机者。但是在指责投机者的时候，人们却很难指明这些投机者到底是谁，实际上，作为一个投资者，你也是在赌价格会继续上涨。那么，你其实就是一个名副其实的投机者！这有点不可思议，是吧？

在更多的情况下，投机者往往是指那些从事期货交易的人，通过期货合约，人们把赌注压在未来的价格上。人们从事期货交易有很多合理合法的原因，在价格变化无常的大宗商品市场上，企业需要通过期货交易保证进货成本的稳定，航空公司通过购买石油期货维持运输成本。即使是农民也要为他们的谷物或是化肥购买期货，我们原本都以为农民是最不喜欢思考的蛮干家。

如果你想知道一个没有投机者的世界会是什么样子，那么，随处可见、价格低廉的洋葱便是最好的例子。1958 年，种植洋葱的农民谏言时任密歇根议员杰拉德·福特，也就是后来的福特总统，投机者正在唱衰洋葱价格。于是，针对洋葱的期货交易被禁止，而且时至今日依旧不被允许！真是一个追求自由市场的善良的老福特啊！但不管怎么说，福特

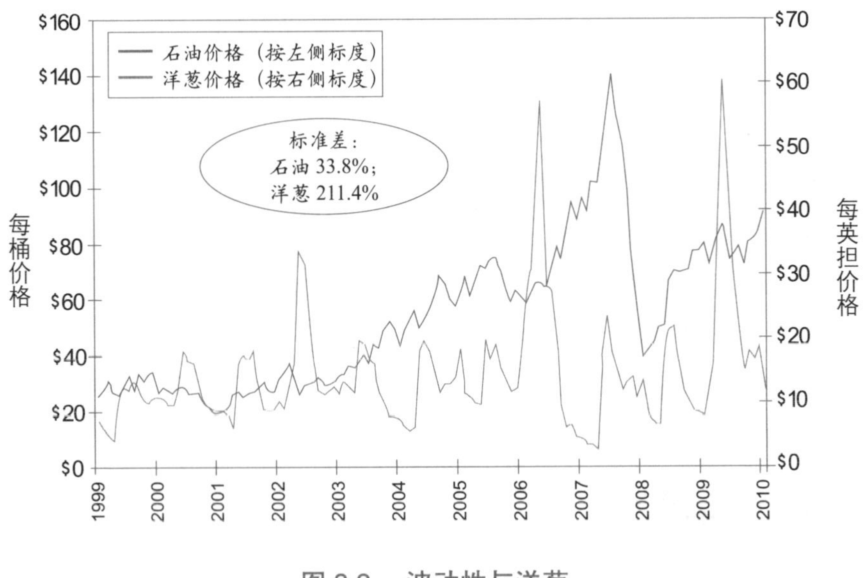

图 3.2　波动性与洋葱

资料来源：全球金融数据公司，美国西得克萨斯轻质原油价格（美元 / 桶）及洋葱的平均价格（美元 / 英担），1999-12-31 ~ 2011-12-31）。

和这些农民并没有认识到，投机者实际上发挥着一种至关重要的作用，那就是为市场提供流动性和透明度。正是有了他们的参与，才大大降低了市场的波动性。

你是不是认为石油市场也更加变化无常了？图 3.2 对比了石油价格与洋葱价格的走势。频率更快、幅度更大的涨跌变化让洋葱市场显得更加起伏不定，实际上，剥洋葱的时候确实会让你流泪。因此，千万不要轻信你的眼睛，眼见不一定为实，从 2000 年到 2010 年，石油价格的标准差为 33.8%，而洋葱价格的标准差却高达 211.4%！这样的数据肯定会让你嚎啕大哭，整整是股票的 10 倍！如果股票也这样起伏不定的话，你还会买股票吗？应该不会。因此，我们不得不感谢投机者在降低市场波动性方面做出的贡献。而对于那些刚愎自用而禁止投机的政客们来说，投机只是在制造波动性，而不是在降低波动性，这是 Mark J. Perry 和 John Stossel 的肺腑之言。

我们可以看到，如果按标准差衡量的话，股市并没有变得越来越动荡。但我个人认为，仅仅只从标准差并不能反映人们对波动性的感受。即使是那些经常受波动性侵扰的人，也不会每年对市场进行一次检验，更不用说是每月了。他们感觉到的是股市每天都在剧烈震荡，股市确实会发生巨大变动，或是发生在每天之内的涨跌，可能更加令人咋舌。正如我在 2006 年所著《股票投资就问三个问题》提到的那样，2% 的跌幅就已经是市场的“黑色星期二”了，5% 呢？当然是“黑色星期五”了。

比如说，2008 年和 2009 年期间的单日涨跌幅非常明显。2008 年 9 月 28 日，标普 500 指数单日下跌 8.8%，并在第二天大幅反弹 5.4%。10 月 13 日，股价大幅上涨 11.6%！仅仅在两天之后，美股便遭受重创，暴跌 9.0%。这种大起大落的情况一直延续到 2009 年，每天 3% 和 4% 的涨跌幅一点也不稀罕。

疯狂而痛苦的震荡，令人窒息的生存空间，让很多人感到无以为继。但是，如果你的投资目标着眼于 10 年或者更长远的未来，尽管这么长的时间很难坚持，只要这种起伏不是过度集中于某个时段，你就不应该过度在乎这些。但人们却总是忘记这一点，市场稍微的动荡就会把他们吓得落荒而逃。对很多人来说，这种超短期的变动可能会让他们感到不安，进而迫使他们放弃长期成长策略。不过，即使是在日回报率剧增的2008年和2009年，也没有证据表明市场的日波动性有所加剧。日波动性本身就是不稳定的，而且从来就是如此。

姑且不考虑衡量波动性的技术指标，大多数人应该都会同意，每天1%或是更大跌幅应属于较大波动。当然，波动性也是双向的，因此，1%的涨幅同样属于较大波动。从纵向看，我们可以通过历史数据计算涨跌幅超过1%的次数。

图3.3显示出，日涨跌量达到或超过1%的平均天数为61.9，基于数据来源的可靠性，该图的起始日期为1928年。由于可选取数据的历史较长，我在此选取美股。平均数就是平均数，某些年份的涨跌幅较大，某些年份的涨跌则较小。"大萧条"期间经常出现较大的日涨跌幅，因此，51.5%的平均值同样是个有价值的参考标准。我们同样没有证据可以证明，1%左右的涨跌幅会带来更好或是更差的收益率。1987年大跌

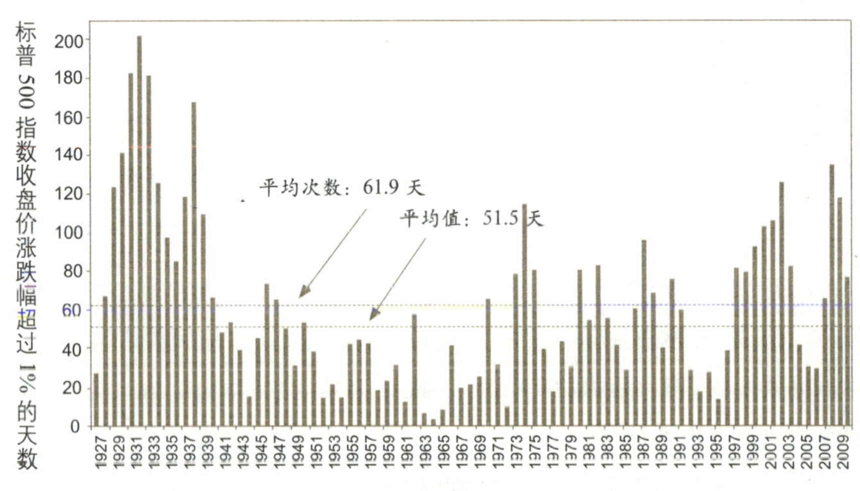

图3.3 较大的日涨跌幅也属正常

资料来源：全球金融数据公司，标普500指数的价格收益率（1928.1.1 ~ 2010.12.31）。

让 20 世纪整个 80 年代的股市大起大落，尽管如此，它依旧还是围绕着市场平均水平这一轴线波动。1997 ～ 1999 年期间的日涨跌幅均高于平均水平，而且每年的收益都十分可观，分别为 33.4%、28.6% 和 21.0%。尽管 1996 年的日涨跌幅勉强达到 1%，远低于平均水平，但这一年的总收益率仍然高达 23.0%。

这种现象并不新鲜，只不过被人们淡忘而已，但市场却永远也不会忘却。1963 年长时间内出现低于平均值的 1% 涨跌幅，但标普 500 指数的收益率依旧达到了 22.7%。1936 年到 1938 年期间经常出现超过平均值的涨跌幅，而这三年的股票涨跌幅分别为 32.8%、-35.3% 和 33.2%。因此，涨跌幅本身没有任何预测性可言。

你或许会认为，在理论上，久经沙场的长期型投资者应该经历过多次股市的大起大落，而且会发现这种大起大落之后既有好结果，也有坏结果，因此，他们有理由牢记："在本质上，较大的日涨跌幅并不一定是不祥的征兆。"但是，他们依旧忘记了，因为每天的涨涨跌跌让他们心惊肉跳。

对于那些为每天的大涨大跌而纠结的人，我送给他们的建议是：在制定决策时关掉电视或互联网，或是干脆把控制权交给别人。彻底忽略每天、甚至是每个月的收益情况，或是创建其他形式的操作控制策略，防止你因为股市的短期大幅波动而做出过激反应。我猜想，**如果那些关注市场每天交易情况的人，能强迫自己每季度只看一次收益，不出三年，他们肯定会发现自己收益情况大为改观**。当然，专业投资者除外，因为他们必须要关注每天的交易情况。这样，他们就不会轻易做出草率的决定，选择错误的时间减仓或清仓。这本书就可以改善投资业绩，当然，大多数人都不会这样做，因为大多数人都只看眼前，不看长远。

图 3.3 还表明，日波动的趋势也没有增强，的确，股市从 20 世纪 90 年代末到本世纪初一直维持较大的波动性，但没有任何形成新趋势的迹象。既然没有证据能说明较大日涨跌幅会导致糟糕的年收益，即便连续几年遭遇这样的情况，也没有什么值得担心的。这绝对是一个值得牢

记的教训，因为只关注价格波动可能会让你的注意力偏离驱动股价涨跌的基本面因素。这可以避免你做出盲目的选择，从而不至于给平均收益率拉后腿。

股票和债券，哪个更具波动性？

对某些人来说，股票每日的涨跌让他们感到心痛，他们也承认日价格波动属于常态，是现实生活的一个侧面，既非不同寻常，也没有显示出潜在的增长趋势。但对一些投资者来说，他们无论如何就是无法适应这种波动性。

很多投资者确实需要通过一定的增长才能实现其长期目标。你最终会取得多大的收益取决于你的个人情况、时间窗口、收益目标、现金流需求及其他很多因素。投资者经常犯的一个错误，就是发现自己忽略长期增值的时间太迟了，以至于根本没有机会去纠正。

如果想让自己的投资具有成长性，你就需要在大部分时间对股票组合进行定期调整，但是你又无法摆脱市场起伏的侵扰，那么，你就必须想得更长远一些。在第 4 章我会告诉大家，延长观察期将有助于提高股票盈利的可能性。但还是有一些人为了眼前稳定的回报而选择债券，也不愿意接受不确定的丰厚的长期回报，这很公平。不管股票的短期波动有多大，但只要达到一定期限，我们就会发现，它在历史上不仅给投资者带来了超乎寻常的回报，而且收益率为负的时间也很少。

债券的波动性会比股票大吗？是的，只要考察的时间足够长。那到底多久的时间才能体现出债券的较大波动性呢？

图 3.4 为 10 年期国库券的三年期真实滚动收益率。人们还是忘记了：在最近几年的时间里，无论是债券还是美国国库券都会贬值，而且也确实在贬值。一切可以在自由市场上交易的商品都有贬值的风险。我见过的所有投资产品的市场推介报告中都会这么说。如果没见到这样的警示，那就要当心，如果提示语只是轻描淡写的只言片语，那就更要小心。国

库券不仅遭遇过负的三年期收益率，而且还曾出现过连续亏损的情况，这显然不是大多数人对国库券这种稳定性资产的看法。不过，导致债券遭遇长期亏损的唯一原因，就是持续上涨的长期利率。从当前的利率水平看，我们完全有理由相信，在不远的将来我们或许将会面临这种局面。

图 3.5 为美国股票的三年期滚动真实收益率，我在这里选用美国股

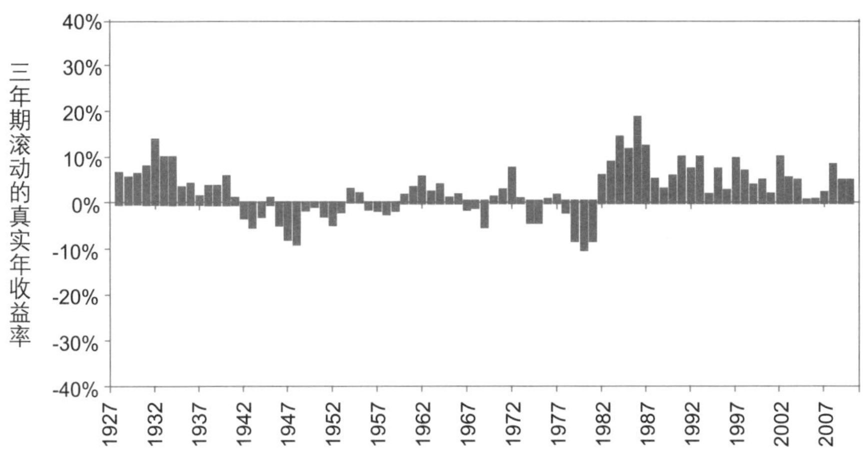

图 3.4　美国 10 年期国库券三年期滚动的真实收益率

资料来源：全球金融数据公司，美国 10 年期政府债券总收益率指数（1925-12-31 ~ 2010-12-31）。

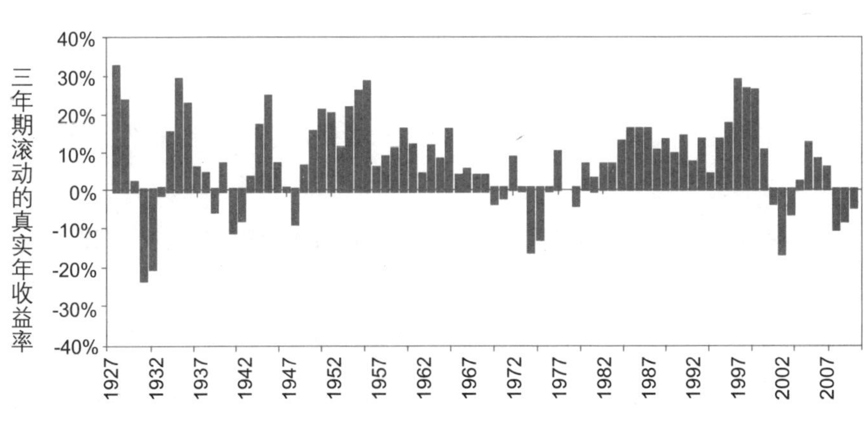

图 3.5　美国股票三年期滚动的真实收益率

资料来源：全球金融数据公司，标普 500 指数总收益率（1925-12-31 ~ 2010-12-31）。

票，同样是因为这方面的数据因为历史较长具有较高的参考性，我们需要更多的数据进行实验研究。的确,下跌期间似乎漫长,但是从历史上看,股票的三年期下跌期间次数要少得多。只要扩大时间窗口，我们就会发现，债券在总体上还是涨多于跌，也就是说，赚钱的时间多，赔钱的时间少。同样，这些数字并不能表明股票市场的波动性正在增强，波动性依旧是不可捉摸的。

你也许会认为,股票市场是剧烈波动的。的确,不过历史才是最强大、最有力量的实验室，它告诉我们，只要把时间窗口再扩大一点，股票市场的波动性就会减弱。如果把你自己的时间窗口也扩大一点，你的投资业绩也会随着时间的推移而有所改善。切莫忘记这个教训。

经济波动是公害还是常态?

不仅资本市场是起伏不定的，经济的增长也并不是一帆风顺的，即便是在经济扩张期，经济增长率也是不稳定的。从根本上说，波动永远是经济增长的主旋律，这同样是常态，而绝非反常。如果每个季度的增长率都一样，那才是不正常的。每当一个或两个季度的经济增长放缓时，就像我们在 2011 年初面对的现实那样，人们就会惊慌失措，并认为经济马上即将陷入衰退，就像我们在第 1 章里经常谈到但却很少看到的二次探底。但我们却找不到任何证据可以证明，一两个季度的经济增长放缓，哪怕只是一个季度的负增长，就意味着经济衰退即将来临。但人们还是会经常忘记这一点。

和资本市场一样，如果经济能按可预测的速度稳定增长，那么我们的生活会变得更轻松，更美好。但如果经济紧缩也能稳定而可预测，那就更容易了。但经济趋势显然不会这么容易预测。除此之外，不能忘记一个偶尔还有用处的统计指标即 GDP，这个由政府一手炮制的统计数据，在本质上就是靠不住的。比如说，它要考虑净出口，即出口与进口的差额。这就是说，如果你是一个净进口方，就像美国那样，你的 GDP

就会受影响了。如果有证据表明作为一个净进口方在本质上不利于经济发展，这将会对你的经济指标产生影响。事实并非如此，首先，在全球层面上，贸易顺差并不支持这一点，其次，那些长期的净出口国，比如德国和日本，也没有实现超过平均水平的长期增长率，恰恰相反。此外，GDP 增长率通常是在经济活动发生之后得到的，难免包含着对事实的修饰和篡改。这个数字在本质上是总结性的，存在很大的滞后性，而且往往需要经过若干次的重复和修订，因而 GDP 只是过去经济增长情况的写照。它不反映现在，而且永远不具有预测性。

图 3.6 显示了自 1950 年以来的 GDP 季度增长率，阴影条表示经济衰退。在某些时候，GDP 增长率会出现巨大波动，而且根本不能预测未来的经济走势。如果说经济减速预示着未来的经济衰退，那么，1993 年第三季度 0.7% 的增长率就预示着经济衰退。事实并非如此，1993 年随后三季度的增长率分别达到了 2.6%、2.1% 和 5.4%。之后，经济增长速

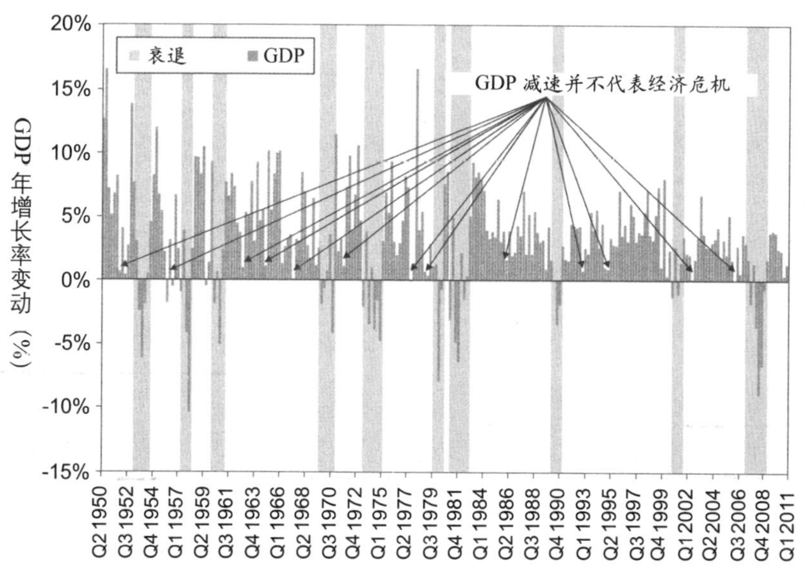

图 3.6　经济增长的波动性

资料来源：美国经济研究局，美国经济分析局（US Bureau of Economic Analysis），截止 2011 年 6 月 30 日。

度在 1995 年的前两个季度重新放缓，分别为 0.9% 和 1.0%，但在随后的 5 年里经济增长保持了较大增幅。在过去 60 年内的每一轮经济高涨中，我们都会重复地看到这种轮回。**实际上，即便是在一个经济增长周期中，GDP 增长率也会多次下行，比如说上世纪 90 年代周期的经济繁荣。**

在上世纪 60 年代的经济暴涨期间，GDP 增长率则跌宕起伏，1962 年第四季度 1.0%、1964 年第四季度 1.1%、1966 年第二季度 1.3% 和 1967 年第二季度 0.1% 的增速放缓并没有导致经济衰退。甚至是某个季度的负增长率也不表示经济衰退马上来临，比如说 1956 年和 1959 年。

我们还可以换一种方式看待这个问题，强势增长也不代表经济氛围即将转好。在经历了 1952 年第四季度 13.9% 和 1953 年第一季度 7.7% 的 GDP 高速增长之后，整个经济便跌入谷底。在历史上，我们曾多次经历过单季度 GDP 大增现象，但却从未有人高呼："万岁！好日子才刚刚开始。"但是在 GDP 经历了 1978 年二季度创纪录的 16.7% 高增长之后，就没有人再这么想了，因为事实表明，**任何单季度的 GDP 高增长率都不会带来经济增长。**如果说人们认识到高的经济增长率不具有预测性，那么，他们为什么不能接受低 GDP 增长率同样不具有预测性的事实呢？正如前面所讨论的那样，其中的部分原因就在于，人的本性使得人们对损失的恐惧多过对盈利的喜爱。此外，他们根本没有记性，当你忘记过去的时候，就无法擦拭以前的污点，即使你以前曾经无数次地看到过这些污点。

或许我们都喜欢一个风平浪静的世界，但是在一个这样世界里，我们的投资回报率甚至不可能超过通货膨胀率。**投资要想得到回报，你就必须承担风险。**或许你的投资并不需要实现长期成长，这并不重要！但如果你想获得更多的回报，你就必须学会容忍一定程度的波动。如果你想减少投资的波动性，这当然很好，你必须调整自己的投资预期。如果你根本就不想接受任何波动性，那么，你就只能接受相当于银行存款利息率的低回报。

或许某些人会幻想存在着某种投资秘笈或投资方式，可以用低于市场平均水平的风险获得市场平均收益率，这绝对是白日做梦。如果当真存在这样的方法，每个人迟早都会知道，而且世界上的每个基金经理都会乐此不疲地投资于此。既然如此，这个世界上也就不会有什么基金经理了，因为每个人都可以使用这种投资方法去赚钱。但历史告诉我们，这种方法根本就不存在，至少在合法的框架内不存在这样的手段。

伯纳德·麦道夫的受害者们曾经享受着 10% 的年回报率，有些人已经从他那里拿了近 20 年甚至更长时间的收益，而且几乎不需要承担任何风险，但这种收益毕竟是虚假的。但这恰恰是有那么多的人对麦道夫或者“庞氏骗局”的策划者趋之若鹜的原因。我在 2009 年出版的《小心！这是投资圈套》（*How to Smell a Rat*）一书中就讨论过这个问题。人们只喜欢每年拿着 10% 的回报而不承受任何波动的想法，这太过理想主义了，在现实当中怎么会存在这样的好事呢？但这种不可能存在的现实却让很多人向往。现在，麦道夫的骗局大白于天下，而他本人也将在牢狱中度过余生，很多受害者似乎也只能收回一点点初始投资，扣除原来已经收到的 10% 虚假收益。这对他们来说已经实属不易了，因为“庞氏骗局”的受害者往往都是血本无归。但对于其他可能要被没收财产或者财产要被充公的人来说就不那么走运了，因为他们直到现在才恍然大悟，原来拿到手的钱本身就属于不当受益。和所有人一样，他们也是受害者，因为他们根本就不知道，这些钱是麦道夫拆东墙补西墙、从后来的受害人手里骗来的。但不管采取何种形式，它毕竟是一场骗局，如果没有最初的无风险保障，“庞氏骗局”的始作俑者根本就不可能钓到第一批上当者。因此，**学会适应变化和风险能够防止你被这种骗术所欺骗**。

在经历“庞氏骗局”之后，不管你是通过漫长的司法程序收回大部分初始投资，还是最终血本无归，比如你不幸地涉足一场大骗局，以至于连政府都无能为力，显然这都不是什么值得庆幸的长期投资策略。

但“庞氏骗局”却并非是唯一的骗局。就像我在 2011 年所指出的那样，伊拉克的第纳尔骗局正在发酵之中。在这场骗局中，骗子们通过电子邮件或互联网广告等方式接触潜在的受害者，说服他们用美元兑换第纳尔。这些骗子承诺第纳尔的大幅增值将给他们带来丰厚的回报，如果你在伊拉克合法经商的话，这当然也是合法的外汇兑换。但大多数在互联网上进行的第纳尔兑换活动都是彻头彻尾的骗术。**如果有人向你承诺以货币汇率套利获取巨大利润，那他不是骗子，就是空想家，或者干脆就是疯子。**不管怎样，他们都不是好人。

之后又出现了回租 ATM 的骗局。当时，一些骗子称他们可以代购 ATM 机，然后，你再把这些机器出租给他们，由他们负责管理，并承诺按月向你支付租金。其实，这些机器的价格通常在 2 000 到 5 000 美元之间，如果你愿意的话，可以通过正当手续买断这些 ATM 机并自行管理。我们现在都知道这是一场骗局，因为这些骗子会告诉你，机器的价格至少在 12 000 美元以上，并向你保证按月支付可观的利润。但任何人都不能保证你一定能赚钱，即便是美国国库券也不可能。

完全可以想象，肯定会有一些不知情的人被拉入骗局，而且每月确实收到一张支票。但他们可能不会知道， 他们拿到手里的钱很可能是拆东墙补西墙的结果，一旦新资金来源断流或是被主管机构关闭，整个骗局便会土崩瓦解。此时，这场骗局的策划者或许早已经逃之夭夭，躲到某个不受引渡法约束的国家。

如果某个陌生人给你发来电子邮件告诉你，他父亲是一位被监禁的王子，现在需要你帮忙从某个第三世界国家运出 2 500 万美元，而你需要的事情就是先拿出 5 000 美元。这就是一个骗局，美国联邦调查局称之为“预付款诈骗”：你先给我拿出一小笔钱，随后我会归还给你一大笔钱，但实际上，你到最后什么也得不到。

总之，如果有人告诉你有一件好得让人难以置信的事情，并向你承诺丰厚的回报，你就要当心，我不能保证这一定是骗局。但这个世界上从来就不缺少这样的骗局，而且永远不会缺少。我们到底对这些骗局知道多少呢？**世界上最恐怖的事情或许就是有人向你保证稳赚不赔**。保险公司之所以能以合法手段对年金付款或是人寿保险赔付之类的风险作出保证，是因为州或者联邦政府要求他们留存一定数量的资金作为赔付准备金，而且保险公司也会在他们公开披露的报告中告诉你，公司仅在正常经营状态下才能支付这些赔偿金。

我们或许会觉得这些骗术有点太过于小儿科，的确如此。但很多思维缜密、知识渊博的人也一样被这些骗子骗去了大把钞票。他们一次又一次的上当却并没有从中汲取教训，在经历了噩梦之后，人们往往会说，"我早就应该知道这些啊"。但人们的贪婪是无法阻挡的，就像我们幻想着不承担任何风险就想一夜暴富一样，这种念头永远像幽灵一样挥之不去。但我们糟糕的记性却很难记起这些事情，如果我们怀疑自己正在和骗子打交道，最好的验证工具就是 FBI 的网站：www.fbi.gov/scams-safety/fraud。他们会在网站上公布当前常见的诈骗方式，以及怎样判断你是否就是这些骗子正在搜索的目标。

市场的波动也不一定是坏事情，因为它是你实现超级回报必不可少的前提，历史已经反复验证了这一点。但市场的波动也能起到预测作用，它能帮你判断自己的投资是否符合最起码的合法性标准，或者说至少与"庞氏骗局"不相干。某些时候，收回投资往往比取得投资回报更重要。除非你认为自己特别擅长于寻找"庞氏"，并能在骗局大白于天下之前跳出骗局，而且还能保证自己不会被政府当做骗子的同谋或是没收你已经拿到手的利润，而且你要尤其善于怎样将你的钱安然无恙地转移到某个不受美国政府和法院监管的地方。不管怎么说，我始终在为财富的增长而担心，因为财富的增长必然伴随着某种程度的波动性。如果某个事物美妙得令人难以置信，它或许就不真实了。

不可预知的"黑天鹅"

人们之所以始终担心现在的市场比以前更难以预料，其中的部分原因在于这个世界正在变得越来越不稳定，越来越令人恐怖。似乎每天的晚间新闻都在告诉我们，这个世界正在变得越来越不安全，地缘政治关系越来越糟糕，冲突越来越激烈，国内局势也正在变得越来越不和谐。有人说，这个世界正在四分五裂，自然灾难也正在变得越来越频繁，比如日本的大地震、飓风和龙卷风等。

很多人声称，所谓的“黑天鹅事件”，即远远偏离状态分布曲线的不可能发生而且无法预测的事件，正在日趋频繁。人们最初把“黑天鹅”定义为极端罕见的事件，而今天所谓的“黑天鹅”似乎已经不再那么罕见。随后，又有人说投资者必须随时为这些最不可能发生的事件做好准备，因为它们已经变成了极有可能发生的事件，尽管黑天鹅的基本性质就是不可预测性。那么，我们到底应该怎样去预测这种不可能发生的事情，并以此为基础进行投资呢？投资绝不是一种确定性游戏或者可能性游戏，而是一种概率性游戏。

我们有必要重复一下，**投资绝非是确定性游戏或者可能性游戏，它只是一种概率性游戏**。我认为，如果连续重复这句话200次，它就会让你成为一个更好的投资者，因为这句话会深深地印刻在你的大脑里，让你永不忘记。它或许会让你牢记以史为鉴，看看到底哪些是常态，哪些不是常态，让你真正适应于客观现实提供给我们的每一次机会。

例如，有些人或许会根据近乎不可能的事件进行投资，比如说就像很多人都知道的那样，彗星将在2017年与地球相撞，并就此毁灭人类。这原本应该是一只巨大无比的“黑天鹅”，但更有可能的结果是根本就不存在这样的彗星撞地球地球的事件。因此，当可能性为99.99999999974%的事件变成现实时，无论你做什么都将为时已晚。

摆在我们眼前的事实是，我们生活的世界到处充满危险，而人们也一直在担心它变得越来越不安全。地缘政治冲突、大宗商品价格起伏、飓风、龙卷风和地震始终伴随着人类社会的发展。很多人把2011年的日本大地震称为一只“黑天鹅”，实际上，它不过是一场地震和破坏力极强的海啸而已。

在人类的历史上，这的确是一场大地震，一场名符其实的人类浩劫，遇难者不计其数。但日本本身就地处一个名为“太平洋活火山带”的大型俯冲带。他们在历史上曾经经历过无数次大地震，实际上，日本也是世界上防震、甚至防大型地震能力最强大的国家。这在一定程度上可以解释，尽管 2011 年 4 月份的日本大地震震级非常高，破坏力非常巨大，但由于日本一直采取非常严格的建筑标准，地震对基础设施造成的损失非常有限。任何手段都不可能挽救自然灾害中失去的生命，但日本必将通过重建而变得更坚固，因为他们知道迟早要面对下一次地震。

人们还是担心自然灾害会给市场带来冲击，而事实上却没有带来什么影响。当卡特琳娜飓风席卷新奥尔良和密西西比州部分地区的时候，人们也曾担心飓风会影响股市。但他们却忘记了，股市在那一天不仅未跌反而大涨。

无论是战争、恐怖袭击、核威胁还是自然灾难，这些都不是“黑天鹅事件”。它们确实是灾难，而且很有可能极具破坏力，我们也希望这种事情在未来越少越好，事实是它们始终贯穿于人类的历史。它们的本质是不可预测的，因此，我们当然无法预测这种事情，或是以此为基础而构建自己的投资组合，但它们也并非完全不可能发生。

也不是完全没有好消息，尽管市场起伏不定，历史却表明它具有恢复能力。虽然人们善忘，但历史记得那些难捱的时刻，无论当时多么可怕，市场总会自我修复，我们走出低谷，重建信心并继续前进。在这个过程中，利润一直发挥着强健的驱动作用，人类的智慧与创造力永远不会枯竭。所以，无论市场挫败多么劲烈，人类在不断进步，我们的经济和股市也是如此。

这么说不是因为我对人性盲目乐观，而是因为历史一再用事实证明，**人们往往觉得当下难以逾越，比过去任何时候都痛苦，事实却是，历史上从来没有彻底的灰暗时期，没有所谓熬不过去的坎**。表 3.1 列示了历史上的若干重大事件以及股票市场的年收益率。你真得认为今天的世界地缘政治局势更紧张了吗？那希特勒在 1939 年入侵波兰的时候又如何？当年苏联的代言人古巴将导弹对准我们的脑袋时，当年还是小学生的我爬到桌子下面进行防空演练时，你又有什么感想呢？我确实搞不懂，假如真有一枚导弹砸到我们的头上，躲在桌子下面有什么用呢？但那时的我毕竟还是一个孩子，我们没有资格问这样的问题。

表 3.1　历史上重大事件对股市影响

年份	重大事件	全球股市收益率（%）
1934	经济萧条；首次提出追加保证金的要求； 希特勒宣布成为德国元首	2.6
1935	西班牙内战爆发；意大利入侵北非；希特勒拒绝签署《凡尔赛条约》；美国通过社会保险法	22.8
1936	纳粹占领莱因区	19.3
1937	实行货币紧缩政策； 资本开支和工业生产大幅减少；经济衰退	-16.9
1938	世界大战阴云笼罩；华尔街丑闻曝光	5.6
1939	欧洲战争成为全球关注点； 德国与意大利签署为期 10 年的军事盟约	-1.4
1940	法国向希特勒投降；英国爆发战争； 美国开始大规模征兵	3.5
1941	德国入侵前苏联；珍珠港事件爆发； 美国对日本、意大利和德国宣战	18.7
1942	美国实行战时价格控制；中途岛海战	1.2
1943	美国对肉类及乳制品实行配给制； 罗斯福总统实行价格和工资管制	19.9
1944	美国消费品短缺；盟军进攻诺曼底； 布雷顿森林体系建立	-10.2
1945	罗斯福总统逝世；预测战后经济萧条； 美军进攻硫磺岛；美国在日本投下原子弹	11.0
1946	国会通过《1946 年失业法》； 钢铁和造船业工人举行罢工	-15.1
1947	冷战开始	3.2
1948	对柏林实施封锁； 美国政府控制铁路行业遏制罢工；以色列建国	-5.7
1949	前苏联实验爆炸原子弹；中国共产党取得胜利	5.4
1950	朝鲜战争爆发；麦卡锡及红色恐慌	25.5
1951	征收超额利润税	22.4
1952	美国政府控制钢铁厂遏制罢工； 所得税等级的最高税率达到 92%	15.8

（续表）

年份	重大事件	全球股市收益率（%）
1953	前苏联实验爆破氢弹； 经济学家预测 1954 年将出现经济危机	4.8
1954	道琼斯指数达到 300 点新高； 坊间普遍认为市场过热	49.8
1955	艾森豪威尔患病	24.7
1956	埃及控制苏伊士运河	6.6
1957	前苏联发射人造卫星；国务卿汉弗莱提出经济危机的警告，艾森豪威尔总统表示同意	-6.0
1958	经济危机	34.5
1959	卡斯特罗成为古巴最高领导人	23.3
1960	前苏联击落美国的 U2 无人侦察机； 卡斯特罗控制美国的炼油厂	3.5
1961	猪湾行动失败； 美国向越南派出“绿色贝蕾帽”；修建柏林墙	20.8
1962	古巴导弹危机——全球面临被毁灭的威胁； 约翰·肯尼迪对钢铁价格实施严格控制，让华尔街倍感不安	-6.2
1963	南越政府倒台；肯尼迪总统遇害	15.4
1964	北部湾事件；种族歧视在纽约盛行	11.2
1965	民权大游行；林登·贝恩斯·约翰逊总统犯心脏病； 财政部对黄金投机活动提出警告	9.8
1966	越南战争升级：美国开始轰炸河内	-10.1
1967	纽瓦克和底特律爆发种族冲突；约翰逊总统签署世上最大的国防预算；六日之战	21.3
1968	“普韦布洛号事件”爆发；美军在越南发动“新年攻势”； 马丁·路德·金和罗伯特·肯尼迪遇害	13.9
1969	实行紧缩货币政策造成股市下跌； 市场基础利率达到市场最高点	-3.9
1970	美国入侵柬埔寨，越战开始蔓延； 货币供应减少；宾夕法尼亚中央铁路公司破产	-3.1
1971	冻结工资；美国不再执行布雷顿森林体系的汇率政策，彻底放弃金本位制度	18.4

（续表）

年份	重大事件	全球股市收益率（%）
1972	美国遭遇历史上最大的贸易赤字； 美国在越南港口布雷；尼克松访问红色中国	22.5
1973	能源危机爆发，阿拉伯国家实行石油禁运；水门事件； 美国在越南发动“赎罪日”战事； 副总统安格纽辞职	-15.2
1974	股市出现40年以来的最大跌幅；尼克松总统辞职； 日元贬值；富兰克林国民银行破产	-25.5
1975	纽约市破产；经济形势一片黯淡	32.8
1976	经济复苏放缓；欧佩克提高石油价格	13.4
1977	股票市场暴跌；美国提高社会保险税	0.7
1978	提高利率	16.5
1979	石油价格暴涨；三里岛核泄漏事故； 伊朗占领美国大使馆	11.0
1980	市场利率达到历史新高；纽约市“爱河事件”； 卡特总统停止对前苏联出口谷物	25.7
1981	经济大衰退开始；里根总统遇刺； 能源行业危机凸现；人类确认首例艾滋病病例	-4.8
1982	美国遭遇40年以来最严重的经济衰退； 企业利润大减；失业率陡增	9.7
1983	美国出兵格林纳达；美国驻贝鲁特大使馆被炸； 华盛顿公共电力供应系统债券（WPPSS）违约成为历史上最大的债券违约事件	21.9
1984	联邦赤字达到史上最高；联邦存款保险公司（FDIC）救助伊利诺斯大陆银行；美国司法部依据《反托拉斯法》拆分美国电话电报公司（AT&T）	4.7
1985	美国和前苏联展开军备竞赛；俄亥俄银行停业； 美国成为世界上最大的债务国	40.6
1986	美国轰炸利比亚；博伊斯基（Boesky）承认采取内部交易； “挑战者”号航天飞机爆炸；切尔诺贝利核爆炸事故； 美国通过《税收改革法》	41.9
1987	达到历史最高点的股票市场开始下行； “伊朗门”事件调查形成对里根不利的结果	16.2

（续表）

年份	重大事件	全球股市收益率（%）
1988	第一共和银行倒闭；美国对诺列加提出指控； 泛美 103 号航班被炸	23.3
1989	对储蓄贷款银行进行救助；1989 年旧金山大地震； 美国在巴拿马部署军队；柏林墙被推倒； 日本购买洛克菲勒中心	16.6
1990	伊朗入侵科威特，拉开海湾战争的序幕； 消费者信心大减；失业率大增	-17.0
1991	美国经济衰退；美国开始对伊朗进行空袭； 失业率上涨到 7%；前苏联解体	18.3
1992	失业率继续走高；经济形势开始令人担忧； 货币供给收紧；大选竞争更加激烈。	-5.2
1993	税收增加；经济复苏呈现巨大的不确定性； 市场开始担心二次探底	22.5
1994	试图对健康护理实施国有化； 共和党在中期选举中翻盘	5.1
1995	美元贬值风险加大；俄克拉荷马城遭到恐怖袭击	20.7
1996	通货膨胀风险加大；前南斯拉夫爆发军事冲突； 美联储主席艾伦·格林斯潘发表“非理性繁荣”的著名演说	13.5
1997	10 月份的科技股暴跌和环太平洋地区危机	15.8
1998	俄罗斯卢布危机；亚洲金融危机； 长期资本管理公司破产	24.3
1999	“千年虫”谣言及其被戳穿； 美国通过《金融服务现代化法案》	24.9
2000	互联网泡沫开始破裂； 布什与戈尔较量，总统大选升温	-13.2
2001	经济衰退；“9·11”恐怖袭击；减税； 美国在阿富汗采取军事行动	-16.8
2002	企业财务作假丑闻；恐怖主义威胁加剧；伊拉克局势紧张； 《萨班斯—奥克斯利法案》（Sarbanes-Oxley）通过； 巴西对美国实施贸易制裁	-19.9
2003	共同解决丑闻；美国攻打伊拉克； 中国的 SARS 事件	33.1

（续表）

年份	重大事件	全球股市收益率（%）
2004	美元贬值和美国的三重赤字风险加大； 超过 20 万人在印度洋地震和海啸中遇难	14.7
2005	美国与北朝鲜及伊朗因核问题而关系变得紧张； 卡特琳娜飓风；石油价格上涨至每桶 70 美元	9.5
2006	北朝鲜实验核武器；房地产泡沫破裂风险加剧； 伊拉克战争继续进行； 对新任美联储主席伯南克的不信任	20.1
2007	石油价格创历史新高；次级贷款证券的违约迫使美国银行提高资本金要求；主权财富基金升温	9.0
2008	全球金融危机爆发； 股票市场出现自“大萧条”以来最大的暴跌	-40.7
2009	各国纷纷采取大规模财政经济计划； 全球中央银行均实行史上最低利率； 美国医疗保健政策出现重大分歧	30.0
2010	欧洲五国债务危机加剧；经济遭遇二次探底的风险加大； 美国民主党在国会中失去多数地位； 通过健康护理改革法案；通过《金融改革法》； 通过“巴塞尔Ⅲ”银行业改革法案	11.8

注释：1970 年到 2010 年期间的股市收益率为摩根士丹利资本国际（MSCI）世界指数，该指数衡量了 24 个发达国家特定股票不含股利及代扣所得税的收益率。1970 年以前的收益率数据由全球金融数据公司提供，模拟了假设自 1934 年以来的世界指数（不含股利）的市场表现。
资料来源：全球金融数据公司，汤姆森路透。

2011 年，人们一直在抱怨通货膨胀率太高，尽管当时的水平远远低于长期平均值。在 1979 或 1980 年，高达两位数的通货膨胀率仍被视为生活中的常态，并且通胀率还呈上涨态势，对此又该怎样理解呢？股票市场在 1979 年上涨了 11.0%，并在 1980 年继续疯涨了 25.7%。全世界都在因为福岛核电站事故而惴惴不安，但不管怎么说，核材料容器依旧坚固不倒，而且其核泄漏量也仅仅是切尔诺贝利事故的一小部分，后者的威力超过广岛原子弹的 400 倍。股票在 1986 年飞涨了 41.9%。难道是核事故带来的热潮催生了股票市场的热情吗？纵观历史，股票曾多次出现大跌。但是就总体而言，资本市场一直在不规则的涨跌中持续上涨，而在整个过程中，全球财富的总价值大量膨胀，这依旧可以让我们想起约翰爵士的教诲。

人类的本性就是忘记历史，然后不以为然地说："当时，我并不害怕，而且也没有那么痛苦。"我们的大脑就是这样不断进化的，它曾帮助我们熬过远古的狩猎时代，市场的波动性也如出一辙。历史告诉我们，今天在本质上并不比以前更动荡，因为波动性本身就意味着起起伏伏，涨涨跌跌。因此，我们总会忘记很久以前的动荡，即使你曾经历过无数次波涛汹涌的涨跌，我们依旧会在 5 年或者 10 年之后把这些经历忘得一干二净。但这种淡忘会让你身处险境：在一个总体上还算不错的年份里，原本司空见惯的波动性会让你惊慌失色，让你失去无人知晓的未来收益。更糟糕的是，你或许会把自己的救命钱托付给毫无人性的骗子。不管怎么说，这两个结果都不怎么样。

在这里，我并不是在鼓吹每个人都把自己的全部财产投资于股票，千万不要这样做，一个恰当而合理的资产配置决策依赖于多种因素。但我却发现，面对现实中这些再常见不过的市场波动，太多、太多的人会因为畏惧而放弃了理性的投资决策。

永远不要忘记：**波动性是市场的本性，是市场的常态，市场永远在起伏中前进**。这是历史给我们的教诲，但我们的记忆却总是在欺骗我们，让我们毫无理由地违背恒久不变的规律。

第4章 熊市和牛市，哪个更持久？

21世纪的头10年为何被称为“无为的10年”？从2001年的科技股泡沫破灭到如今的股市低迷，全球股市是否一直都处于熊市之中？

从10年前的2200点到如今的原地踏步，A股市场到底怎么了？纵观整个股市的历史，熊市和牛市到底哪个更持久？

Markets Never Forget (But People Do)

如果你想根据这种仅有 6% 的小概率事件去预测未来，那么就一定要做好在 94% 的时间里犯错误的打算。

不知道你是否听说过这句话：“这只是长期熊市中的一个周期性牛市”？如果你没有听过的话，那太好了，你可以彻底忽略这一章。如果你听说过，不妨认真读一读这一章。

理论上，所谓的长期熊市（secular bear market），只不过是一轮持续时间极为漫长的熊市而已，它或许可以维持 10 年的时间，在此过程中，股市起起伏伏，涨涨跌跌。例如，那些坚信长期熊市的人并没有把 2007 ~ 2008 年看做是一次回报率超过平均水平的熊市，而是一轮持续多年熊市的一部分。天啊！

我认为这轮长期熊市并不存在，至少它在历史上还算不上是长期熊市。可以将其看做是一轮与持续时间较短、规模较小的牛市相交错的大熊市吗？绝对可以！如果市场在较长时间内经历频繁波动并在总体上呈下跌趋势，也算不上长期熊市吗？当然不是！本世纪前 10 年的市场就是这样。但一场普普通通的熊市能持续 10 年的时间吗？还有人们经常提到 7 年期标准呢？这些都算不上长期熊市。这种事情我们根本就无法预测。

人们很快就会忘记：即便是在较长时间内市场停滞不前，也会间歇出现相对较短时间的反弹性波动，甚至可以持续几年之久，这足以让人们头脑发热，让每个人都相信光明就在眼前。但就总体而言，我在历史上从未发现过所谓的长期熊市。

奇怪的是，那些长期熊市论的信仰者们还习惯于把牛市看做长期下跌走势中的一段逆势上涨行情，并把这段时间称为“长期熊市中的周期性牛市”，甚至是“熊市中的反弹”。因此，在他们看来任何上涨行情都不足以成为投资的理由。

的确，即使是在熊市中我们也会遇到逆势反弹，就像在牛市中会出现短暂的调整一样。但一轮上涨的牛市怎么会变成逆势行情呢？《金融时报》上曾有过一段文字：“我深刻记得 2003 ～ 2007 年期间的熊市反弹，对，绝对是熊市中的暂时回暖……”全球股市经历了一轮长达 5 年、总体涨幅高达 161% 的上涨行情，这难道仅仅是熊市中的暂时反弹吗？美国股市上涨了 121%！如果这场所谓的反弹再延续 3 年，再上涨 20%，这些家伙还会把它们看做是长期熊市中的周期性牛市吗？

现在，我们有必要澄清这个问题。如第 2 章图 2.1 所示，熊市的平均持续时间约为 21 个月。而刚刚过去的、史上持续时间第二长的熊市，则延长了这个平均数。但即便是历史上有记载的最早的熊市，也只不过比熊市的平均时间多了 5 个月，而且这已经是 75 年前的事情了。

熊市的平均持续时间通常不超过 2 年。而牛市的平均持续时间则更长，为 53 个月。我们可以换一个角度看这个问题：牛市的平均持续时间几乎相当于“大萧条”以来最长的熊市。如果你预计一场熊市将持续这么长时间，那么，它在历史上肯定是一个不同寻常的事件，如果你曾亲历过这样的熊市，我相信你不会忘记。

通常，要确认一场长期熊市，就必须进行一点数据挖掘工作，或者可以称作篡改。长期熊市必须满足两个条件：极端短暂的记忆以及对历史的彻底忽略。那些坚信长期熊市论的人总是想让你想的长远一点，但果真从长期视角来看这个问题，我们却会发现长期熊市根本就不存在，而长期牛市却是不争的现实。不过，无论是预测牛市还是预测熊市，都是傻瓜的庸人自扰之举。更多的理由我们将在第 6 章加以详述。在本章，我们将探讨如下几个问题：

- 是什么造成这种长期熊市的错觉？
- 两大罪魁祸首，长期熊市论所依赖的两个时段。
- 长期牛市是否存在？

长期熊市论者看空的依据

研究显示，早在数千年之前，人类大脑就已习惯于关注危险环境，而忽略没有危险的环境，这也是诺贝尔经济学奖获得者丹尼尔·卡尼曼所提出的前景理论（prospect theory）。正因为这样，相比于乘坐汽车，人们更害怕乘坐飞机，尽管在世界上的每一个国家，每年死于汽车车祸的人要远远多于死于飞机失事的人数。

这个道理同样适用于投资，尽管长期熊市并不容易出现，但很多人不这么认为，因为我们在电视或是报刊上经常看到长期熊市的消息，这恰好是牛市论者的反面典型。长期熊市的观点在更多情况下是错误的，除了在熊市期间，但在历史中熊市占据的时间显然不及牛市。这是不争的事实，不知出于什么原因，人们还是很快就忘记，在超过 2/3 的时间里，他们都在犯错，都在赔钱。

我觉得这些坚定的长期熊市论者肯定是受到了太多的媒体影响，因为人的本性就是不加批评地轻信怀疑论。人都是悲观主义者，他们从不把电影评论家称为批判家，当然更不会把他们称作电影分析师了。**他们的评论其实就是批评，在大多数人的眼里，批评是一种睿智而深刻的东西。**多么好的评价啊！从另一个极端角度，人们又总是把乐观主义者看做是骗子，盲目乐观的人总是意识不到我们身边的各种危险，他们总是习惯于吹着口哨走过铺满玫瑰的林荫道。在约翰爵士的一生中，他一直被认为是个盲目的乐观者。

但你一定要记住，在资本市场的历史中，牛市才是这场大戏的主旋律。这并不是什么牛市占优论观点，而是因为牛市确实多于熊市，但悲观主义者总能找到强有力的论据来反驳它。

此外，做一个固执己见的看空派很容易，如果股票大涨，你就可以说“这只是初期熊市过程中的调整而已”。股市涨得越高，出现下跌的可能性就越大，出于某种原因，人们更愿意原谅错过上涨的投资失误，但如果因为你的错误使他们面临下跌，他们肯定不会对你心慈手软，尽管历史一再告诉我们，看空可能比看多对你的投资收益损害更大。我认为这种情况可以通过行为论的观点做出解释：人们对损失的痛恨程度是对收获喜爱程度的两倍。

做一个熊市专家或许很容易，但是作为一个专为他人理财的投资专业人士，看好市场显然有钱可赚，无论是对于公司还是客户。为什么呢？历史已经不止一次地证明，股票带来的收益要大于亏损，我们已经从第 3 章认识到这一点，而且在本章还会更深的体会这一点。这个道理很简单，如果股票在长期内上涨的概率高于下跌，而且你又是一贯的熊市主义者，那么你就会错过很多上涨行情，在长期内你必将丧失自己的大部分客户。正因为这样，**管理大规模资产的公司中很少有坚定的看空派，尽管在某些时候有必要保守一点，但是坚定不移的看空派终将落在后面，并最初被挤出资产管理这个行业。**既然我们有些时候必须看空市场，那么在另一些时候我们就必须看多市场。

这果真是两个长期熊市？

投资行业始终把两段时期称为长期熊市，其中包括从 1965 年到 1981 年这段时间，这就是坊间所说的著名的“零收益的 17 年”，实际上这样表述并不是很恰当。另一个则是从 2000 年到 2009 年被业界称为无为的 10 年。

这两段时期是否属于长期熊市，归根到底还是取决于人们如何衡量市场业绩以及如何定义熊市。比如说，我们采用道琼斯工业平均指数这种结构怪异的价格加权标准，且扣除股利，股票市场在1965年到1981年这段时间内的年均收益率确实只有0.01%。

为什么我们一定要采用这种计算方法呢？任何严谨的学者或是经验丰富的职业投资者都不会这么做。投资行业把包含股利再投资收益的指数收益率称为总回报（total return），他们当然有自己的理由，而且这也是他们通常用来衡量市场表现的指标。股利属于投资总回报的一部分，因而完全有理由将其纳入回报之中，当然，对于以前的市场，我们确实难以找到反映股票每日总回报的数据。在本书中，我偶尔会使用价格数据，即不包括股利的价格，来衡量总体历史趋势，但这只是因为在某些情况下难以得到可靠的总回报数据。当然，这也是历史数据的一个局限性，毕竟总回报数据才能更好地反应市场的真实情况。

但是在我们考虑股利的情况下，道琼斯工业平均指数的年均收益率则达到4.5%，或者说，在这段被普遍视为停滞的时间，股票升值111%。尽管低于平均增长率，但这显然不能算熊市，而且还增值了111%，换句话说，在这11年里你手里的钞票增加了一倍多！

但这里又出现了另一个问题：道琼斯指数本身就是靠不住的，作为一个衡量长期经济结果的指标显然还不够完整，为什么这么说呢？它是按价格加权得到的，而不是按市值加权的结果。同样，如果可能的话，任何严谨的学者或是接受过正规训练的投资者在目前都不会使用价格加权指标，因为它们根本就不能反映市场的现状。此外，对于那些所谓的长期熊市，还有很多种方法计算指数。你完全可以争辩，当有人以道琼斯指数进行中期或长期分析时，尽管没有明说，他们实际上就是在告诉你，他们从未接受过任何正规训练。如果接受过正规培训，他们就会在使用道琼斯指数时，向你解释这样的指标一点也不精确，而且完全不能反映经济现实。

2006年，我曾在《股票投资就问三个问题》一书中详细讨论过价格加权指数的荒谬，并在2010年的《揭穿真相》中再次深入探讨过这个问题。简单地说，在一个像道琼斯这样的指数中，某一只股票对指数回报率的影响完全取决于该股票价格与其他股票平均价格的相对关系。也就是说，股价为 100 美元的股票在指数中的影响是股价为 50 美元股票的两倍，尽管后者的实际规模或者说市值可能比这个数字大 10 倍。

人们不愿意接受这一点，因为媒体总是在引用道琼斯指数，但这就是事实。假如你构建一个由两只股票组成的价格加权指数，其中的一只股票的价格为 100 美元，另一只股票的价格为 50 美元，如果 100 美元的股票价格下跌 5%，50 美元的股票上涨 10%，那么，指数的总体水平不会发生任何变化。但假如你持有相同数量的两只股票，上述的价格变化将会让你实现 2.5% 的收益。

如果再假设不考虑上述股利，这就是 1965 年到 1981 年期间发生的情况，在道琼斯指数中，价格较高股票的表现并不一定比价格较低的股票好。因此，作为一种指数，道琼斯的经济回报率还不如拥有 30 只道琼斯股票，这样的说法显然有点荒谬。

更让人无法接受的事实是，股票分割以及道琼斯指数中股权较重的股票不太经常出现、但依旧偶有发生的反向分割对指数收益率会产生严重影响，因为它会直接影响到股票的每股价格。一只股票相对于指数中其他股票的相对价格也会给这种构造奇特的指数带来重大影响。在某一个既定年份，指数的收益与实施分割的股票以及那些未实施分割的股票并没有确定的关系。

简单地说，如果被分割股票的收益超过未分割股票，那么，指数收益就会因持有相同数量的两种股票而落后于整体经济，反之亦然。因此，在我们进行任何形式的中期及长期收益分析时，完全可以忽略这种所谓的价格加权指数，并采取更有助于反映市场真实情况的市值加权指数。换句话说，道琼斯始终未能认识到价格加权指数的缺陷。

现实中不乏这样的案例：标普 500 就是一种市值加权型指数，它在 1965 年到 1981 年期间的年均总回报率为 6.3%，累积回报率为 180%。在这令人难忘的 17 年里，股市回报率的确低于长期平均收益水平，但显然还不是灾难，更与长期熊市的定义相去甚远。标普 500 指数的收益情况表明这段时间的市场表现还不算太糟糕。第 2 章的内容告诉我们，不能忘记平均过程的含义，既然是平均，就肯定会存在高于平均和低于平均的事实。因此，必然会有某些年份的表现超过平均水平，某些年份的表现低于平均水平。2011 年对很多人来说似乎不堪回首，当时 10 年期国库券的收益率甚至还不足 3%，而且在过去 10 年几乎没有实现任何收益，因此，17 年实现 6.3% 的年均收益率应该还算不错。

假如用一种在本质上不太相干且不考虑股利再投资的指数，用它来衡量股票的业绩，我们会发现，这 17 年依旧算不上长期熊市。为什么这么说呢？因为熊市就是代表有价证券的全面下跌，不仅仅是那些低于平均水平的股票在下跌，而且原本上涨的股票也会下跌。我们很难找到在很长时间内一直下跌的股票，或许根本就不可能找到这样的股票。

按照比较正规的技术性标准，熊市通常是指股价在较长一段时间内的跌幅达到 20%。这就把它和市场调整区分开来，后者通常是股市指数在相对较短时间，比如几周甚至是几个月内下跌 10% ~ 20%。市场调整现象几乎每年都会出现，我们在 2010 年就曾经历过市场调整，但当年全球股市却以上涨 11.8% 而收尾。就在我创作本书的时候，我们在 2011 年中期似乎正在面对新的一轮市场调整。在市场处于调整期的时候，股价可能会在短时间内出现大跌，但马上又会反弹。**即便是大规模的市场调整，也只是牛市过程中的一种正常现象，只要你保持冷静，不在相对低的价位上抛出，就不会影响你最终的总收益率。**

但是按照相对规范的定义，熊市的跌幅则更大，持续时间也更长，股票市场出现过持续 10 年之久的负收益率吗？这样的情况在历史上屈指可数，而且只要你耐心地再等一段时间，它们就会随着股市的反弹而消失。唯一称得上持久的熊市就是始于 1929 年的那场大萧条。

如果你要杜撰一个虚假的长期低收益率，这并不难，你只需采用不包含股利的价格加权指数即可做到。即便是这样，从 1965 年到 1981 年，道琼斯工业平均指数也只是维持不赔不赚的状态而已，它并没有下跌，而且这还没有考虑到这段时间内经济出现的巨大波动。也就是在这段时间里，美国股市出现三次明显的大牛市，这三次牛市势头之猛足以让你晕头转向，不知所措。因此，这段时间收益率并不是一直为负，它只是一段持续时间较长、股价起伏不定但总体收益率为正的时期。

长期停滞并不等于熊市

然后，我们再来看看股市不赔不赚的状态，从 2000 年到 2009 年底的这 10 年间，标准普尔指数的年均收益率为 -0.95%，摩根士丹利全球指数（MSCI World）的年均收益率为 -0.24%。包括新兴市场在内，摩根士丹利资本国际指数（MSCI ACWI ）的年均收益率为 0.89%。

这段时间市场几乎停滞不前，尽管根据你的具体投资对象，可能会出现不同的涨跌，这期间几乎找不到任何值得庆祝的事情。但停滞不前并不意味着没有大跌，而且也不能反映这 10 年的真实状态。实际上，从 2000 年开始曾爆发一场大熊市，这也是二战以来第三大的熊市，从 2002 年到 2007 年出现一轮规模适中的牛市，随后又是一轮大熊市，这是二战以来规模最大的熊市。之后，从 2009 年开始，新一轮牛市再度袭来，并一直持续到本书创作之时。但是，在 50 多年的时间里就爆发了两次大熊市，而在这 10 年里几乎停滞不前。这充分证明，这是一段非常安静的市场休眠期，但是在今天，却很少有人注意到这一点，因为人们只能记住刚刚发生的事情。

不过，发生在停滞期中间的牛市并非一无是处，它足足有 5 年的时间！牛市的平均持续时间就是 60 个月左右。我经常告诫人们不要为平均数所愚弄，但就是这个平均却有着深刻的意义。5 年时间算得上逆势行情吗？这相当于读完本科然后又上了一年研究生课程。想想 5 年时间到底有多长吧！这足以让你的孩子成为一个小精灵，足够让他学会滑冰，学会骑自行车，掌握基础数学，那是一段很长的时间啊！

更重要的是，如果在 2002 ～ 2007 年期间远离市场，你显然不会说，

“呸，即使错过这段时间也没什么了不起的，因为我知道这是一轮长期熊市”，更有可能你会这样说，“这个让人猜不透的牛市，我已经错过了几年之久了，即使全球股市赚不到161%，美国股市也能拿到121%”。只有回头想想，我们才能意识到这是一轮10年之久的停顿期，但总体停滞不前并不等于熊市。

要让长期熊市成为长期牛市。我们还可以从另一个角度看这个问题，如果彻底转换视角，长熊论马上就会显得愚蠢至极，根本没有立足之地。如果这些长熊论者把四五年之久的整体上涨行情当做长期熊市过程中的逆势行情，那持续时间更短的熊市又如何解释？是不是也可以把熊市看做长期牛市中的逆势调整呢？

没有人提出过这样的说法，也没有人把熊市仅仅只看做是长期牛市中的逆势调整，甚至根本就没有人讨论过所谓的长期牛市问题。单从字面上说，确实有长期熊市的说法，但却没有长期牛市，这只能说明我们对股票市场存在着某种偏见。**尽管在漫长的股市历史中，上涨的时间明显超过下跌的时间，但我们却从来没有想过创造出长期牛市这个词**。甚至是约翰爵士也没有使用过这种说法，我们关注的是下跌，而且对下跌谨小慎微，总是把它们放在心里，但我们的记忆却没有给更持久的上涨和前进留下一点空间。

我们可以按照自己的意愿挑选某些特殊的时期，这样就可以得到收益率停滞或者为负的时段，但却忽略了这期间被我们错过的上行波动。不过我们还可以用另一种方式看待这个问题，将时间窗口向前或是向后移动几年。

重新审视1965年到1981年中间的这17年时间，然后再加上几年的时间，凑成一个整20年的时间段，我们就会发现，从1965年到1984年股市累计上涨了342.3%，这相当于年均收益率为7.7%。应该说是很乐观了吧？如果我们再多加5年的时间，**从1965年到1989年，股市的累计上涨幅度就会达到1015.2%，年均收益率为10.1%**，刚好超过平均水平。于是，原来的所谓长期熊市就变成了长期牛市，请注意，这段时间本来就不是熊市，只是因为使用了计算不当的指数，尽管收益率确实低于平均水平，但毕竟还是有收益，而且不是负收益。

对那些以成长为目标的长期投资者，25 年是一个比较恰当的时间窗口，你不妨考虑一下其中的原因。我们再来从另一个角度看看股市的停滞期，譬如以上世纪 90 年代中期或末期为起点，我们就会得到正的总回报率。尽管我不知道未来几年会怎样，但我个人猜想，如果以 20 年为一个区间的话，依旧可以得到相同的结果。

只要以更长的时间段为参照，不要选用道琼斯指数，或是其他不反映实际情况的价格加权型指数，尤其是在你不对股利进行再投资的情况下更是如此，历史就会证明一切所谓的长熊论都是错误的，即使是那段最令人痛苦的时间也会过去，能变成总体向上的趋势。

历史真的能预见未来?

在一本始终强调以史为鉴的书里，如果我反复声称过去的业绩不能对未来有丝毫的借鉴意义，这或许会让你感到费解。实际上，这并不难理解，历史是我们预见未来的一种有效工具，但它从来就不能保证这种预见的正确性。我们都知道这一点，大多数投资者也知道这一点，但令人难以置信的是，在 2009 年和 2010 年，很多人根据以往平淡的市场业绩，预言未来一段时间的市场依旧会波澜不惊，并声称这是我们应当远离股票市场的原因。无数的媒体也在哀叹美国失去的 10 年，就像日本在 20 世纪 90 年代曾经经历过的那个 10 年一样，但这与历史绝对不相吻合，我们将在下文解释这个观点。股票维持低回报的时间越长，收益改善的可能性也就越大，但这显然不是我们希望看到的，例如，在 2009 年和 2010 年，我们经常会在媒体上看到这样的说法。

- 2009 年 9 月 27 日：“不过，在到 2009 年 2 月为止的 20 年里，债券收益率仅仅高于股票 0.40%，这一点是我们不能忽略的。

我对这一点非常有感触，因为有几个星期的时间，我的电话几乎被客户打爆了，他们想抛出全部股票，然后再全部投入到债券，因为他们一直被坊间有关失去的十年的传闻所围绕。”这显然又是验证投资者行为中“羊群效应”的一个佐证，但它也反映了大多数人当时的感受。股市刚刚走出一段停滞期，这让人们觉得暴风雨就在眼前。

- 2010 年 9 月 31 日：“在这样的氛围中，人们对失去的十年的担忧不需要多长时间就会变成现实。”
- 2010 年 10 月 11 日：“如果决策者不能认识到金融危机留下的创伤有多严重，未来的经济就会遭遇失去的十年。”

要预测这个所谓失去的十年，我们就必须先看看 1999 年底人们对市场的预测情况。就在 1999 年科技股泡沫还在持续的时候，还很少有人说，“未来 10 年股市将会变得极为恶劣”，我也没说，因为我确实没发现。相反，那时候我们经常听到“市场估值并不重要”“这只是新经济”等诸如此类的说法。《商业周刊》曾刊登了一篇著名的封面报道，“新经济：2000 年 1 月 31 日，技术股泡沫刚刚破裂一个多月，大熊市即将到来”。这篇报道并没有说明新时期是否正在走向终结，只是说它即将在技术股泡沫破灭之后重现，而且是在全球范围内！

我在 2000 年 3 月《福布斯》上发表的专栏文章中，出于纯粹的运气，在全球技术股泡沫破裂之前预测到熊市的来临。但我并没有说未来 10 年股市将停滞不前，我通常只预测未来 12 到 18 个月内的市场，最多也只有 24 个月。即便如此，在那个时候，我预测的结果还是不为人所接受，尽管我在那段时间里一直看空市场。专业人士也可能是过于乐观，尽管市场大多数时候都是让他们感到痛苦。

在 1999 年或是 2000 年，任何人都不认为我们未来的 10 年将乏善可陈，这进一步证明所谓长期预测的谬论是多么的荒诞，我们将在第 6 章深入探讨这个问题。尽管很多人试图进行更长时间的预测，但除了那些认为股票应在长期内持续上涨的人以外，我还从未见过有人这么做。即便是这些人也不知道股票为什么应在未来某个年份上涨，这是资本的本性，它让股票在长期走势中涨远远多于跌。

此外，还有一点不应该忘记，以前发生的事情，哪怕只是刚刚发生的事情，也不会对未来发生的事情产生影响，甚至根本不会有任何影响。比如说，现在就不会再有人说，20 世纪 90 年代市场的整体火爆是人们在股市低迷期依旧看好市场的理由。同样的道理，市场的总体停滞也不是我们应该看好未来的理由，就算是刚刚发生的事情也不能帮助我们预测未来几天的事情。但我们很容易这么想，因为刚刚过去的事情对我们来说毕竟太熟悉了，这种倾向往往让我们付出高昂的代价。然而，如果说过去的经历能帮助我们预测未来，那么股票市场就变成了一种单向运动，而事实并非如此。

为什么股市中涨始终多于跌？

我们不妨考虑一下，如果我们正在经历一个持续时间较长的熊市，那么，美国股市怎样才能达到 16 万亿美元的市值呢？全球股市的市值又怎样才能达到 50 万亿美元呢？上行的逆势行情要持续多长时间才代表长期熊市的结束呢？如果我们把一个持续 5 年的上涨行情依旧看作逆势行情，那我真不知道非逆势行情到底应该是多长时间？ 6 年？还是 7 年？或者是 12 年？抑或是永远都不可能成为正常的趋势？如果让时间窗口足够长的话，仅从定义上看，我们确实无法证明长熊观点是错误的。

如第 2 章所示，股票收益停滞不前的年份确实不少，而且在超短期内的回报率很可能会令人痛心，比如说从 2007 年到 2009 年初。悲观情绪有时是合情合理的。但现实是，历史上股票市场总体上涨多于跌。

当然，从每一天的情况来看可能未必如此，这也是人们很快就忘记涨多于跌的原因。表 4.1 分别记录了股票市场每日、每月、每年以及 1 年滚动期、5 年滚动期等交易时间的回报率，以及出现正回报率和负回报率的次数，这里同样采用可追溯历史数据时间较长的美国股票。股市在 53% 的时间里表现为正收益，略微多于负收益的时间。但无论是正收益还是负收益都会出现波动，因此在股市回报率为负的时候，人们自然很容易就忘记股票更喜欢在我们面前表现正收益率，而不是让我们赔钱。

表 4.1　股市在历史上出现正收益率的频率

	出现次数			所占时间的比例（%）	
	正	负	小计	正	负
日收益率	11 375	10 098	21 473	53.0	47.0
月收益率	635	385	1 020	62.3	37.7
季度收益率	230	110	340	67.6	32.4
年收益率	61	24	85	71.8	28.2
按 1 年滚动计算的月收益率	736	273	1 009	72.9	27.1
按 5 年滚动计算的月收益率	835	126	961	86.9	13.1
按 10 年滚动计算的月收益率	847	54	901	94.0	6.0
按 20 年滚动计算的月收益率	781	0	781	100.0	0.0
按 25 年滚动计算的月收益率	721	0	721	100.0	0.0

计算日收益率的时间区段为 1928-1-31 ～ 2010-12-31，以价格涨幅为准。
资料来源：全球金融数据公司，标普 500 指数（1925-12-31 ～ 2010-12-31）。

如果眼界再开阔一点，我们就会发现，如果按月计算，股票市场在历史上 62.3% 时间里表现为正收益率。但无论在收益为正的时间还是为负的时间里，股市都会波动，因此，我们通常会在熊市期间经历收益率连续为负的月份。但我们肯定是太健忘了，因为按年计算，股票收益率在历史中为正的时间占据了 71.8%，这个数字远远超过了股市历史的 2/3 啊！而股市在 1 年滚动期内收益率为正的时间为 72.9%，在 5 年滚动期内收益率为正的时间为 86.9%，在 10 年滚动期内收益率为正的时间更是达到 94%。

虽然在上涨过程中也会存在波动，但大多数投资者的记忆力都太健忘了，专业人士也不例外，他们似乎比普通人更健忘！同样不要忘记的是，即使是在总收益率为负的较长时间里，中间也会出现短暂的收益率为正的时候，毫无疑问，历史上从来就没有出现过始终保持下跌的10年期熊市。

如果有人预言股市在未来一段时间将长期出现负收益率，那么，他们无疑就是在和历史数据唱反调，拿极少出现的情况说事，也许从没出现过。我们根本就找不到代表大熊市的20年滚动期的负收益率，既然无法找到这样的区间，他们就必须解释未来的股市为什么会明显与市场背离。他们还需要解释，在专业资金管理的发展历史中，除了有人偶然为之外，还从未有人刻意做到这一点，他们为什么能在突然之间找到长期预测的有效方法，这显然是可望而不可及的事情。

要知道，停滞的10年并不一定是失去的10年。**我们很难找到总回报率为负的10年，这样的事件在股市历史上仅仅占据6%的时间。如果你想根据这种仅有6%的小概率事件去预测未来，那么就一定要做好在94%的时间里犯错误的打算。**而且，即便是在这段难得的时间里，股市收益率也没有人们想像的那么糟糕。大多数时间股市只是停滞不前，而且基本是在平均水平上，累计跌幅仅为14.2%，相当于年均跌幅只有1.6%，几乎就是原地不动，尽管这个业绩不算风光，但绝对算不上灾难。实际上，在所有收益率为负的时间里，市场只是围绕着平均值小幅震荡。

从1929年开始一直到1939年10月，这10年股市的累计跌幅为40.2%，相当于年均跌幅为5.0%，同样，无论按什么标准，这都不能算作灾难，不足以成为看空未来的理由，不是像很多人认为的那样，它只是一个独立事件。我们同样也没有理由认为2007～2009年的熊市预兆着更惨淡的未来。需要注意的是，在随后的1939～1949年这10年期间，股市的整体表现良好，累计涨幅高达138.4%，这足以弥补此前10年的累计亏损，甚至是绰绰有余。

史上收益率为负的10年期多半出现在“大萧条”临近终结的时候，这一点也不奇怪。“大萧条”期间的10年期市场表现最为糟糕，平均跌幅达到16.4%。还有两个10年期则出现在2008年和2009年熊市见底时期，并终结于2010年中期的大幅调整时期，但它们的累计跌幅也只有

11.4%，相当于年均跌幅为 1.24%，市场的总体下跌程度非常有限。除此以外再也找不到 10 年期的熊市了，正因为这样，我们才说这种事情的确罕见，有必要重申的是，它们仅占市场全部历史的 6%。

最大的问题却在于：下一个 10 年会怎样呢？我也不知道，我从不预测那么远的事情，但历史终究会给我们启示，我们可以借鉴过去，预测未来。我们首先看看以前出现的收益率为负的 10 年期，如表 4.2 所示。在出现每一个收益率为负的 10 年期时，随后 10 年期的收益率均为正。没有任何证据可以说明，根据下跌或是停滞的 10 年期，就可以判断随后 10 年的股市一定会下跌，尽管未来有可能发生这样的事情，但至少目前还从未发生过，因此，我们只能说这种事情发生的概率极小。实际上，相反的情况才是常态。经历了收益率为负的 10 年，随后 10 年股市的平均累计收益率为 156.2%，年均收益率为 9.7%，，基本相当于平均水平。

表 4.2　历史上负收益率 10 年期之后跟随正收益率 10 年的情况

	前 10 年的收益率（%）		随后 10 年的收益率（%）	
终止日期	累计收益率	年均收益率	累计收益率	年均收益率
1937-12-31	-1.3	-0.1	151.7	9.7
1938-03-31	-26.0	-3.0	205.9	11.8
1938-04-30	-18.0	-2.0	174.9	10.6
1938-05-31	-22.4	-2.5	209.3	12.0
1938-08-31	-2.9	-0.3	127.4	8.6
1938-09-30	-3.6	-0.4	117.2	8.1
1938-11-30	-11.7	-1.2	99.5	7.2
1938-12-31	-8.6	-0.9	98.6	7.1
1939-01-31	-19.4	-2.1	113.9	7.9
1939-02-28	-16.3	-1.8	99.4	7.1
1939-03-31	-27.4	-3.2	138.0	9.1
1939-04-30	-28.9	-3.4	134.8	8.9
1939-05-31	-21.1	-2.3	113.2	7.9
1939-06-30	-33.5	-4.0	127.6	8.6
1939-07-31	-29.4	-3.4	118.6	8.1
1939-08-31	-40.2	-5.0	138.4	9.1

（续表）

	前 10 年的收益率（%）		随后 10 年的收益率（%）	
终止日期	累计收益率	年均收益率	累计收益率	年均收益率
1939-09-30	-26.7	-3.1	109.9	7.7
1939-10-31	-9.7	-1.0	119.7	8.2
1939-11-30	-0.9	-0.1	131.7	8.8
1939-12-31	-1.0	-0.1	136.6	9.0
1940-01-31	-10.1	-1.1	149.8	9.6
1940-02-29	-11.3	-1.2	151.1	9.6
1940-03-31	-16.9	-1.8	149.8	9.6
1940-04-30	-16.5	-1.8	162.7	10.1
1940-05-31	-35.3	-4.3	258.9	13.6
1940-06-30	-16.4	-1.8	213.9	12.1
1940-07-31	-16.8	-1.8	207.5	11.9
1940-08-31	-15.2	-1.6	209.7	12.0
1940-09-30	-1.3	-0.1	223.7	12.5
1941-02-28	-4.5	-0.5	291.3	14.6
平均值	-16.4	-1.9	156.2	9.7

资料来源：全球金融数据公司，1925-12-31 ～ 2010-12-31 标普 500 指数总收益率。

最糟糕的 10 年是 1939 年 1 月到 1949 年 1 月，但是在这 10 年里，股市仍上涨了 98.6%，年均涨幅达到 7.1%，尽管稍稍低于平均水平，但总体而言还算正常。而且这个收益率为负的 10 年跌幅也并不是很大，累计下跌了 8.6%，年均跌幅仅为 0.9%。因此，10 年期收益率为负或是为零并不能预测随后 10 年的市场不会有所作为，而且这种情况也从未发生过。那么，它有可能发生吗？当然有可能发生，但概率不大。

还有一点需要记住的是，在上述收益率为负的每一个 10 年期中，没有一个 10 年是股市始终保持直线下跌的。图 4.1，4.2，4.3，4.4 显示了几个市场由停滞转为下跌的 10 年期。在这几个 10 年期中，即使是 1929 年到 1939 年，中间也有波动，同样，在上述的每一个 10 年期之后的 10 年，股市均有上佳表现，尽管存在明显的波动，但总体收益还不错。

以往的业绩永远不能预测未来的结果。如果你认为刚刚发生的事情

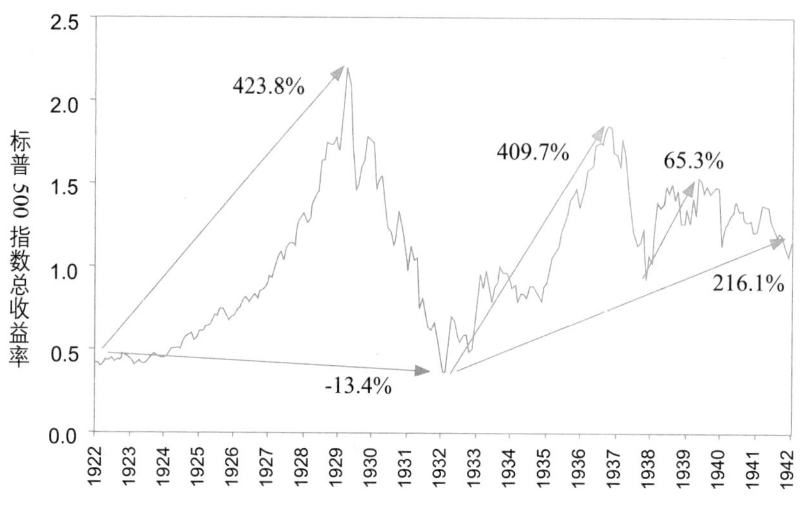

图 4.1　负 10 年，正 10 年（1922 ~ 1942 年）

资料来源：全球金融数据公司，1922-5-31 ~ 1942-5-31 期间的标普 500 指数总收益率。

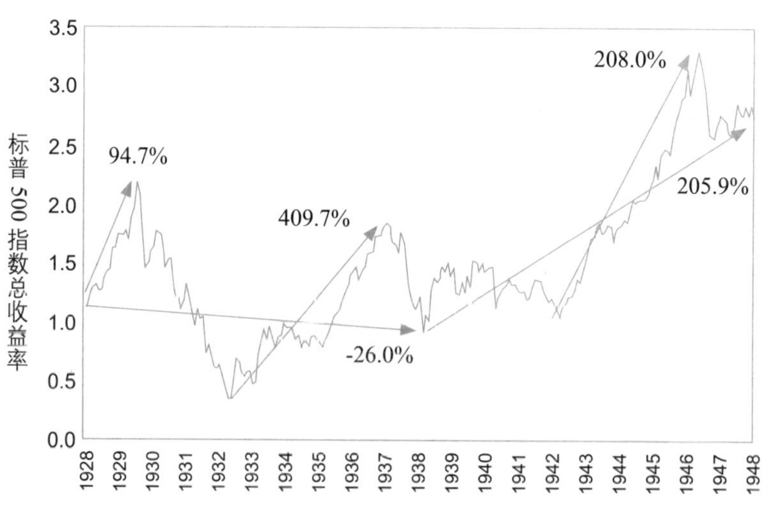

图 4.2　负 10 年，正 10 年（1928 ~ 1948 年）

资料来源：全球金融数据公司，1928-3-31 ~ 1948-3-31 期间的标普 500 指数总收益率。

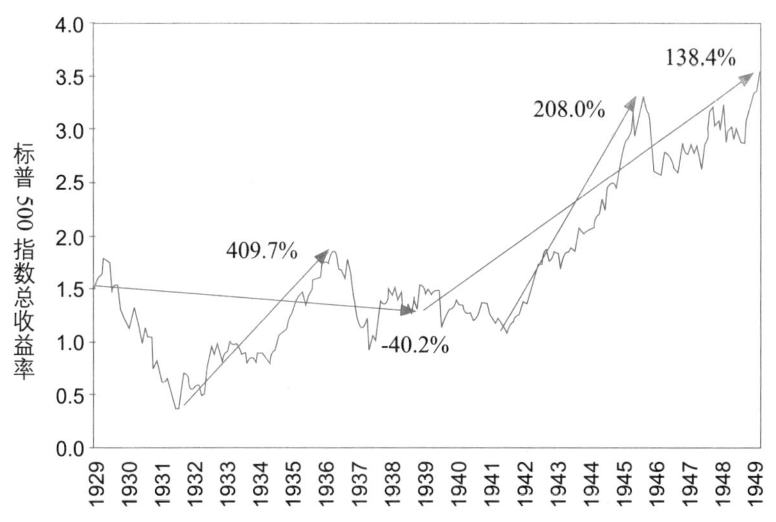

图 4.3　负 10 年，正 10 年（1929 ~ 1949 年）

资料来源：全球金融数据公司，1929-8-31 ~ 1949-8-31 期间的标普 500 指数总收益率。

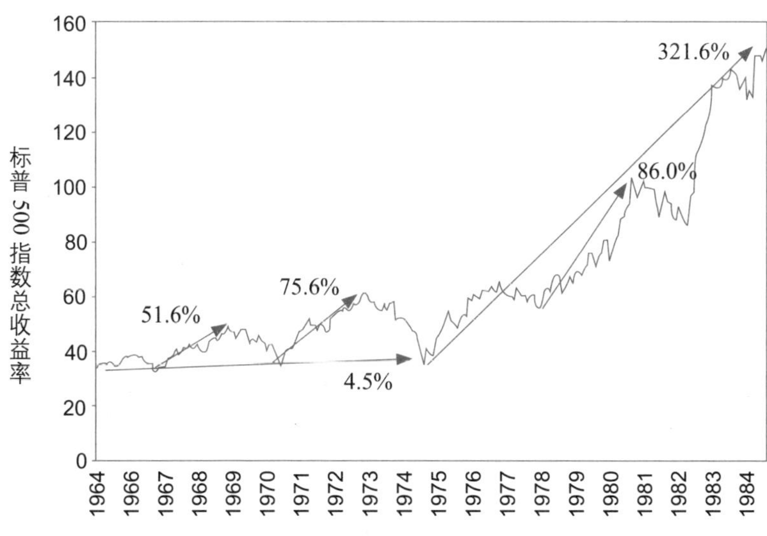

图 4.4　停 10 年，正 10 年（1964 ~ 1984 年）

资料来源：全球金融数据公司，1964-9-30 ~ 1984-9-30 期间的标普 500 指数总收益率。

会重现，你就很有可能犯下严重的错误，并为之付出惨重的代价，尤其未来10年的事情，因为它本来就是不可预测的。

人们常常忽略，股票在历史上的平均收益率为正且超过债券。一个永远也无法否认的现实是，在较长的时期内，股票在总体上是盈利的。在历史上，股市从未在很长一段时期内保持持续下跌的趋势，因而找不到任何证据表明所谓长期熊市的存在。那么，这种情况在以后是否有可能发生呢？当然可能，我们已经反复重申，投资就是一种游戏。因此，你至少应该考虑自己的期望是否符合概率规律。

无论是从历史数据出发，还是基本面理论出发，股票在长期内实现正收益率的概率都不是我们唯一应该关注的事情。在较长时期内，股票的收益率同样远远胜过类似的其他流动性资产，譬如债券。表4.3为股票和债券的20年滚动期的平均收益情况。

表4.3 股票和债券的20年收益率

20年滚动期的平均总收益率（%）	
美国股票	889
美国债券	246
债券业绩好于股票时的20年滚动期平均总收益率	
美国股票	243
美国债券	262

资料来源：全球金融数据公司，美国股票的标普500指数总收益率；美国10年期政府债券的总收益指数，1925-12-31 ~ 2010-12-31。

就历史的总体情况而言，股票的20年累计平均收益率达到了889%，而债券的20年累计平均收益率却只有246%。也就是说，就平均水平而言，股票收益率相当于债券收益率的3.6倍。债券仅在两个20年内超过股票，但差异很小，这段时期的债券平均收益率仅为股票的1.1倍，而且股票的同期收益率为正。显而易见，这个3%的小概率事件不足以让你投下赌注。尽管美国债券的收益率将不足3%，尤其是在长期利率大幅上涨时，让很多人对这一点坚信不疑，但是在未来出现这种小概率事件的可能性依旧很小。

如果进一步延长比较期，两者之间的反差会更明显，表 4.4 为 30 年滚动期的平均总收益率。在此期间，股票的平均收益率为 2 473%，而债券的平均收益率仅为 532%，也就是说，股票的平均收益相当于债券的 4.6 倍。而在 30 年的考察期内，债券收益从未超过股票。

表 4.4　股票和债券的 30 年收益率

30 年滚动期的平均总收益率（%）	
美国股票	2 473
美国债券	532

资料来源：全球金融数据公司，美国股票的标普 500 指数总收益率；美国 10 年期政府债券的总收益指数，1925-12-31 ~ 2010-12-31。

花一点时间考虑时间窗口的选取，你或许会认为 30 年是一段很长的时间，但在我看来，很多人对投资时间窗口的选择都是错误的。他们或许会认为："我已经 60 岁了，我计划在 65 岁退休，因此，我只有 5 年的时间可以进行投资，5 年之后我就必须彻底改变自己的投资方式，大幅减少对股票的投资！"我认为，这种把年龄作为主要变量并制定投资策略的方法是完全错误的。它彻底忽略了不同投资者的个性特征，比如说你的最终投资目标是什么，你的收益预期怎样，你对风险的容忍度如何等。

对很多投资者来说，这种观点也彻底剥夺了你实现超高回报的可能性，这又意味着你必须谨慎规划自己的退休生活。不过，我们的投资时间窗口不应依赖于我们的退休时间。我认为，合理的时间窗口的制定，取决于你需要依赖财产的时间，对大多数人而言，它就是你自己及配偶的寿命。**请记住，对正在阅读本书的男性读者来说，你们的寿命很有可能不及自己的妻子。因此，如果要让她们永远牢记你的好，就一定要为她们做出更好的安排，否则，她们很有可能会一边花着你的钱，一边诅咒你的无知。**

在《揭穿真相》一书中，我们可以对投资时间窗口这个问题有一个更清楚的认识，但是对于这些60岁左右的男性而言，为未来25年或者30年做个规划是件非常合情合理的事情。人类的平均寿命正在延长，而并非缩短，而且它还会随着医疗创新和健康状况改善等因素而进一步延长。此外，我猜想，对目前50～60岁的人来说，他们的身体状况和活跃程度肯定会好于他们父母在这个年龄时的情况。如果一个60岁的男性和50岁的女性结婚，而且女性身体非常健康，那么，他的最佳投资时间窗口就会突然延长。假如你选择较长的投资时间且以长期成长为目标，投资股票的收益情况就更有可能超过债券。当然，我并不是说你一定要把全部资金都投资于股票，因为除了时间窗口之外，投资方式还取决于其他因素。任何投资者都有可能遭遇股市停滞甚至是下跌，但你选择的投资时间越长，你的股票投资策略就越合理。

诸多因素会导致投资者在大部分时间里看空股市，假如你看空股市而且事实证明你是错误的，你可能会对自己说“那没什么，我至少没有赔钱啊”，这不假，很多人都会这么说，我们在本章开头时已经提到。假如你的投资时间窗口很短，或者你的长期目标是“在绝对基础上永不赔钱，永远要跑赢通货膨胀”，那么，看空市场或许是更为妥当的投资策略。但假如你以长期增长为目标，那么看空股市并减仓甚至清仓，你将在较长时间内无法感受股票类资产增值所带来的好处，这显然无助于你实现长期目标。**历史不止一次告诉我们，股票市场给投资者带来的更多的是收益，而不是亏损，只是因为我们的记性太糟糕了，以至于我们总是忘记这一点。**

第章

政府偿债能力怎样影响股市?

从2008的美国次债危机到如今愈演愈烈的欧债危机,再到目前中国日益严重的地方债务黑洞,世界经济是否已经在新一轮债务漩涡中越陷越深?

怎样的债务水平才是合理的?欧债危机将会走向何方?后危机时代我们应该怎样进行投资?

Markets Never Forget (But People Do)

一个没有负债的世界就相当于一个没有美国国库券或是其他政府债务的世界。当然，借债必须以能够偿还为前提。

毫无疑问，本章内容会激怒很多读者，因为它要告诉大家，在政府债券这个问题上我们的记忆不仅错误，甚至与事实相悖，我们对政府债券抱有强烈而固执的偏见。如果突然有人说我们原本笃信不疑的观念严重错误，这无疑会让我们感到惊慌，在担忧之后，随之而来的便是愤怒。

我非常清楚，有些人在阅读这本书时会认真揣摩其中的一两句，对其余的内容则不屑一顾。他们显然不是本书的目标读者群，因为他们永远也不可能改善自己的记忆力，或者说不愿意改善，就像古代波西米亚人经常说的那样，他们只能看到自己想看到的东西。

谈到债务，很多人容易掺入主观偏见，他们从不对它进行理性思考，甚至根本就不去考虑它！每一次讲到债务，不管我说什么，大多数人都会对我的观点嗤之以鼻，他们只相信自己愿意相信的东西，也就是他们一向笃信不疑的东西，然后他们就开始在电视、报纸杂志或者博客上抨击我脱离现实，甚至把我看作恶魔。

但他们没有意识到的是，首先，我根本不关心别人如何评价我；其次，债券这个问题非常重要又极少被人理解，这种情况下我宁愿被那些对此一无所知的人嘲笑，甚至是被大多数人所摒弃；第三，他们抨击并引用我所说的话实际上会产生另一种作用，那就是引导一部分人关注我的观点，而他们中又会有一部分人阅读、思考甚至接受我的观点，并最终改变自己的想法，我认为这是向公众普及知识的过程。就这几点而言，我还要感谢他们的批评。

尽管债务本不应成为一个具有强烈主观色彩的话题，但事实恰恰如此。媒体最善于利用这一点，有关债务的夸张标题往往是最大的噱头和卖点。人们对过度负债的担忧，是投资领域中最为常见并且屡被提到的。这根本不是什么新鲜事，对负债的担忧伴随着我们投资历程的始终。只不过人们再一次忘记，今天的担心和以前并无不同之处。

- ◆ 1868 年 9 月 15 日："整个殖民地已经陷入债务泥潭，这个国家的大部分财富都用于偿还英国资本家的公共债务和私人债务。"这句话摘自一份新西兰报纸，不过在此之后，他们的境况，当然还有我们的并没有变得更糟。
- ◆ 1972 年 3 月 12 日：《时代》杂志封面报道的标题，"美国是否已经破产？"怎么说呢，至少当时还没有破产。
- ◆ 1983 年：《时代》杂志的另一篇封面报道发出这样的警告，"债务大爆炸：持续负债将全球经济推到悬崖边缘。"
- ◆ 1988 年 2 月 18 日："过度负债的消费者很有可能在本年度削减开支，这将为经济衰退铺平道路。"随后发生的其实是连续两年的经济扩张，在经历轻微的衰退之后，股票市场及整体经济持续高涨，这也成为上世纪整个 20 世纪 90 年代的基本走势。
- ◆ 1991 年 11 月 22 日："但企业依旧被认为过度负债。"再次声明，20 世纪 90 年代在总体上是令人兴奋的 10 年，在全球范围内，无论是企业盈利能力、经济增长还是股票市场，形势一片大好。
- ◆ 2001 年 4 月 2 日："经济繁荣中依旧隐藏着风险，过度负债的房产所有者可能会求助于更多的负债。"请注意，2001 年的经济衰退仅在几个月之后便宣告结束，又过了一年，熊市也走到尽头。而 2007 ~ 2008 年熊市的起点则在 6 年之前。

◆ 2011 年 3 月 15 日："这是一个无解的谜，当前过度负债的发达国家正面临一场经济灾难。"我们不妨拭目以待……

这样的文章不胜枚举，即使是一本书也写不完。尽管人们对负债的顾虑不断升温，但我们这个世界依旧如故，而且总体财富还在不断增长，股市始终处于上涨态势，只不过偶尔会表现出不规则性。诚然，负债确曾带来麻烦，但总体而言，即便顾虑不断，世界依旧前行，实际上，只要回顾过去几年的情况，就能发现这个规律。就在创作本书的时候，发生在 2008 年的金融危机刚刚过去，在这场有史以来最严重的信贷危机过后，企业利润和全球 GDP 便双双创下历史新高。正如第 1 章所指出的那样，实际上，在 2000 年到 2010 年的这 10 年时间里，全球 GDP 翻了一番。在 2011 年和 2012 年，读者们可能还会觉得这是疯子说的话，因负债过度而面临破产的希腊和"欧猪五国"（PIIGS，指葡萄牙、意大利、爱尔兰、希腊和西班牙。——译者注）难道不是最好的证明吗？事实并非如此，他们的经历只能说明，过分的社会福利在财政上是致命的。如果希腊及其他欧元区国家能采取更符合资本规律的政策，哪怕是从现在开始，他们就能实现应有的增长，并且给全世界以应有的信心，他们的经济不会陷入长期困境。他们完全有能力摆脱债务危机，降低利率，从而提高他们的债务偿还能力，我们将在下文里深入探讨这个问题。

我经常倡导这一观点，投资者总是被负债搞得头脑发热，而研究一点历史可以帮助他们清醒头脑，让他们冷静思考。我的批判者们总是指责我如何喜欢负债，说我对负债有一种病态而危险的执著，根本就不是这样，实际上，我坚决反对政府无止境地借债，但我的理由在于我趋向于更小的政府主体。直觉告诉我，作为读者，你们在花自己钱的时候肯定会比那些政客们更谨慎，也更理智。我希望你们多花一点钱，他们少花一点，自己花钱的时候，人们会做出最有利于自己的选择。你可以选择自己创办企业，也可以从其他企业购买自己需要的东西。你可以购买股票，也可以购买债券，或是通过其他渠道为自己存下一笔钱。你可以花钱送孩子去好学校，或是给孩子做畸齿矫正手术。总之，你可以做任何你觉得有意义的事情，或许你会草率鲁莽地挥霍一部分钱，这也是你自己的事！但是请注意，所谓的草率只是其他人的评判，即便如此，你仍然有权挥霍自己的钱财，这是你自己的选择，你确实得到了享受并从中受益。至于这笔钱财的流向，比如用于到拉斯韦加斯旅游、购买一瓶价值400美元的红酒或是给自己买一部老爷车，接受者的收益就是你花掉的这笔钱。不过人们总是弄不清钱都花在哪里，对如何花掉一笔钱的记忆力之差远远超过你想象，这也是本书的一个要点。但自己花钱肯定要好于政府支配这笔钱，不管是地方政府、州政府、联邦政府还是国内政府或者国外政府。

政府花你的钱时，他们根本就不会去想这能给你带来什么好处，他们只想着这种花钱的方式是否有益于为他们提供钱财的人，因为只有这样才能帮助他们实现连任。

人们还会发现，我经常在意识形态的基础上讨论负债问题，这似乎令人费解，我经常受到共和党人的指责，他们说我是固执的民主党人，反过来，民主党人则会把我描绘成一个不折不扣的共和党人。实际上，我既非彻底的共和党人，也非坚定的民主党人。尽管我觉得共和党和民主党都还不错，但我不想附和任何党派的政治家，我憎恨那些打着所谓机会平等旗号的政客。

企业所能承受的债务杠杆

我认为，大多数读者都能理解：一定层次的债务符合基本经济规律，这在企业经营中有着明显的体现。我们知道，很多企业始终在符合市场规律的前提下使用债务杠杆，他们可以通过举债来建造工厂，假如建成后的工厂能实现高于借款成本的长期税收收益，那么，这个决定就是合理的。企业的选择可能是正确的，也有可能是错误的。多数读者都会同意，以合理的风险换取更大的回报在社会福利的意义上是可以接受的，因为在我们的这个世界上，注定会有一些人赚钱，另外一些人赔钱，正因为这些理性的企业承担了一定风险，社会的总体福利才能实现可持续增长。

的确，在某些时候，他们可能会以不负责任的方式使用负债，谁都不能否认这一点。在企业这样做的时候，他们的利润会大受损失，企业甚至可能会因此走向破产，公司的股价一落千丈，股东则愤怒不已，公司的 CEO 或许会因此而被解雇，遭到谴责，甚至被拉到听证会上当庭认罪。企业不当举债并不负责任地使用债务在现实中并不少见，也确实会带来严重的后果。任何一个合法企业的所有者都知道这一点，因此，他们希望企业的债务风险最小化，避免多年苦心经营的企业因为某几个糟糕的决策而毁于一旦。

债务杠杆的价值是显而易见的，如果没有负债，很多公司就无法实现增长、开展研发、扩大生产、引进人才或是实现创新。CEO 们必须以理性的思维权衡债务风险和未来收益，并在此基础上确定最佳负债规模。

尽管很多人声称身怀秘诀，但是在现实中，我们却无从知晓到底什么水平的负债有利于所有企业，甚至是所有行业。有些行业对债务的依赖性确实要高于其它行业，负债是它们生存的基础，它们必须要借钱！假设你拥有一家矿业公司，开展勘探并采掘新矿显然是一件非常困难的事，这个过程需要投入漫长的时间、很多大型设备和劳动力，而这些也是所有资本密集型企业的基本特征。但这么大的投入或许物有所值，回报有可能极为可观。因此，一家矿业公司可能比服务型企业需要更多的举债。在服务型企业，成本仅在于如何找到最合适的人才以及关心和留住这些人才。

多数人都应认识到，企业负债并不会给他们带来很大威胁，真正威胁到我们的还是个人债务，而威胁更大的则是政府债务。本书的宗旨不在于探讨你或是其他什么人到底应该拥有多少负债才算合理，需要考虑这件事的是你自己，还有你的配偶和你的理财顾问。这个问题同样适用于企业：只要负责任地使用债务，回报便指日可待。你或许会使用负债购买一座房产，一辆汽车，或是支付大学的学费，以借债的方式支付大学学费很可能是最经济有效的。但我们也知道，拥有过多负债的结果也是实实在在的。不过，尽管人们普遍认为当今社会举债过度，但是还没有确凿的证据可以说明，整个社会正处于毫不负责的过度负债状态。

在美国，总体偿债规模占收入的比例在最近几年一直处于稳定下降的态势，创下了自 1995 年以来的最低记录。但很少有人会意识到这一点，而且媒体也几乎从未提到过这种情况。

毫无疑问，有些人在读到这些内容的时候可能会说："是的，但这一次不一样！"人们总以为这一次会不一样，而这恰恰是被人们忘记的一部分：就在上个月、上一年或是上一个 10 年，他们的一系列担心都没有成真，或者说事实并不像他们担心的那么糟糕。对社会过度负债的担心早已经不是什么新鲜事，纵观历史，人们始终在危机中前行，有时候是灾难性的大危机，但整个社会依旧在这些危机中前进！

本章将着重探讨政府的债务问题，因为人们最为担心的就是政府过度举债会拖累经济，拖股市的后腿，让整个国家在灾难中喘息。在本章里，我们将讨论如下几个问题：

- 不管现实中人们如何担心预算赤字，历史却告诉我们，人们更应该担心的是预算盈余。
- 了解政府债务的漫长历史，将有助于我们厘清现状并预测发展趋势。
- 发达国家出现债务违约的情况极为罕见，而新兴市场国家则不然。

赤字越高，股市表现越好

请您填写下面的两个空格，在历史上，美国的联邦预算赤字对股票的影响是__________，而盈余对股市的影响则是__________。

如果你对这两个问题的答案分别是积极和消极，那么恭喜你，你回答对了，你可以不必再看这一节内容。

在政治观点上，无论是民主党还是共和党都在不遗余力地攻击预算赤字，他们把造成预算赤字的责任归咎于对手，推卸给上一任政府，或是其他什么东西。但如果他们真正了解某些最基本的经济原理，他们就不会这么急于推脱责任了。

图 5.1 显示了美国联邦预算赤字占 GDP 的百分比，我已经在图中标示出相对的高点即预算盈余和低点即预算赤字。此外，表 5.1 还显示出预算达到相对高点和低点之后 12 个月、24 个月和 36 个月的股市收益率。

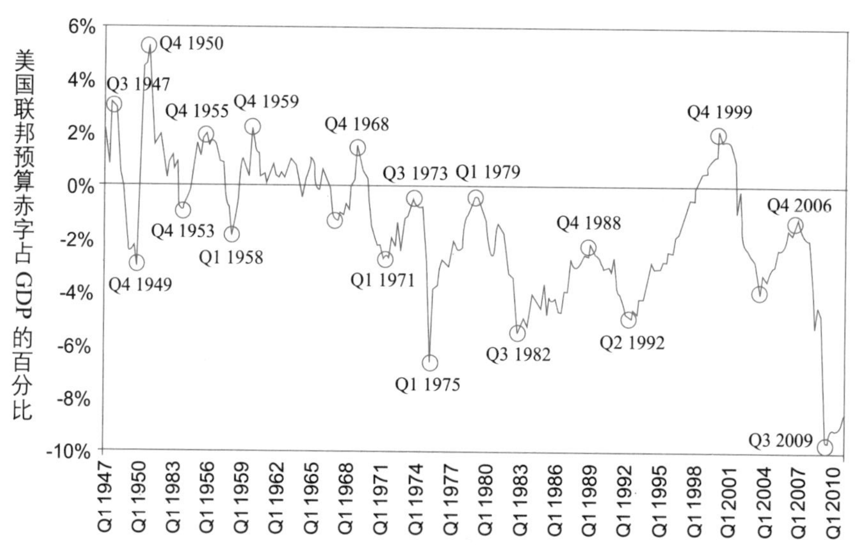

图 5.1　美国联邦预算赤字占 GDP 的百分比

资料来源：全球金融数据公司，美国经济分析局，截至 2011 年 3 月 31 日。

凭借直觉大多数人会想当然地认为，股市回报率将在巨额赤字之后变得更糟，而在巨额盈余之后则明显提高。这是一个重要的教训：永远不要凭借直觉判断任何事情，历史就是最有说服力的实验室，它告诉我们事实恰恰与想象的相反。在盈余达到最高峰的 12 个月之后，股票的平均收益率仅为 1.3%，而在 24 个月后的累计收益率仅为 0.1%，36 个月后的累计收益率也只有 7.1%。需要说明的是，期间还包括几个提升平均值的大牛市，巨额盈余之后的股市收益率存在大幅波动。

表 5.1　联邦预算赤字和盈余达到最高点后的标普 500 指数收益率

联邦预算盈余最高点		随后的标普 500 指数收益率（%）		
日期		12 月	24 月	36 月
1947 年第三季度	年均收益率	2.6	1.6	8.8
	累计收益率	2.6	3.2	28.8
1950 年第四季度	年均收益率	16.5	14.1	6.7
	累计收益率	16.5	30.2	21.6
1955 年第四季度	年均收益率	2.6	-6.2	6.7
	累计收益率	2.6	-12.1	21.4
1959 年第四季度	年均收益率	-3.0	9.3	1.8
	累计收益率	-3.0	19.5	5.4
1968 年第四季度	年均收益率	-11.4	-5.8	-0.6
	累计收益率	-11.4	-11.3	-1.7
1973 年第三季度	年均收益率	-41.4	-12.1	-1.0
	累计收益率	-41.4	-22.7	-2.9
1979 年第一季度	年均收益率	0.5	15.7	3.3
	累计收益率	0.5	33.9	10.2
1988 年第四季度	年均收益率	27.3	9.0	14.5
	累计收益率	27.3	18.9	50.2
1999 年第四季度	年均收益率	-10.1	-11.6	-15.7
	累计收益率	-10.1	-21.9	-40.1
2006 年第三季度	年均收益率	3.5	-20.2	-7.7
	累计收益率	3.5	-36.3	-21.4
平均收益率	年均收益率	-1.3	-0.6	1.7
平均收益率	累计收益率	-1.3	0.1	7.1
联邦预算赤字最高点		随后的标普 500 指数收益率（%）		
日期		12 月	24 月	36 月
1949 年第四季度	年均收益率	21.8	19.1	16.6
	累计收益率	21.8	41.8	58.6
1953 年第四季度	年均收益率	45.0	35.4	23.4
	累计收益率	45.0	83.3	88.1
1959 年第一季度	年均收益率	31.7	14.7	15.6
	累计收益率	31.7	31.4	54.5

（续表）

联邦预算赤字最高点		随后的标普 500 指数收益率（%）		
日期		12 月	24 月	36 月
1967 年第一季度	年均收益率	0.0	6.1	-0.2
	累计收益率	0.0	12.5	-0.6
1971 年第一季度	年均收益率	6.9	5.4	-2.1
	累计收益率	6.9	11.2	-6.3
1975 年第一季度	年均收益率	23.3	8.7	2.3
	累计收益率	23.3	18.1	7.0
1982 年第三季度	年均收益率	37.9	17.4	14.8
	累计收益率	37.9	37.9	51.2
1992 年第二季度	年均收益率	10.4	4.3	10.1
	累计收益率	10.4	8.9	33.5
2003 年第二季度	年均收益率	17.1	10.6	9.2
	累计收益率	17.1	22.3	30.3
2009 年第一季度	年均收益率	8.0	——	——
	累计收益率	8.0	——	——
平均收益率	年均收益率	20.2	13.5	10.0
平均收益率	累计收益率	20.2	29.7	35.1

资料来源：全球金融数据公司，美国经济分析局，截至 2011 年 3 月 31 日的标普 500 指数总收益率。

相比之下，巨额赤字之后的反差十分明显，股市在赤字达到最高点后的 12 个月、24 个月和 36 个月的收益率几乎全部为正。而且收益率数据更漂亮，12 个月后为 20.2%，24 个月之后为 29.7%，36 个月之后则更是达到了 35.1%。如果本能告诉你，在赤字高得即将难以忍受时一定要抛出股票，这只是因为你惧怕赤字，你很可能做出了一个错误的选择，而事实上，反向决策才是正确的。巨额盈余未必是未来一切平安的信号。这里还有一个关键的教训：**千万不要根据某一个因素就冒然采取行动，资本市场是极其复杂的。**

历史已经反复验证了这一点，这个道理在全球范围内适用。在创作于 2006 年的《股票投资就问三个问题》一书中，我指出了德国、日本和英国的预算赤字、预算盈余和股票市场之间的关系，也符合这一规律。每一次出现巨额盈余的时候，我们都会听到巨额盈余预示大繁荣的叫好声，但就平均水平而言，所谓的经济繁荣并没有到来。在这个问题上，所有人都没能从过去的错误中汲取教训，因为他们的记性实在是太差了，忘记得太快了。

通常，人们习惯于把预算盈余视为无上的神灵，是财政状况进入鼎盛时期的预兆，但盈余却未必会改善股票市场的回报。那么，这其中到底有怎样的规律？现实为什么与人们的预想截然相反呢？

巨额赤字是投资的好时机？

政府在面对预算赤字时，往往不得不举债，然后花掉这笔借来的钱。如果不需要花钱，政府也就没有必要去借钱。于是，就像我们刚刚提到的那样，政府花钱的时候，是非常愚蠢的。政府、个人或者机构在借钱、花钱的过程中，这笔钱在第一年的平均转手率为 6 次，美国是这样，其他国家可能会不同。

因此，政府始终是在愚蠢地借钱、花钱，用来建造虚张声势的高速列车或是华而不实的军舰，无非是显示政客们的政绩。不管你认为这些事情有多么的荒谬，这些钱都只能流向三个地方：个人、企业或其他国家。绝对不会存在第四者。这些接受者在拿到这笔钱之后，再去花钱，这些钱最终将主要流向个人和企业，以此类推，这个过程不断重复。货币换手的速度就是所谓的“流动性”。货币的每一次换手，都会有人从中受益，货币换手的次数越多，经济运行中的货币数量也越多，而受益者也就越多。

尽管我希望政府不再愚蠢地花钱，而是把大部分钱留给私人、企业或其他机构支配，但是在某些时候，政府通过举债开支的经济效果还是要好于它既不借钱也不花钱。证据就在于股票市场：股市在巨额赤字之后表现优异，而在盈余之后则差强人意。

应该彻底抛弃意识形态的干扰。这或许会让很多读者想到 2008 年信贷危机之后的经济刺激计划。当然，有些人可能会对这项计划感到怒不可遏，另外一些人则兴高采烈，这或许取决于你的意识形态，但投资毕竟是一项最应该摆脱意识形态干扰的博弈。

那么，奥巴马 2009 年经济刺激计划是否合理呢？毫无意义！那么，奥巴马政府是否还能做得更好一点呢？当然也不会。你我或许还可以做得更好，但他们毕竟只是政客，从本质上来看，他们只是懦夫，因而也只能做出懦夫会做的事情。那么，他们有可能做得更糟糕吗？我认为这是肯定的，他们会做出怎样糟糕的事情都不为过，不管怎么说，他们的举动确实非常愚蠢。不论你此时此刻是否同意，都不重要，对你的投资组合而言同样不重要，你不可能改变这个既定事实。或许你是一位顶级经济顾问，连奥巴马或者其他国家的总统也要倾听你的意见，对你俯首帖耳，对你的指教更是悉数照搬，那么，我的道理显然就不适合你，因为你有充足的赚钱机会。但是对普通人来说，从预测股票市场的角度去检验政策对错没有任何益处，你可以在鸡尾酒会上讨论政策的问题，这没什么，但千万别让这种事情干扰到你的投资决策。

作为投资者，你的职责绝不是无休止地抱怨哪些政策有误，或是因为和钟爱的政治家志同道合而欢欣鼓舞。相反，你的工作就是预测哪些事情最有可能发生，以及它可能带来的结果是什么。你还需要考虑哪些人预期的事情最可能发生，以及这些预期是否符合现实，此外，还要考虑当现实和预期相吻合或者相矛盾时会发生什么，因为推动未来 24 个月或者 36 个月股市动向的正是预期和现实之间的这种差异。

最重要的是判断你的预期是否过于乐观或过于悲观，然后在这个期望缺口中寻找机会。由于很多投资者经常被意识形态以及对负债的本能畏惧所干扰，因此，他们往往不会意识到这一点：**巨额预算赤字并不必然招致股灾，实际上，它们反倒有可能是股票投资好时机即将到来的信号，反之亦然：巨额盈余或许意味着股市灾难就在眼前。**

千万不要因此断定我们应该绞尽脑汁地去预测赤字高峰，相反，我们应该将这种关系理解为，不要因为惧怕巨额赤字就抛出股票。历史经验表明这种行为不可取，现实情况可能比历史数据所体现的更糟糕。因此，一定要记住这一点，因为当我们下一次面对巨额赤字时，权威人士依旧会乐此不疲地警告：经济危机即将到来，他们绝对不会说，“太好了！我们突然想起来，上一次出现这种情况时，股市便多云转晴，一片大好”。

高负债拉动经济繁荣？

人们之所以喜欢盈余、憎恨赤字，一个主要原因在于赤字会增加政府的总体债务水平，而预算盈余则可以用来减少政府负债。人们真正讨厌的是债务总量，对于它，人们只有恨，除了恨还是恨，恨之入骨。

不管是民主党还是共和党，政客们都毫无例外地大声疾呼，不要让我们的子孙身负重债，难道我们真要变成不可救药的败家子吗？反对党真的是一群对后代不闻不问、毫无责任感的怪物！既然如此，千万不要投他们的票，不如把选票投给我！我喜欢孩子，更热爱我们的子孙！

对负债的担心在某种程度上植根于我们的思维深处，人类很早就把借钱看做是不道德的事情，很多文化都信奉这样的行为规则，有些文化至今对借钱行为嗤之以鼻。但这只不过是另一种目光短浅的记忆偏差，历史将会告诉我们应该怎么做。只要想想刚刚发生过的事情：在上个世纪，负债水平的最高点发生在什么时候呢？最低点又出现在什么时候呢？图 5.2 显示了自从存在可靠数据以来的美国联邦债务净值占 GDP 的百分比——你猜对了吗？很多看过这张图的人都觉得它有问题。

在图 5.2 中，债务净值包括所有个人、公司企业、州政府、地方政府、国外投资者和外国政府等共同持有的债务，但不包括政府内部借款，比如联邦政府某个机构向另一个机构借钱，因为这种债务完全可以互相抵消。这就如同你在编制家庭资产负债表时，不需要考虑你借给配偶的 5 元钱一样，因为你知道你们的钱迟早都会成为共有财产，虽然有的时候似乎也不是这样。

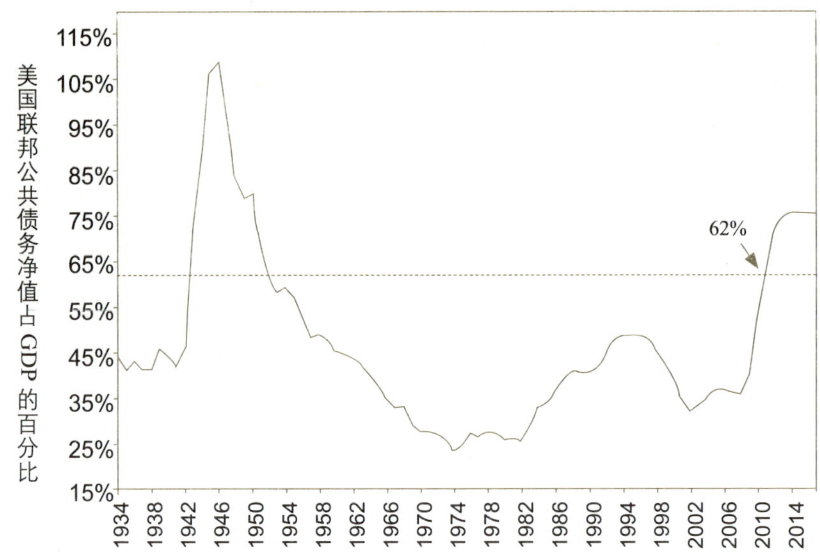

图 5.2　美国联邦公共债务净值占 GDP 的百分比

资料来源：2011 年 5 月《国库指南》（Treasury Direct），国会预算办公室（CBO）。

最近一段时间，美国的债务水平持续增长，不过，读者们对此已习以为常，绝不会对这样的新闻大惊小怪了，需要说明的是，目前的债务水平依旧低于二战时期的历史最高点。有些人或许会说："事实确实如此，但那可是要为战争筹款啊，所以说这完全是两回事"。实际上，两者并没有什么区别，债务就是债务，不可能是别的什么东西。债务可不管你怎么看它，你可以认为它在道义上如同昔日的反法西斯斗争一般无可置疑，或者像蓄势待发的财政刺激计划一样缺乏依据，它就是债务。最重要的在于，只要债务存在，就必须支付利息，贷款方希望自己发放的贷款能够按期偿还，这就是债务的本质。

还记得 20 世纪 40 年代末期和 50 年代的情况吗？对很多美国人来说，这是一段令人难以忘怀的时期，不管是否亲身经历过这个阶段，它带来的都是美好的追忆。农村迅速发展，整个社会一片欣欣向荣，越来越多的人开始拥有自己的汽车和房子，技术创新蒸蒸日上，医疗发展突飞猛进。那也是一个影视行业大爆发的年代，也是人们疯狂迷恋"Howdy

Doody”木偶和“猫王”埃尔维斯的时代，顺便说一句，我的偶像则是“艾克”组合和玛丽莲·梦露。美国经济并没有因为 20 世纪 40 年代的债台高筑而陷入严酷的窘境，可惜人们似乎不习惯于回忆这样的事情。在经历了负债水平相对较低的 70 年代之后，从 80 年代到 90 年代，美国又进入了另一个高负债时期，但整个 80 年代和 90 年代的经济始终保持活力四射，并经历了两次、总计时间接近 10 年之久的股市高涨期。有趣的是，债务净值较低的 70 年代反倒成为人们记忆中最黯淡无光的时期。

当然，我的意思并不是说，低负债会导致经济萧条，或是高负债会带来经济繁荣。相反，我想说的是，对于人们在负债问题上的一切顾虑，历史总会给我们提供一些有益的参照。你或许会认为，在以往某一时刻，美国的高负债成为经济陷入衰退的导火索，但我却没有看到过这样的事例。没有任何证据可以说明，美国的较高负债会导致经济增长速度放缓，同样，也没有证据说明较低负债时期经济增长提速，其他发达国家也没有过这样的例证。

怎样的债务水平才是合理的?

学习过美国历史的学生应该会记得，在美国的历史中，确实存在着一段无负债时期。1835 年，安德鲁·约翰逊用出售西部土地的钱还清了美国的全部债务。就在这之后，美国迎来了大繁荣时期，经济蓬勃发展，社会稳定和谐，整个世界萦绕在一片和平与宁静之中。好吧，我刚刚开了个玩笑，实际上，随之而来的是 1837 年的“大恐慌”，还有 1837 ～ 1843 年期间的经济“大萧条”，这场灾难让今天的经济危机显得像是在花园里闲庭信步。这也是美国历史中破坏力最大的三次经济衰退之一，其他两次分别发生在 1873 年和 1929 年。

80 年的历史或许还不足以说服你，或者你认为美国情况特殊，其他发达国家的历史也许可以证明绝对负债水平的问题，这个想法不错！图

5.3 是我最钟爱的分析工具之一，它显示了 1700 年以来英国债务占 GDP 的比例，这些英国人对数据真是钟爱有加，绝对是保存数据的好手！

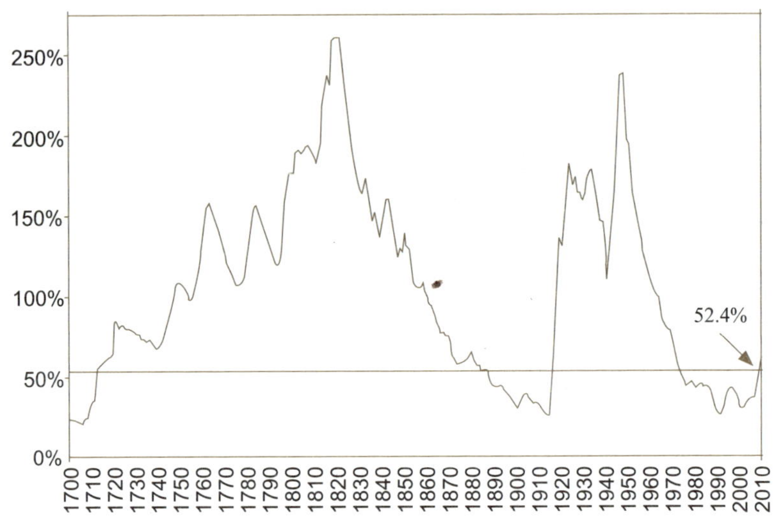

图 5.3　英国债务占 GDP 的百分比（1700 ~ 2011 年）

资料来源：英国财政部，www.ukpublicspending.co.uk，截至 2011 年 6 月，包括到 2011 年的预算预测。

首先，我们应该注意到，英国近期债务水平占 GDP 比重的情况和美国相差不大。此外，在 20 世纪 40 年代至 50 年代，英国都保持着更高的负债率，远远高于美国，其中的原因不言自明，英国毕竟要为战后重建进行大量投入。战后，尽管英国的经济增长率在很长一段时间落后于美国，但高负债却没有让他们陷入灾难。实际上，在刚刚过去的三十年里，英国的 GDP 增长率几乎完全与美国保持同步，在有些年份稍高一点，有些年份则稍低一点，但对于两个几乎以相同速度实现增长的国家来说，轻微的波动很正常。英国在 20 世纪 50 到 70 年代的落后，则很有可能跟意识形态对抗的沉重负担有关，一直到撒切尔时期，英国在这方面的压力才有所缓解。

但这里就有问题了：**在 18 和 19 世纪的大部分时间里，英国的债务**

水平都要远远高于目前。从 1750 年到 1850 年，英国的债务总量几乎始终高于 GDP，而在 19 世纪的前半段，债务总量更是远远超过 GDP 的 150%，最高点竟然达到了 GDP 的 250%！但当时的英国经济却处于历史上的最高峰，因此，债务根本没有给他们带来任何麻烦。也正是在这个时候，英国成为毫无争议的世界头号经济大国，而且也是科学技术创新的领跑者。全球工业革命首先兴起于英国，而登陆美国的时间就晚很多，此时的英国也成为世界制造业的摇篮和中心。在那个时代，信息的传递还依赖于徒步、马匹和信鸽，很长一段时期之后，火车才面世。如果说英国人可以在一个多世纪的时间里维持负债超过 GDP 的状态，并在靠马匹传递信息的情况下，依旧维持世界经济和军事领导者的地位，那么，美国完全可以对当前甚至是更高的债务总量一笑了之，因为最根本的问题在于这些债务的可偿还性。

我们还能否偿还得起？

权威人士总喜欢把模糊的数字作为债务不可持续的标志，他们可以主观地把这个数字定为 GDP 的 90%、100% 或是 160%，或是其他某个数字。但这个数字似乎从不固定。请注意，不管是哪个数字，英国人最终还是在债务超过这个水平的情况下生存了下来。

如前所述，企业的债务水平是千差万别的，每一个企业、每一个行业都有不同的负债率。在企业层面，根本就不存在一个所谓的合理债务水平，既然如此，国家为什么就应该存在一个所谓的合理债务水平呢？从根本上说，一个能在未来实现更高增长速度的国家，应该有能力承受更高水平的债务。为什么这么说呢？因为这些国家往往有更强的偿还能力。但预测未来的经济增长率更多只是在作秀或是自欺欺人，其中的原因我们都已经很清楚了。

的确，债务在达到一定的水平之后可能就不再具有可持续性，但我不知道这个债务水平对美国来说是多少，因为我们还没有遇到过这种情况。我们只能说，它对应着失去债务偿还能力的水平，对美国来说，即便是在当前债务总量居高不下的时刻，我们的负债依旧是可偿还的。而且历史上一贯如此，这一点应该不难看到，但是让我感到不可思议的是，还是有很多人正在寻找证据。遗憾的是，任何报纸或是杂志都不会告诉我们这个数字具体是多少，政治家们也不会告诉我们，那些唯恐天下不乱的妖言惑众者当然最需要这样的证据。显然，这个数字只能有待于实践的证明。

图 5.4 显示了美国联邦债务的利息支付额占 GDP 的比例。目前，这个数字刚刚超过 2%，远远低于 1979 年到 2002 年期间的水平。在这段时间里，美国股市先后在 80 年代和 90 年代经历过两次大牛市，而且整体经济处于快速增长期。从 1984 年到 1996 年，联邦债务的利息支付额接近目前水平的两倍，却没有给经济带来任何负面影响。在这里，我需要再次重申：目前联邦债务的利息占经济规模的比重仅相当于 20 年前的一半！

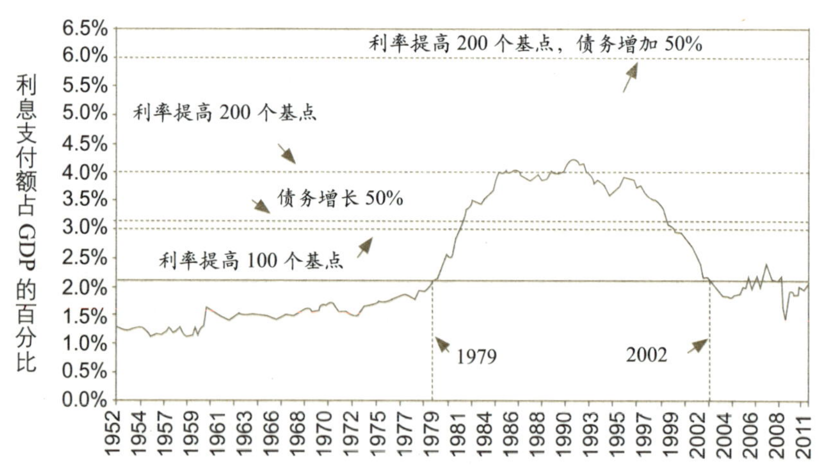

图 5.4　美国联邦债务的利息支付额占 GDP 的百分比

资料来源：汤姆森路透，美联储资金流转帐户，美国经济分析局，财政部，1953 年第三季度到 2011 年第一季度。

那么，我们怎么能做到在拥有更多债务的同时，降低负债的成本呢？其中的一部分原因在于整体经济规模的扩大，一部分原因在于利率的降低，还有一部分原因在于政府对内负债比以往更多，而这些债务是可以相互抵消的。但是就总体而言，当前债务的可偿还性要远远高于 20 年前。这是不争的事实。

我们的债务成本是否会变得更加昂贵？当然会，我们不妨再看看图 5.4。即便利率只上涨 1%，或是债务在目前较高水平的基础上继续增加 GDP 的 50%，债务的利息成本将会增加到 GDP 的 3%。实际上，这是美国在上世纪 80 年代和 90 年代的情况。历史经验表明，即使利率上涨 2%，债务成本所达到的水平也不足以构成威胁。如果我们用这样的方式认识债务，或者说，以偿债的能力来理解债务的规模，那么，我们就会发现，当前的形势并不算严峻。

下面，我们再换一个角度看待这个问题，即联邦债务的利息支付占联邦税收的百分比，目前的这个比例为 9.1%，同样也仅相当于 20 年前的一半，与图 5.4 所显示的状况几乎完全一致。目前债务的偿还性要远远好于 20 年前，这就意味着，我们根本就没有像很多人想象得那样已陷入债务危机。因此，我们没有理由不乐观一点。

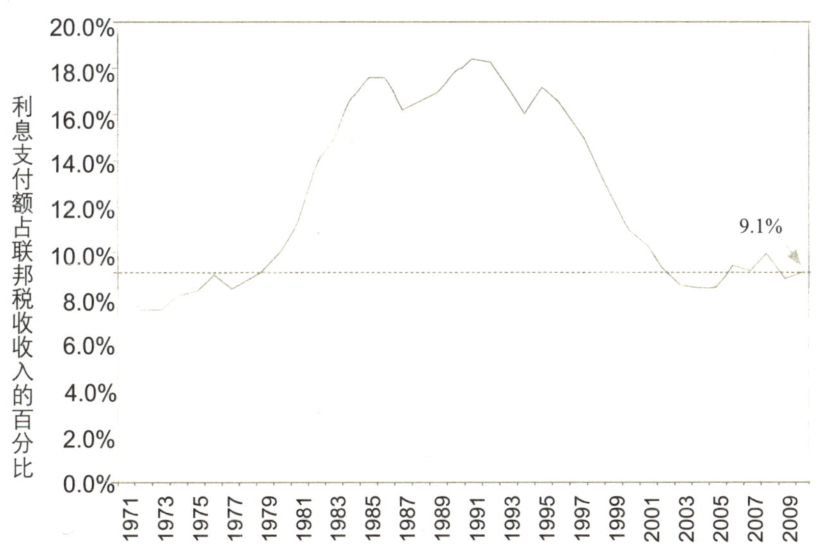

图 5.5　联邦债务的利息支付额占联邦税收收入的百分比

资料来源：美国经济分析局，截至 2010 年 12 月 31 日。

既然如此，我们是否应该无休止地增加负债？当然不是。如果我们不断提高债务水平，投资者可能会担心美国经济的可持续性，这就有可能导致利率上涨，并导致债务可偿还性大打折扣。但我们现在显然还没有处于很多人夸夸其谈的那种债务危机的状态。

这里有一个很有趣的问题：2011 年，也就是我创作这本书的时候，标普调低了美国信用等级，从 AAA 降至 AA+ 级。尽管穆迪和惠誉继续维持对美国的 AAA 信用等级，但有一点是毫无疑问的，三大评级机构之间始终默契有加，因此，穆迪和惠誉迟早会步标普的后尘。在这种情况下，美国国库券的利率会作何反应呢？必然要下跌，而且是跌至史上最低点，于是，国库券的价格会上涨。这看上去很美妙。实际上，在整个 2011 年，尽管国会一直叫嚷着设置新的债务上限，这个纯属主观的指标自 1917 年以来已增加了 103 倍，而且注定会继续增加更多倍，但国库券的利率却始终随着价格的上涨而下跌，仅出现微小波动。

试想一下，如果全世界都觉得目前美国债务的违约风险非常高，他们就会要求以更高的利率为我们提供贷款，事实是，利率的水平不断下调，这就使债务利息的成本越来越低。实际上，我们以往的债务利息成本早已超过了这个临界点，但从没有给我们带来过什么麻烦。

在最近几年，尽管美国债务相对于 GDP 的比例持续提高，但利率却依旧维持低位，甚至有所下降。即便政治家们始终在抱怨我们的债务，对历史的糟糕记忆又总是让我们忧心忡忡，但市场知道，我们的境况离灾难还很远。

欧债危机，路在何方？

债务问题之所以在 2010 年和 2011 年显得尤为敏感，还有一个原因，那就是欧洲五国的债务危机。在 2010 年之前，这五个国家还让我们津津乐道，但是到了 2010 年，希腊便让整个世界为之汗颜：公开承认债务规模已远远超过他们以前所想象的程度。这导致投资者开始担心周边欧元区国家的经济形势。人们很快就发现，葡萄牙、爱尔兰、意大利和西班牙也开始财政吃紧，尽管西班牙的形势稍好一点，意大利似乎与债务危机还有一段距离。人们送给这五个国家一个可爱的绰号“欧猪五国”，但现在看来，这个绰号一点也不可爱了，因为每个人都担心“欧猪五国”会将欧元拉下水。

这种担心不无道理，因为欧元区始终没能解决个别成员国的严重财政问题。他们也没有办法驱逐这些不符合欧元区财政要求的成员国，包括债务占 GDP 的比例以及赤字规模等，而《马斯特里赫特条约》也没有针对这种情况制定相应的救助框架。

比如，希腊不可能通过增发钞票、以通货膨胀的手段解决高负债问题。尽管这不是最佳的解决方案，但很多陷入债务危机的国家曾使用这种手段，而且屡试不爽。为什么呢？因为希腊与德国、法国以及其他 14 个欧元区成员国使用相同的货币。

关于这场信用危机的传播和演变，坊间流传着各种各样的说法。糟糕的是，人们担心一旦希腊债务违约，很可能意味着欧元将由此而陷入极端混乱的无序状态，而这将导致全世界陷入危机。我本人怀疑是否会出现这种状况，至少在 2010 年和 2011 年不会出现这种情况，其他欧元区国家为什么还要借给他们钱？

不管德国和法国怎样考虑欧元，任何人都不愿意看到货币领域发生如此之大的动荡甚至陷入无序状况。因此，欧洲中央银行、国际货币基金组织以及欧盟携手拿出 1 万亿美元援助“欧猪五国”，这笔资金足以满足除意大利之外其他四个国家到 2013 年的偿债需求，意大利的债务尚处于可控状况。这就给欧元区国家留下了处理现实问题、规划未来发展的缓冲时间，因此，目前显然还没有达到无序违约的状态，而且欧元也将存在下去，至少在 2013 年之前是这样的。

丝毫不令人奇怪的是，世界各地的人都在担心债务违约，于是，我们经常会看到媒体大声疾呼：“美国会是下一个希腊吗？”当然不会，图 5.4 足以说明这个问题。和希腊不同，美国从未出现过债务违约现象。

我并不是想冒犯希腊人，但他们肯定不是第一次违约，上一次就发生在上世纪 90 年代中期，只不过多数人已经忘记了。

此外，如果我说得坦率一点，希腊本来是可以按时偿还债务的，只是他们不想为避免违约而做出艰难的抉择。图 5.6 显示了希腊债务利息成本占 GDP 的百分比。1993 年，希腊政府把 GDP 的 12% 用来偿还利息。2010 年，随着希腊公开承认无法按时偿还债务，当年的利息支付占 GDP 的比例减少为一半。此外，从 1989 年到 1992 年，希腊未发行任何长期债券，见图 5.7。零发行，一点也没有！这太不可思议了！已经没有人愿意再借给他们钱，违约风险已经让人们不再相信他们，也不再相信他们的钞票了。于是，希腊就只能按 18% 和 19% 的利率发行三个月短期债券。

假如说希腊在当时还能偿还大部分短期中期利息，那么，即使到了现在，如果外界对他们施加压力，他们依旧有可能还债。他们还是有选择权的：可以出售一部分政府资产，或是降低政府公务员的养老金。最

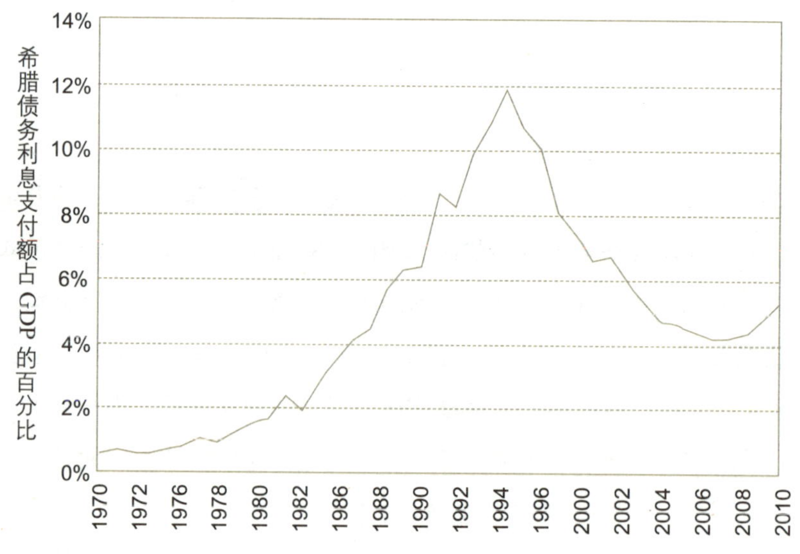

图 5.6　希腊债务利息支付额占 GDP 的百分比

资料来源：汤姆森路透。

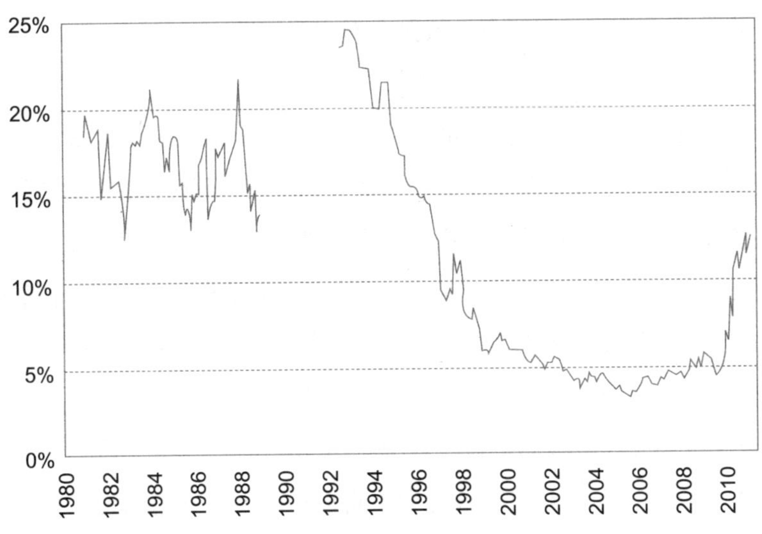

图 5.7　希腊发行的 10 年期主权债务利率

资料来源：全球金融数据公司，截至 2011 年 7 月 31 日。

令人难以置信的是，在希腊，40% 的 GDP 居然来自于政府机构，40% 的劳动力就职于政府机关！对于这个既非社会主义、又非自由市场的经济体制来说，要解决当前的债务问题显然路途漫漫。

值得注意的是，在图 5.7 中，当希腊在上世纪 90 年代初已无法通过长期债券筹集资金时，他们不得不减少债务，这反倒提高了希腊债券的利率，于是，希腊的债务总体水平就出现了图 5.6 中曲线后半段所示的下降。市场总是残酷的，它已经让希腊在上世纪 90 年代体会到了它的残酷，因此，如果整个世界想把希腊推入火坑，市场会再次对希腊进行惩罚。今天，自由市场的无情规律依旧令人生畏：更高的利率，愤怒而骚动不安的年轻人和政府公务员，他们无不让政府感到头疼，尤其是那些无所事事的年轻人，更是让人忧心忡忡。

换句话说，人们对希腊违约的担忧或许会搅乱整个欧元区，甚至是整个世界。因此，希腊的威胁让所有欧元区国家胆战心惊，在这种情况下，希腊自然会选择一种更轻松的出路——争取救助资金。这种情况下，出手相助几乎已经成了所有人最愿意看到的选择。

但同情希腊又让他们陷入尴尬局面，因为作为欧元区成员国，他们不能采取最有利于自己的单边货币政策。不过，在发达国家出现债务违约并非超出想象，事实上这种事情完全是应该预料到的，类似的事情从来就没有间断过。因此，希腊的违约和债务重组不过是再常见不过的事情而已，南美国家一直就拥有对债务国实行救助的传统。同样，他们的违约也不完全与债务水平过高有关，更多地在于这些债务的可偿还性。

美国债务是否会违约？假如美国出现债务违约又会怎样？只要我们的债务还处于可偿还的范围之内，就不会出现这种情况。但永远都不要说绝不会发生，人们对美国可能像希腊那样出现债务违约表示担忧的时候，可能会想到，历史中是否曾经出现过同样的情形呢？毕竟，当主要发达国家的债务总量及债务成本达到一定程度时，便会引发债务违约。不过我还没有找到这样的证据，任何人都不会找到！或许这更会让人们感到惶恐不安，因为未知世界更值得担忧。

在 2011 年夏季，很多权威人士一直在喋喋不休地谈论美国的债务违约问题，在这段时间里，美国的政治家们一直为是否设置新的债务上限而激烈辩论，所谓的债务上限完全是主观事物，在发达国家中，只有丹麦做过这样的事情。这毫无意义，美国从来没有、而且以后也不会出现债务违约问题。美国的纳税收入在扣除债务利息之后仍然绰绰有余。所有关于债务违约的论调不过是政客们在虚张声势、无事生非而已，他们唯恐天下不乱。

作为一个国家，美国从来没有出现过债务违约，当然，某些城市确实出现过违约的问题。尽管大城市出现债务违约的情况极为罕见，但确实发生过，比如说，纽约市在 1975 年、克利夫兰在 1978 年、橘子郡在 1994 年都曾对他们的债务违约。或许加州很快就将面对这样的困境，但这没准是好事，因为这些地方只有在遭遇违约之后才会变得明智一点，学会节俭一点，而不再像以前那样为所欲为。但是上升到国家层面，美国从未对其债务违约，而且在今后的很长一段时间里，也不会出现这种情况，因为我们的债务基本上还处于可偿还的范围，而且在历史上，美国也一贯如此。

当人们在讨论违约的时候，他们联想到的往往是损失所有的钱。但事实上这种状况极少发生。违约也有可能只是延期支付利息，或是对为数不多的几笔借款出现违约，但对其他借款还依旧能按期还本付息。很多市政府在获得贷款后，需要将一笔合同保证金存入相关的偿债基金账户中，如果没有按期向这个偿债基金存入足额保证金，即使能按期向出资者还款，也被视为违约。当然，我并不是想掩盖违约问题的严重性，但违约本身确实不意味着出资者会像很多媒体叫嚷的那样血本无归。

不难理解的是，在美国的历史上，最恶劣的市政贷款违约事件出现在“大萧条”时期。从 1929 年到 1937 年，约有 4 800 笔市政贷款出现违约，占全部市政借款余额的 7%，这的确是一大笔损失，但还算不上灾难。问题的关键就在这里：即便是在那段极端艰难的时期，全部债务的偿还率依旧达到 99.5%。我非常怀疑是不是有人在媒体上看到过这些，因为这正是媒体不愿意报道的那种好消息。换一种说法，在全球经济处于最恶劣的时期，市政贷款的贷款人也仅仅损失了 5% 的资金。

人们对市政贷款违约的担心在 2010 年底达到高峰，下一次衰退之后或许会再攀高峰。为什么会这样？因为随着州政府预算缺口的加大，人们开始担心州政府将无法履行偿债义务。但是在每次经济衰退之后，州预算缺口都会扩大，原因很简单：在经济进入衰退期后，个人所得税、企业所得税和消费税都会减少。当经济出现复苏迹象时，州或地方政府预计税收收入将会增加，事实上此时的税收还在下降，但政府已开始按这样的假设增加开支了。即使在经济真正进入复苏期之后，由于收入增长存在一定程度的滞后性，因此，政府的税收收入同样存在滞后性。此时，政府往往会意识到，必须紧缩开支，否则就会陷入麻烦，因此，出人意料的高税收收入与节奏放缓的开支相结合，共同缩小了预算缺口。这个过程周而复始，而州政府的预算也始终在赤字和盈余之间反复。

因此，到了 2011 年中期，原来在 2009 年和 2010 年占据社会主流的违约顾虑几乎已经烟消云散，原因同样简单，就像我们经常看到的那样，出资者开始意识到州政府的收入已超过预期，最终必然会消除原来的资金缺口。这种情况存在于每一次经济衰退之后，只不过人们总是忘记而已，在每一次经济萧条过后，人们都在惴惴不安，为了从未出现过的大规模违约而提心吊胆。有些市政府确实出现过违约，但并没有带来严重的社会问题，也从未像媒体渲染的那样恐怖。

除美国以外，加拿大和澳大利亚也从未出现过债务违约现象，第二次世界大战之后，欧洲的发达国家始终与债务违约无缘。俄罗斯曾在1998年出现债务违约，尽管俄罗斯是一个大国，但从未被视为发达国家；摩尔多瓦曾在2002年对政府债务违约，不过任何人都不会反对，摩尔多瓦不属于发达国家；此外，乌克兰在1998年违约、俄罗斯在2000年再次违约。关于这一点就无需多言了。

那么，一个主要发达国家是否有可能对其债务违约呢？当然可能，但千万不要不问原因便惊慌失措，至少应该先看看该国债务的可偿还性。这很容易理解，即使一个国家的债务总量达到GDP的400%，但如果利息总额仅为GDP的1%，此时，即使债务总量翻倍，只要利率不发生明显变化，这个国家依旧未必会违约。最关键的还是偿债能力。

没有负债的世界会更好吗？

即使目前对债务的怀疑有所缓和，但这种担心在未来的某个时刻仍会再度爆发，等着瞧吧。如果当前的高负债在总体上没有带来任何灾难，那么，投资者就不会记得任何东西，而一旦再次出现类似情况，他们又会一如既往地开始惶惶不安。

至于负债过度是否会让你考虑调整投资策略，你最好问问自己：“如果没有负债，这个世界是不是会变得更好呢？”有些人可能会以为，没有负债才是最理想的状态，这样的话，人们就可以用现金进行任何交易，政府和企业也可以只用现金。在这种情况下，就不会再有人挥霍还没有到自己手里的钱，听上去的确不错，但你看到的只是表象。

一个没有负债的世界就相当于一个没有美国国库券或是其他政府债务的世界。没有国库券，我们也就不再需要货币政策了，全世界的中央银行就没有存在的意义，当然也就不需要像现在这样忙忙碌碌了。在没有国库券或是像“金边债券”和企业债券之类的其他政府债务的情况下，如何制定货币政策，这个问题曾困扰我很久。如果没有了占银行储备大部分比例的国库券，现代银行体系将怎样为社会提供信贷支持呢？我认为只能回归金本位，但很多原因让我对金本位持反对意见。为什么要把全球货币供给和一种几乎没什么用途的金属联系到一起呢？而那些认为金本位可以让政府摆脱货币政策干扰的人，最好也想一想，把货币的价值钉住黄金绝非易事！但即使货币政策可以重新回归金本位，国库券依旧不可或缺，因为在我们依赖金本位的时候也在依赖国库券。

一个没有政府债务的世界很可能比现在还要糟糕，就像在安德鲁·杰克逊还清所有政府债务后的美国那样，我们当然不希望再次经历那样的噩梦。摆在我们面前最现实的问题应该是债务在总体上的可偿还性，在这个问题上，美国的债务至少在 2011 年和 2012 年是完全有能力得到偿付的。

第6章 远离热门股

为什么有如此多的投资者钟情于小盘股？怎样才能把握股市中的供求规律？既然长期预测如此不靠谱，投资者为什么还前仆后继地掉入这些投资陷阱？从索罗斯到巴菲特，这些投资大师成功的秘诀又是什么？

Markets Never Forget (But People Do)

当一只股票或是一个行业、板块甚至是整个市场的收益率非常低的时候，就很有可能是买进的最佳时机。

有些投资者在骨子里深信，小盘股永远是最佳投资对象，还有一批人对小盘价值股情有独钟，到底谁对谁错呢？

有些人则坚信大盘股最值得投资，不对，应该说大盘成长股才是最好的，因为它们稳定而且安全。另外一些人则声称科技股最好，不，最好的应该是高股息股票。也不是，还是德国的中盘工业股最好。不管是哪一类股票，也不管盘面大小或是范围宽窄，每一种股票都有其坚定的拥护者，他们严格遵守自己的投资原则，坚守固有的投资理念，没有过丝毫的动摇。

这决不是盲目信仰，因此，他们也想让你接受并遵从这些信仰！他们会向你展示数据，说明他们选择的股票是最好的。有时候，他们确实能拿出这样的数据，但也只是短期的数据，偶尔，他们也能给这类股票做出精彩的定义。但更多时候，他们就只能依赖漏洞百出的指数了，或是干脆进行一番根本就站不住脚的计算。不管怎么说，他们总能找到各种各样的办法，杜撰出他们需要的证据，但归根到底，都是错误的。

在某种情况下，某些类型的股票确实取得过不凡的历史业绩。例如，根据目前可以得到的最早数据，小盘股的业绩的确超过市场大盘。自

1926 年 2 月以来，小盘股的年均收益率为 12.0%，而大盘的平均收益率则是 9.9%。但是在把自己标榜成“永远的小盘股支持者”之前，有一点不能不提：在赞赏小盘股超级收益的同时，你可能忽略了买卖价差，尤其是在上世纪三四十年代，小盘股的买卖价差非常可观，有些时候甚至会达到买价的 30%。此时，只需转手买卖就可以获得巨额利润，但这种收益显然不是来自长期的指数性收益。此外，小盘股在熊市结束时往往更容易出现大幅反弹。小盘股有史以来最大的四次触底反弹分别发生在 1932 ～ 1935、1942 ～ 1945、1974 ～ 1976 和 2002 ～ 2004 年，但大盘股的总体收益情况还是要优于小盘股，从长期来看，小盘股给投资者带来的更多的还是痛苦。

尽管这些超级反弹使小盘股在短期内令人兴奋，但从综合收益来看还是大盘股战胜了小盘股。不过，大盘股以长期增值方式来战胜小盘股所需要的时间太长，以至于投资者会感到难以忍受，有时甚至会抓狂。尽管如此，只需看看历史上持续时间最长的牛市，我们就会发现，股市上真正的主宰者仍然是大盘股。此外，当多数大牛市结束时，下跌更快、表现更糟糕的也是小盘股。当然，如果我们能够准确预测投资时机的话，大盘股与小盘股之争就变得毫无意义。

认为某一类股票拥有超长期收益能力的想法，同样源于我们短浅、善忘的记忆，而回顾历史就可以让我们彻底放弃这些固执的信念。此外，坚信某一类股票具有超常投资潜力的另一个原因，是对资本市场基本运行规律缺乏最基础的认识。

和本书提到的很多善忘事件相比，上述误区不仅仅是对历史的淡忘，甚至是一种主观的曲解。**认为某一类股票具有天然的优越性，或是坚守着具有特定规模、风格、板块或内涵的某种股票，可能会让投资者犯下严重的错误，比如说，投资过度集中于某一领域，拒绝适时调整投资组合，或是错过风险管理的最佳机会。**

这种思维偏差会导致投资者的业绩在较长时期内落后于大盘。而长期落后于大盘又反过来会让我们的大脑犯更严重的错误，比如说，盲目追逐热门股、轻易放弃原本恰当的长期投资策略以及因过度恐慌而在低价时抛出等等。

在本章里，我们将对如下问题进行讨论：

- 为什么说任何类型的股票在本质上都不具有优越性?
- 在股票市场中，长期偏爱某一类股票和长期预测一样，都是错误的。
- 理性投资者如何变成热门股的追求者?
- 回顾历史，发现某些股票有可能成为佼佼者的时刻。

如何利用市销率找到“强势股”?

我本人对小盘价值股有一点情有独钟，这也是我职业生涯的起点，在那个时候，我和很多同行提出把小盘价值股作为机构投资者的指导原则。而今天机构投资的基本原则通常有如下六个标准：大盘成长股、大盘价值股、中盘价值股和中盘成长股以及小盘价值股和成长股。

说起来让人难以置信，直到20世纪80年代末，小盘价值股还没有成为一种名正言顺的投资类别，当然就更没有人对这种股票进行专业化管理了。在我的第一本书《超级强势股》(*Super Stock*) 中，我首次提出了市销率 (price-to-sales ratio，简称PSR) 这种估值工具，并在此后始终将它作为市场分析的基本工具。在我创作那本书以及针对市销率发表相关论文之前，找不到任何有关于它的文献，实际上这个概念在此之前根本就不存在。

市销率的基本目的，就在于识别盘面较小而且市场估值严重偏低的股票，即小盘价值股。这个想法的关键在于能否找到因运气不佳而陷入困境的企业，这些企业可能无法实现盈利，因而也经常没有市盈率，但随着境况改善，企业的盈利能力大幅反弹，其股价也会随即飙升，这就是我所说的强势股!

市销率这一分析工具在很长一段时间内表现优异，但是在预测方面意义不大，如果您想了解更多的相关内容，不妨看一看《投资最重要的三个问题》。即使是在今天，这个指标依旧被投资者广泛使用，随处可见，但是其发掘能力已经大打折扣。其中的部分原因在于我自己：我不仅专门写了一本关于市销率的书，还通过《福布斯》的专栏评论及其他渠道对这一概念进行了广泛的普及。任何一种广为人知的东西都会丧失其原本的魅力，这样的规律不仅适用于信息，更适用于投资分析工具、投资方法和估值技术。那我为什么还要普及我的制胜法宝呢？我并不认为自己聪明到了可以发现别人无法发现的东西的地步，因此，我还是希望市销率不再神秘莫测。但是与市盈率（PE）、市净率（PB）以及其他很多估值工具相比，市销率依旧行之有效。在某些时候，它的预测功能还是强于很多工具，而且是在很多人认为市销率毫无预测能力的时候。但是就本质而言，无论是市销率还是任何其他估值工具都不能够告诉我们，一只股票在什么时候会表现卓越或者差强人意。

尽管我在情感上略微倾向于小盘价值股，但无论是现在还是将来我都不认为它们在本质上优越无比。的确，小盘价值股会在某些时期成为市场的领跑者，但在另一些时候也会成为落后者。历史就是最好的证明。我们有足够的理由认为，在根本上，任何结构合理的投资组合在长期内都应具有相似的收益水平，为什么呢？

长期收益真的难以预料？

和市场上任何可以自由买卖的东西一样，股票的价格同样遵从供求规律，在学校的时候，老师就告诉我们，商品供给与需求的变化取决于人们对它的渴望程度。那么，需求方在既定的价格水平下，对某种商品的渴望程度到底有多强烈呢？供给者在既定价格水平下提供这种商品的意愿度又怎样呢？和其他更为理性的属性相比，渴望程度则更多的是一种心理层面的属性。

在非常短的时期内，比如说在未来的 12 个月左右的时间里，供给是相对固定的。公司首次发行或者增发新股会增加股票的供应量，而公司破产、股票回购以及以并购则会减少股票的供应量。在股票的市场估值较高时，公司出于理性考量，通常会发行新股，对他们来说，这样做毕竟成本低廉。而在看到其他公司发行新股时，公司则会受情绪左右而倾向于发行新股。但发行股票毕竟需要很漫长的一段时间，需要符合各种监管规定并满足投资银行的要求，而且还要公开披露发行新股的目的。回购和并购也不是眨眼之间就能完成的事情。因此，直到 12 个月，最多 24 个月之后，我们才能估计股票供应量将是多少，但是很难对如此巨大的数量做出准确的预测。因此，在较短时期内，股票的需求变化主要还是取决于股票价格的涨跌。相对于供给，短期需求则是变化不定的，而且可能会出现快速涨跌。

但是在较长时期内，股票的供给则处于几乎不间断的增长或减少状态中，因而供给量对股票价格的影响要超过其他任何因素。和其他因素相比，3 年、5 年、7 年、10 年或是 37 年之后的股票价格显然更依赖于未来的供给压力，而且，长期供给在总体上是不可预测的。

为什么会这样呢？原因之一是投资银行，还在 2011 年的时候，投资银行家们受到异口同声的讨伐。不管怎么批判他们，投资银行确实为企业进入资本市场提供了完善的基础性社会服务，这其中既包括股票发行也包括债券发行。他们还可以帮助企业实施收购与合并。如果没有资本市场以及它所创造的股票发行及回购功能，企业就不可能进行融资，就不可能实现增长，或是进行资本结构的优化以及为股东创造价值。我们当然都希望公司能够不断增长，只有这样，他们才能增加就业，实现创新，进行研发，创造出不断满足人们更多需求的新产品和拯救更多生命的新药物。你希望企业能雇佣更多的劳动力，开发出某种儿童疾病的疫苗，你可以不喜欢投资银行家，而且你自己也可以不从事这种职业，但是，不管你怎么诅咒他们，至少应该允许他们存在。

当某类股票被市场追捧并成为热门股时，市场对这类股票的需求就会暴涨，比如说上世纪 90 年代末的科技股和 70 年代末的能源股，我曾在 2010 年创作的《揭穿真相》一书中详细讨论过这个问题。投资银行家在看到这种需求之后，就会通过帮助公司发行股票满足这种需求。如果操作合理的话，这项业务可以为他们带来丰厚的回报，当非上市公司发现这种需求可以帮助他们轻而易举地筹集到资金时，他们当然希望公开上市。更多已上市公司也会意识到，他们可以通过这种方式，轻松地筹集到用于建立新产品线的资金，然后进军其他热门领域。他们也可以通过发行股票筹集到用于收购其他小企业的资金，不管怎么说，结果都是一样的。

于是，投资银行就会不断向市场提供这类时下最热门的股票，直到供给超过需求为止。于是，需求回落，股票价格开始下跌，以至于这些股票所代表的公司可能希望回购一部分股票。在某些情况下，股价可能会在短时间内大幅暴跌，譬如 1980 年的能源泡沫和 2000 年的科技泡沫。另外一些情况下，股价可能缓慢下跌，此时，市场对其他类别股票的需求会相应增加，于是，投资银行又会增加这些股票的供给以满足市场需求。与此同时，冷门股所代表的公司可能会破产、回购股票或是被其他公司收购，这些冷门股的过剩供给逐渐被市场消化，这个过程在资本市场上循环反复，周而复始。

因此，随着市场需求在不同类别的股票之间转换，供给实际上总是处于无休止的扩大和收缩状态之中，这种转换毫无规律，但是永不停息。**任何一种股票都不具有优于其他股票的永恒属性，也不可能天生就能吸引投资银行增加或者减少这种股票的供给，唯有需求才是真正的动力。**只要搭配合理，任何一类股票在经过独特的历程之后，最终都将在较长时期内给投资者带来基本相近的回报。股票价格的每一次波动都来源于不可预测的供给变化，当然，你或许能一开始就从小盘股的买卖价差中大赚一笔。

这就是那些对某类股票情有独钟者最终必将大失所望的原因。当然，某些类型的股票的确能在较长时期内引领风骚，有时候，它们表现优异的时间如此之久，以至于会让很多人以为，这些股票将永远担当股市的领导者。但迟早会有一天，这些股票的牛市行情会调转方向，成为市场的落伍者。在一个总体能实现风险分散的投资组合中，你对某些股票的偏爱应该建立在合理估值的基础之上，也就是说，基本面因素是否会在未来 12 个月里，最多 24 个月支持这种股票，而不应建立在你认为这种股票天生就是胜利者的思想之上。

图 6.1 可以让我们从另一个角度理解这个问题，它显示出某些大类股票的年收益情况，包括美国大盘股、美国小盘股、成长股、价值股、外国股票以及债券如巴克雷总体债券指数等。这张图看起来有点像一个大拼盘，它确实是一个大拼盘。领先者与落后者轮番替换，有时候甚至转瞬即变，有些证券可能长期受宠，比如大盘成长股在 1995 年到 1998 年间的表现，随后便突然成为最糟糕的落后者。当然最好的也不一定都会变成最差的，某些时候，有些股票可能只是灵光一现，或者只是毫无规则地波动。但无论如何，我们无法找到一种可以识别的规律，即便是在 20 年的时间里，我们也不能找到证据说明，哪一类股票会始终对你忠心耿耿。

从图中不难发现，**没有哪一类股票拥有超乎寻常的优越性，只需看看几年的市场经历，我们就可以彻底推翻某些股票天生就是胜利者的谬论。**而对某一类股票情有独钟只能说明，你确实忘记了历史的教训，甚至是刚刚发生的历史，而且我们都知道，很多投资者都是善忘的。

图 6.1 带给我们的另一个关键启示是：在没有任何基本面依据的情况下就认定某种股票优于其他股票，你实际上就是在追逐潮流。也许这种策略偶尔会带来暂时的收获，但更多时候结局相反。

情有独钟的爱就像长期预测，都不靠谱

长期追逐某类股票的另一个问题是，它和长期预测没有什么区别。尽管长期预测很少成功，但人们还是在乐此不疲地去尝试，而且他们的尝试总会成为媒体大肆炒作的素材。为什么会这样呢？我的看法是，那

些总喜欢预测股票将在未来 10 年这样、那样的人都知道，大多投资者目光短浅而且健忘，哪怕只是几年之后，人们就会把那些预测忘得一干二净。所以，他们才敢肆无忌惮地做出各种荒谬而大胆的预测，实际上，极少会有人去验证曾经的预言！而媒体行业更是从来不做这种事。

我可以肯定地说，对任何超过 24 个月的预测，你都可以置若罔闻，并且这不会给你带来损失，因为要想知道哪类股票会在 3 年、5 年、7 年、10 年甚至是 37 年之后成为市场上的佼佼者，你首先就需要知道，投资银行会在哪个时间到来时增加哪类股票，或是哪类股票的供给会出现大幅萎缩。谁会知道那么遥远的事情呢？况且在 3 年、5 年、7 年、10 年或者 37 年之后，投资银行里的 CEO、CFO、投资者以及参与股票市场的其他人依赖的或许是新的市场因素，而这些因素是任何人目前都无法预测的。

当然，从长远来看，任何一种资产无论其类别、规模、板块、风格或是所处行业，都有可能长期领先市场。但现在的我们却无从预知。我之所以经常提醒投资者，是因为某些股票能在过去较长时期内表现优异，并不意味着它现在一定要走下坡路。但人们还是习惯于用这种观点去看待股票，很多人相信，如果牛市持续时间太长，即一旦超过平均时间，牛市就必定会告一段落。这绝非事实！即使是平均数也是在大量个别数的基础上形成的，任何一个类别的股票都可能存在着支撑其长期业绩超过平均水平的基本面因素。但我们无从知晓到底哪类股票会在未来 10 年成为市场的领先者，除非我们能知道这类股票在未来 10 年内相对于其他类别股票的供求状况，但这是不可能知道的。

历史中的预测，有多少被验证？

早在 1894 年，有人曾在《时代》杂志上做出一个预测：1944 年，伦敦的街头将被 9 英尺的粪土所覆盖！马车的日益普及会让这个预测迟早有一天变成现实。但今天我们都知道，这个预测纯粹是瞎扯。

即便在过去 70 年里从未去过伦敦，你仍可以信誓旦旦地说，那里的街道不可能覆盖 9 英尺的粪土，蒸汽机的出现也是迟早的事情。人们

1991	1992	1993	1994	1995	1996	1997	1998	1999	2000
Russell 2000 Growth **51.2%**	Russell 2000 Value **29.1%**	MSCI EAFE **32.6%**	MSCI EAFE **7.8%**	**S&P/Citi Growth 39.4%**	**S&P/Citi Growth 25.7%**	**S&P/Citi Growth 33.5%**	**S&P/Citi Growth 41.0%**	Russell 2000 Growth **43.1%**	Russell 2000 Value **22.8%**
Russell 2000 **46.0%**	Russell 2000 **18.4%**	Russell 2000 Value **23.8%**	**S&P/Citi Growth 3.9%**	**S&P 500 Index 37.6%**	**S&P/Citi Value 23.9%**	**S&P 500 Index 33.4%**	**S&P 500 Index 28.6%**	**S&P/Citi Growth 35.9%**	Barclays Agg **11.6%**
S&P/Citi Growth 44.1%	**S&P/Citi Value 9.5%**	Russell 2000 **18.9%**	**S&P 500 Index 1.3%**	**S&P/Citi Value 37.2%**	**S&P 500 Index 23.0%**	Russell 2000 Value **31.8%**	MSCI EAFE **20.0%**	MSCI EAFE **27.0%**	**S&P/Citi Value 6.5%**
Russell 2000 Value **41.7%**	Russell 2000 Growth **7.8%**	**S&P/Citi Value 16.6%**	**S&P/Citi Value −0.6%**	Russell 2000 Growth **31.0%**	Russell 2000 Value **21.4%**	**S&P/Citi Value 31.5%**	**S&P/Citi Value 16.3%**	Russell 2000 **21.3%**	Russell 2000 **−3.0%**
S&P 500 Index 30.5%	**S&P 500 Index 7.6%**	Russell 2000 Growth **13.4%**	Russell 2000 Value **−1.5%**	Russell 2000 **28.5%**	Russell 2000 **16.5%**	Russell 2000 **22.4%**	Barclays Agg **8.7%**	**S&P 500 Index 21.0%**	**S&P 500 Index −9.1%**
S&P/Citi Value 22.2%	Barclays Agg **7.4%**	**S&P 500 Index 10.1%**	Russell 2000 **−1.8%**	Russell 2000 Value **25.7%**	Russell 2000 Growth **11.3%**	Russell 2000 Growth **12.9%**	Russell 2000 Growth **1.2%**	**S&P/Citi Value 4.7%**	MSCI EAFE **−14.2%**
Barclays Agg **16.0%**	**S&P/Citi Growth 4.5%**	Barclays Agg **9.8%**	Russell 2000 Growth **−2.4%**	Barclays Agg **18.5%**	MSCI EAFE **6.0%**	Barclays Agg **9.7%**	Russell 2000 **−2.5%**	Barclays Agg **−0.8%**	**S&P/Citi Growth −22.2%**
MSCI EAFE **12.1%**	MSCI EAFE **−12.2%**	**S&P/Citi Growth 0.2%**	Barclays Agg **−2.9%**	MSCI EAFE **11.2%**	Barclays Agg **3.6%**	MSCI EAFE **1.8%**	Russell 2000 Value **−6.5%**	Russell 2000 Value **−1.5%**	Russell 2000 Growth **−22.4%**

图 6.1 绝不存在永保胜利的股票类型

资料来源：汤姆森路透。

2001	2002	2003	2004	2005	2006	2007	2008	2009	2010
Russell 2000 Value **14.0%**	Barclays Agg **10.3%**	Russell 2000 Growth **48.5%**	Russell 2000 Value **22.2%**	MSCI EAFE **13.5%**	MSCI EAFE **26.3%**	MSCI EAFE **11.2%**	Barclays Agg **5.2%**	**S&P/Citi Growth** **34.6%**	Russell 2000 Growth **29.1%**
Barclays Agg **8.4%**	Russell 2000 Value **−11.4%**	Russell 2000 **47.3%**	MSCI EAFE **20.2%**	**S&P/Citi Growth** **9.3%**	Russell 2000 Value **23.5%**	**S&P/Citi Growth** **10.3%**	Russell 2000 Value **−28.9%**	Russell 2000 Growth **34.5%**	Russell 2000 **24.9%**
Russell 2000 **2.5%**	MSCI EAFE **−15.9%**	Russell 2000 Value **46.0%**	Russell 2000 **18.3%**	**S&P/500 Index** **4.9%**	**S&P/Citi Value** **19.7%**	Russell 2000 Growth **7.1%**	Russell 2000 **−33.8%**	MSCI EAFE **31.8%**	Russell 2000 Value **24.5%**
Russell 2000 Growth **−9.2%**	**S&P/Citi Value** **−16.2%**	MSCI EAFE **38.6%**	**S&P/Citi Value** **15.3%**	Russell 2000 Value **4.7%**	Russell 2000 **18.4%**	Barclays Agg **7.0%**	**S&P/Citi Growth** **−35.5%**	Russell 2000 **27.2%**	**S&P/Citi Value** **17.1%**
S&P/Citi Value **−9.6%**	Russell 2000 **−20.5%**	**S&P/Citi Value** **31.6%**	Russell 2000 Growth **14.3%**	Russell 2000 **4.6%**	**S&P 500 Index** **15.8%**	**S&P 500 Index** **5.5%**	**S&P 500 Index** **−37.0%**	**S&P 500 Index** **26.5%**	**S&P 500 Index** **15.1%**
S&P 500 Index **−11.9%**	**S&P 500 Index** **−22.1%**	**S&P 500 Index** **28.7%**	**S&P 500 Index** **10.9%**	Russell 2000 Growth **4.2%**	Russell 2000 Growth **13.4%**	**S&P/Citi Value** **1.9%**	Russell 2000 Growth **−38.5%**	**S&P/Citi Value** **21.6%**	**S&P/Citi Growth** **14.1%**
S&P/Citi Growth **−19.5%**	**S&P/Citi Growth** **−30.2%**	**S&P/Citi Growth** **26.8%**	**S&P/Citi Growth** **6.3%**	Barclays Agg **2.4%**	**S&P/Citi Growth** **11.4%**	Russell 2000 **−1.6%**	**S&P/Citi Value** **−38.9%**	Russell 2000 Value **20.6%**	MSCI EAFE **7.8%**
MSCI EAFE **−21.4%**	Russell 2000 Growth **−30.3%**	Barclays Agg **4.1%**	Barclays Agg **4.3%**	**S&P/Citi Growth** **2.3%**	Barclays Agg **4.3%**	Russell 2000 Value **−9.8%**	MSCI EAFE **−43.4%**	Barclays Agg **5.9%**	Barclays Agg **6.6%**

Russell 2000　罗素 2000 指数
Russell 2000 Value　罗素 2000 价值指数
Russell 2000 Growth　罗素 2000 成长指数
MSCI EAFE　摩根士丹利资本国际欧澳远东指数
Barclays Agg　巴克莱综合公债指数
S&P/Citi Value　标普 / 花旗银行价值率
S&P/Citi Growth　标普 / 花旗银行增长率
S&P 500　标普 500 指数

总是习惯于顺理成章地幻想这个世界，好像我们的社会曾是清洁无暇、没有污染的山水田园般的乌托邦，那些以这种方式看待所谓田园生活的人可能从未在农村生活过。马粪绝不是像很多人想象的那样绿色环保，它也会污染我们的水源。此外，在 19 世纪末的都市中，人们曾因为过量吸入粪便产生的沼气而大范围感染呼吸疾病。事实上，它们的危害还不止于此，因为粪便的颗粒会大量悬浮在空气中。你想过汽车释放出的大量温室气体吗？但汽车却并不是制造二氧化碳的罪魁祸首，事实上，即便是在今天，二氧化碳最主要的来源依旧是牲畜。但没有人会把蜡烛放在马匹、耕牛或是其他牲畜的屁股上，认为我们的世界正在变得越来越肮脏、而不是越来越洁净的观点显然充满偏见。

某些人对人类未来的看法或许更悲观，但我恰恰认为，利益是社会福利最强大的发动机，这当然也包括对我们生活环境的改善。历史的经验说明，资本主义国家的环境清洁度始终好过其他国家。随着社会财富的增加，人们变得越来越有创造力，而且环境也变得越来越好。

真正的环境保护者并不担心未来，他们坚信，更多的创新与发明会让我们的这个世界更清洁，会让我们更强大。他们也不担心工业，他们相信工业还将继续发展，因为工业是让社会变得强大、富有的手段，历史告诉我们，只有更强大的社会才是更坚定的环境保护者。

那么，所有这一切与投资有什么关系呢？因为投资者在进行长期预测的时候，也会这样目光短浅。他们只是在按目前的假设预测未来，但这些假设会随时发生变化，而且会发生翻天覆的变化！伦敦的街道不会覆盖粪便，因为有人发明了汽车！但是在当时还不会有人想到这个，就像没有人知道 5 年、10 年或是 20 年之后哪些因素会影响股票的供给和需求一样。

ERP 不过是一个玩笑似的长期预测工具

学术界偏爱的长期预测工具，股权风险溢价（equity risk premium，ERP）同样不够科学。这个概念本身并没有错误，它的含义在于：我们在投资股票时承受着额外的波动性风险，因此股票收益率应在长期内超过国库券的无风险利率。我认为这是一个极端肤浅的利率，我相信不会有人反对我的看法。正是在我们利用它来预测未来的时候，事情才变得无法预测。

计算历史的股权风险溢价并不困难，只需选取一段时期的股票年收益率，然后扣除同期国库券的利率，便是股票的风险溢价。有些人认为应采用 1 年期国库券的利率，还有一些人则主张采用 10 年期国库券利率，这的确很重要。由于股票是一种长期投资，因此我趋向于认为最好以 10 年期利率为准，而我不介意某些人对这一看法持反对态度。因为这毕竟不会对最终结果产生任何实质性影响。从 1926 年到 2010 年底，美国股票的年均收益率为 9.8%，而 10 年期国库券的利率是 5.3%，因此，美国股票自 1926 年以来的风险溢价为 4.5%。这很公平：投资者因承担额外的波动风险而获得超过平均值的回报率，这应该就是我们预料的结果。

但学术界在股权风险溢价这个概念上的问题在于，他们总是尝试着计算未来的股权风险溢价。因此，如果 10 年期国库券目前的利率是 3%，而且有些人预测 10 年后的股权风险溢价为 2.5%，那么按照他们的预测，股票在未来 10 年内的年均收益率将是 5.5%，尽管远远低于历史上的平均收益率，但还算不上灾难。请注意，按照我的经验，大多数按股权风险溢价预测的股票收益率非常低，尽管并非总是如此。实际上，这只是很多投资者心理偏差或者说市场心态的延伸。很显然，对市场持悲观情绪的学者倾向于做出悲观的预测，当整个社会的情绪趋于悲观时，必然会导致较低的股票风险溢价预期。

此外，在上世纪 90 年代末，由于此前 10 年股票市场始终保持非常高的收益率，因此，很多人自然而然地预测，未来 10 年将迎来更大的回报，见第 4 章。当然，这样的预测并没有成为现实。到了今天，大多数股权风险溢价模型都已经黯然失色，它们的预测只不过是过去的延伸而已，这显然不是一种好的预测方法。

对未来 ERP 及其他长期预测模型的迷恋源自于我们的短视，我还从来没有遇到过可以经受实践检验的预测模型。即使偶尔出现过这样的模型，也只不过猜对了极少数时期，而且凭借的几乎完全是运气。

ERP 模型存在致命缺陷

不管在形式上有多么不同，所有股票风险溢价模型都存在着共同的致命缺陷。首先，就像前面提到的伦敦街道上的粪便，学术界采用的大多数股票风险溢价模型均以当前甚至是过去事件为基础对未来进行预测。他们所作的工作无非就是收集当前股息率、目前的通货膨胀率股以及过去 10 年的每股平均收益，再扣除目前的债券收益率，他们把这些东西堆砌到一起去预测未来。**很显然，过去 10 年的每股平均收益根本就不能说明未来将如何演变，今天的通货膨胀率、股息率和债务收益率，或是其他纳入 ERP 计算的历史要素或当前要素，同样也不能预测市场将向何处发展。**

其次，他们似乎也忘记了历史上的其他市场表现，即便是刚刚过去的历史。大多数股票风险溢价模型通常会得出非常稳健的预测结果，比如说 2.0%、2.5% 或是 3.0%。但是在长期内，实际的 10 年期股票风险溢价存在着较大的波动性。

表 6.1 显示出以往 10 年期的股票风险溢价。我们会注意到，10 年期的股票实际年均收益率本身就是变动的，见第 3 章，在上个世纪，50 年代的股票年均收益率为 19.3%，90 年代为 18.2%。而收益率在整个 10 年间均保持负值的次数非常罕见，30 年代的股票年均收益率为 -0.1%，21 世纪第一个十年为 -0.9%，几乎相当于没有变化。但股票风险溢价却始终处于剧烈的震荡之中。20 世纪 60 年代和 20 世纪 80 年代的股票风险溢价接近于其长期平均值 4.5%，但同期的股票收益率却远离“平均水平”。

这里还有另一个问题，很多投资者担心，本世纪首个无为的 10 年将预示着股票陷入长期困境。但我们看到的现实是，当股票风险溢价经过负值 10 年之后，往往会在随后较长时期内转为明显的正值。

表 6.1　历史上的 10 年期股票风险溢价（ERP）

10 年期	10 年期国库券年均收益率（%）	标普 500 指数年均收益率（%）	股票风险溢价（%）
1930 ~ 1939	4.0	-0.1	-4.1
1940 ~ 1949	2.7	9.0	6.3
1950 ~ 1959	0.4	19.3	18.9
1960 ~ 1969	2.8	7.8	5.0
1970 ~ 1979	6.1	5.8	-0.3
1980 ~ 1989	12.8	17.5	4.7
1990 ~ 1999	8.0	18.2	10.2
2000 ~ 2009	6.6	-0.9	-7.6

资料来源：全球金融数据公司，美国 10 年期国债总收益率指数，1929-12-31 ~ 2009-12-31 标普 500 指数总收益率。

同样的原因也可以说明市盈率预测模型为什么经常失效，该模型的目的在于预测 5 到 10 年内的长期收益。那些认为当前市盈率或历史市盈率可以解释长期股票收益率的人，根本就没有意识到，市盈率本身并不具有任何预测性，为什么会这样呢？

一个最主要的原因就是，市盈率中存在着两个移动变量，较高市盈率可能是收益率下降的结果。当一只股票或是一个行业、板块甚至是整个市场的收益率非常低的时候，就很有可能是买进的最佳时机，比如说，市盈率在 2009 年初创下新高时，就是绝佳的买进时机，仅凭这一个原因，较高的市盈率根本就不能说明股票的未来收益或风险如何。

同样重要的是，有关市盈率的情况也不能预测股票的未来供给情况，因此，无论是 ERP 模型还是我见过的其他长期预测模型都不适于解决供给的长期性变化。一个在没有解决供给问题的前提下试图进行长期预测的人，更多的是在预测他们不知道的东西，而不是他们熟悉的东西。因此，在很大程度上可以说，他们只是在含糊不清地假设，在未来长期时间内，供给的总体变动将重复以往的长期变动，这既有可能成为现实，也有可能与现实完全不符。

追赶潮流只是貌似安全：安全型资产的陷阱

研究历史，可以解决钟情于某种股票导致的另一个问题：盲目追赶潮流。人们倾向于认为，近期表现良好的股票，更有安全性，于是便追逐热门股。

在冷静和理性的状态下，大多数人都会说，他们知道，在过去行得通的事情并不意味着在以后依旧行得通。但盲目追赶潮流这种事情却从未停止，而且通常是在市场表现良好的时候。不妨回想一下 20 世纪 70

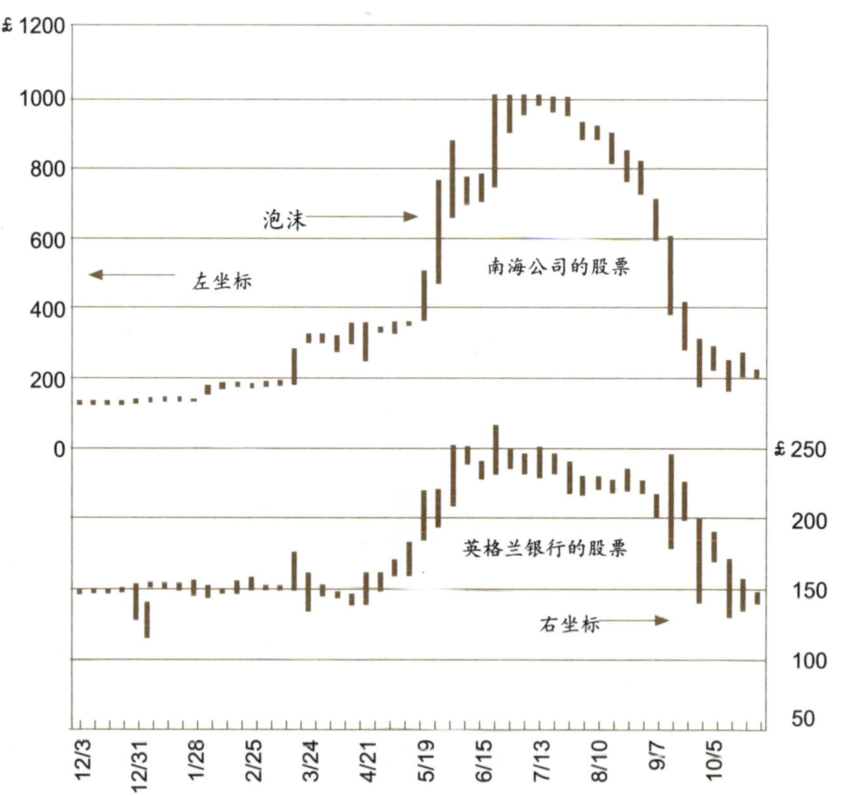

图 6.2　南海泡沫事件（1719.12 ~ 1720.10）

资料来源：詹姆士 ·E. 罗杰斯（James E.Rogers），《英国农业与价格史》（*A History of Agriculture and Prices in England*，1703 ~ 1793）。

年代末的能源大潮，泡沫在 1980 年最终破裂，还有 90 年代末期的科技股风潮，以及 2005 年和 2006 年的房地产市场，接下来或许是黄金。

这不是一个新问题，只是人们忘记了，泡沫并不只属于现代市场。想想臭名昭著的“郁金香泡沫”，在 1636 年，短短几个月的时间里，郁金香的价格便扶摇直上，甚至达到普通工人一年工资的数倍，但是到了 1637 年，价格就一落千丈。不过，更有说服力的还是发生在 1720 年的“南海泡沫事件”，如图 6.2 所示。

南海贸易热潮始于 1711 年，当时，英国财政大臣罗伯特 · 哈利注册南海公司（SSC）并亲自管理它，南海公司独家垄断南海地区的贸易，主要为太平洋。在那个时候，要评估这项贸易的潜在收益很不容易，谁能判断一个完全未知事件的价值呢？在这里，我们不再赘述此次投机热潮的发展过程。

哈利爵士和他的推销者们可能更关心做交易，而不是做贸易。南海公司的股票在 1719 年一路飙升，此时，他们又设计了用公司股票交换政府债券的骗局，并承诺未来会支付一大笔利润。但政客们喜欢这个故事，谁不想做空手套白狼的生意呢？

越来越多的人开始购买南海公司的股票，政府的参与更是让这笔生意显得安全可靠。兴风作浪的投机者让股票价格大幅上涨。此外，图 6.2 还表明，英格兰银行的股票也借势一路飙升，不过，英格兰银行的股票在图中所示时期内仅仅上涨了 33%，而南海公司的股价则飞涨了 225%。

随着事态发展，更多的投资者开始买进南海公司股票，南海公司发行了越来越多的股票，这对他们来说，就是在印钞票。伴随着这次热潮，其他各种各样的冒险活动也如火如荼地进行着。

但南海公司并不想让其他暴发户吸走潜在的投资者，由于所有议会议员都投资于南海公司，于是，他们说服议会判定其他未经皇家注册的公司都是非法经营。问题在于，没人知道哪些公司是经过皇家注册的，哪些公司不是。在相关法令出台之后，几乎所有股价都一落千丈，由于经过皇家注册，南海公司的股票最初并没有下跌。但是，损失惨重的投资者，尤其是那些依靠保证金买进股票的投机者很快就发现，他们的唯一出路就是让公司破产，即便是那些股价没有下跌的公司，比如南海公司和英格兰银行。于是，这些公司股票受到投资者的集中抛售，问题来了，南海公司根本就没有真正的业务维持自身生存，在这种情况下，南海公司和其他很多公司一样，只能走向破产。于是，泡沫破裂，一个周期就此结束，市场又开始为下一个泡沫积蓄力量。

如果你想在历史上找到一个经典的泡沫案例，以及我们为什么总会时不时地被这些泡沫所迷惑，不妨看看查尔斯·麦基（Charles Mackay）的代表作《非同寻常的大众幻想与全民疯狂》（*Extraordinary Popular Delusions: Madness of Crowds*）。我认为，投机泡沫最早可以追溯到美索不达米亚时期，只要人类存在， 我们就会时不时地对泡沫疯狂，只要有市场泡沫，就会有追逐潮流者。

如果知道自己在追逐潮流，我们就不会随波逐流

按理说，如果意识到自己是在追逐潮流，我们就不会去追逐潮流了。是这样吧？所有人都明白的道理却很少有人能做到。**人们之所以追逐市场热潮，不是因为他们不知道其中的风险，相反，他们追逐热门产品的原因在于，他们认为所谓的热门产品更安全并优于其他资产类型。**

这种行为模式是人类长期进化的结果，因而是一种极难克制的本能，在很久之前，人类为了维持自身的生存，就要学会模仿他人，跟随潮流。比如说，在看到同伴吃草莓而且没有死的时候，我也跟着吃草莓，而且也不会死。于是，我可能会坚持吃草莓，而不去吃那些会让同伴生病的其他东西。这种行为模式会带来安全感。

同理，如果某只股票总是能带来优异的回报，我们的大脑就会相信，“盯住这种模式，它代表着安全”。当然，这和我们习惯于只关注眼前事物有关，这不是一个好习惯，如果我们记得上一次追随热门投资的结局，那么，我们就不会再去盲目追随热门产品了。换句话说，假如我们并不认为某类股票在本质上具有安全性，我们会这么想：“如果形势好，我

最好买进，但我一定得知道什么时候应该卖出。”

但人们不是总会这样做，也不是所有人都会这么做。人类的行为是对各种刺激做出的无规律反应，它在一定程度上使资本市场更加变化莫测。如果某类股票表现持续优异，那么，它也会诱发另一种本能性反应：恐高。无论如何，寻找安全感始终是人类最基本的行为诱因之一，不过两种本能反应都会带来严重的行为偏差，并让人类付出惨重代价。

房地产并不像房子那样靠谱

被人们视为安全型的资产也是不断变化的。住宅房地产就是一个例子。在 2010 年到 2011 年间，人们或许会说：“太让人失望了，房地产是一种糟糕的投资对象。”但是在 2005 年到 2006 年间，我们却经常听说，有人取出退休金，到迈阿密或者拉斯韦加斯购置豪宅，那个时候，似乎荒地也能变成抢手货。

人们曾指责房地产过热，前任美联储主席格林斯潘成了替罪羊，因为他使利率长期处在较低的水平，我不知道指责格林斯潘是否恰当。实际上，利率自 20 世纪 80 年代以来就一直维持着低水平，而且这在全球范围内已经成为一种趋势，低利率表明人们可以以更低的成本借钱，也意味着人们可以购置更多、更昂贵的房产。

在我看来，房产热的最大的诱因是 1997 年的税收改革，1997 年之前房产所有者在销售住宅不动产时，可以获得一次性的资本收益免税优惠，个人免税额为 25 万美元，夫妻免税额为 50 万美元。这个数额每两年调整一次。在该税法出台前，人们倾向于在原有房产居住较长时间，即使更换住宅，他们也会把出售原房产的钱用于购置新房产。但是在税法调整之后，人们有了频繁出售房产的动机：因为他们将不再受到税务局的骚扰。但人们忘记了一点，资本收益税的减少相当于出售房产动机的增加，而这会进一步造成房产易手率的增加。而股票的表现和很多人想象的相反，在资本收益税减少之后，股票在较短时期内表现很糟糕，因为所有潜在卖方都在观望，想在税收最低时同时抛售。

此外，美国的 GDP 一直保持增长态势，自然地，拥有购置房产能力的人数也持续增加。由于房产价格在较长时期内保持上涨的趋势，而且信贷环境较为宽松，此时，整个社会形成一种广泛的共识：房地产是最安全的资产。房产是典型的有形资产，这一点不同于那些只停留在数字层面而没有任何现实载体的股票。

即使房地产行业处在顶峰，它也要面对一个问题：单笔交易金额非常巨大，会涉及可观的交易费用、长期维护费及税费。因此，如果你把自己的大部分净资产转换为单一类型的资产——在空间上无法实现多样化的房产，你的财产可能面对更大的风险。我们不应把全部资金投入到某一只股票上，对吧？很多人在经历之后才会意识到这个问题，而不愿意从历史中汲取教训，他们把房地产看作永远都不会消失的资产，但这个世界上没有永不贬值的资产。

不动产投资真的具有防通胀和避险功能？

很多人至今认为，始于 2005 年或 2006 年的房市衰退是不同寻常的，而且是史无前例的！秉性短浅的记忆力又一次让我们忘记，房地产市场也可能贬值，而且真的贬值了。在我的记忆中，人们在 1980 年的感受有点像 2005 年：房地产似乎是一个任凭风吹雨打都能岿然不动的投资品。我还记得，一个负责办公室维修的 19 岁小伙子向我传授购买廉价地的秘诀，他甚至用威尔·罗杰斯的话告诉我，“买地吧，它不会让你失望的”，他才 19 岁啊！这句话也让我想起另一位投资大师伯纳德·巴鲁克（Bernard Baruch）的话：“如果连乞丐、擦鞋童、面包师和美容师都能告诉你如何致富，那么，你一定要当心，这个世界上再没有比空手套白狼的幻想更危险的了。”

1980 年之前，城市不动产价值的年均增长率为 15%，其中的部分原因在于尼克松、福特和卡特执政时期的高通货膨胀率催高了农产品价格。幸运的是，在这段时间里，美联储主席保罗·沃克尔（Paul Volcker，先后在卡特和里根两届政府任职。——译者注）成功地阻止了通货膨胀的无止境上涨。沃克尔在任期间，美国的通货膨胀率一度达到两位数的高点，在他离职时，通货膨胀率则回归为一位数，而且还处于不断下降的趋势，当时，这种趋势已经蔓延到全世界，并持续了几十年。

政府在取消导致通货膨胀的价格补贴政策的同时，也取消了农业贷款项目，这让农业陷入危机。图 6.3 是另一个我最喜欢而且同样屡试不爽的图形，它反映了 1981 年到 1985 年期间每公顷农业用地的价格变化。

某些地区的不动产市场还不算糟糕，尽管得克萨斯州的土地价格也在这期间出现上涨，但年均增长率低于 10%，远远低于此前令人炫目的增值速度。在整个国家范围内，土地价格则陷入跌势，其中，爱荷华州下跌 49%，伊利诺伊斯州下跌 42%。问题的关键在于，如果每个人都相信某种资产能赚大钱，它极有可能不会让你发财，为什么呢？如果每个人都这么认为，人们很可能已经把大量资产钱财投入于其中，这又意味着，他们没有持续的购买力推高这种资产的价格。

这样的例子不胜枚举，商业不动产市场在 20 世纪 90 年代遭遇大熊市。日本的不动产市场在 90 年代之后就一直处于低迷状态，纽约市不动产曾在 70 年代暴跌，丹佛的困境出现在 80 年代。在 20 世纪 90 年代的前五年，科技股还没有暴涨，旧金山的不动产市场始终一蹶不振，我们看到很多小规模地区性市场由盛转衰的例子，其中的理由不难理解，因为不动产具有较强的地域性，虽然 20 世纪 80 年代的农用地投资市场及近期的熊市明显具有全国性。

这都属于短期的兴衰周期，不容置疑的是：不动产始终是缺乏魅力的投资对象。如果从拥有可靠数据的时间即 1978 年算起，投资于不动产，1 美元到现在将变成 16.65 美元；如果投资于全球股票，1 美元将变成 23.22 美元；投资于美国股票，1 美元则会变成 32.99 美元，足足是不动产增值率的两倍！

在计算不动产的收益率时，采用的是衡量机构投资者对商业房地产进行投资的指数，而住宅不动产的同期年均收益率只有 4.5%，换句话说，

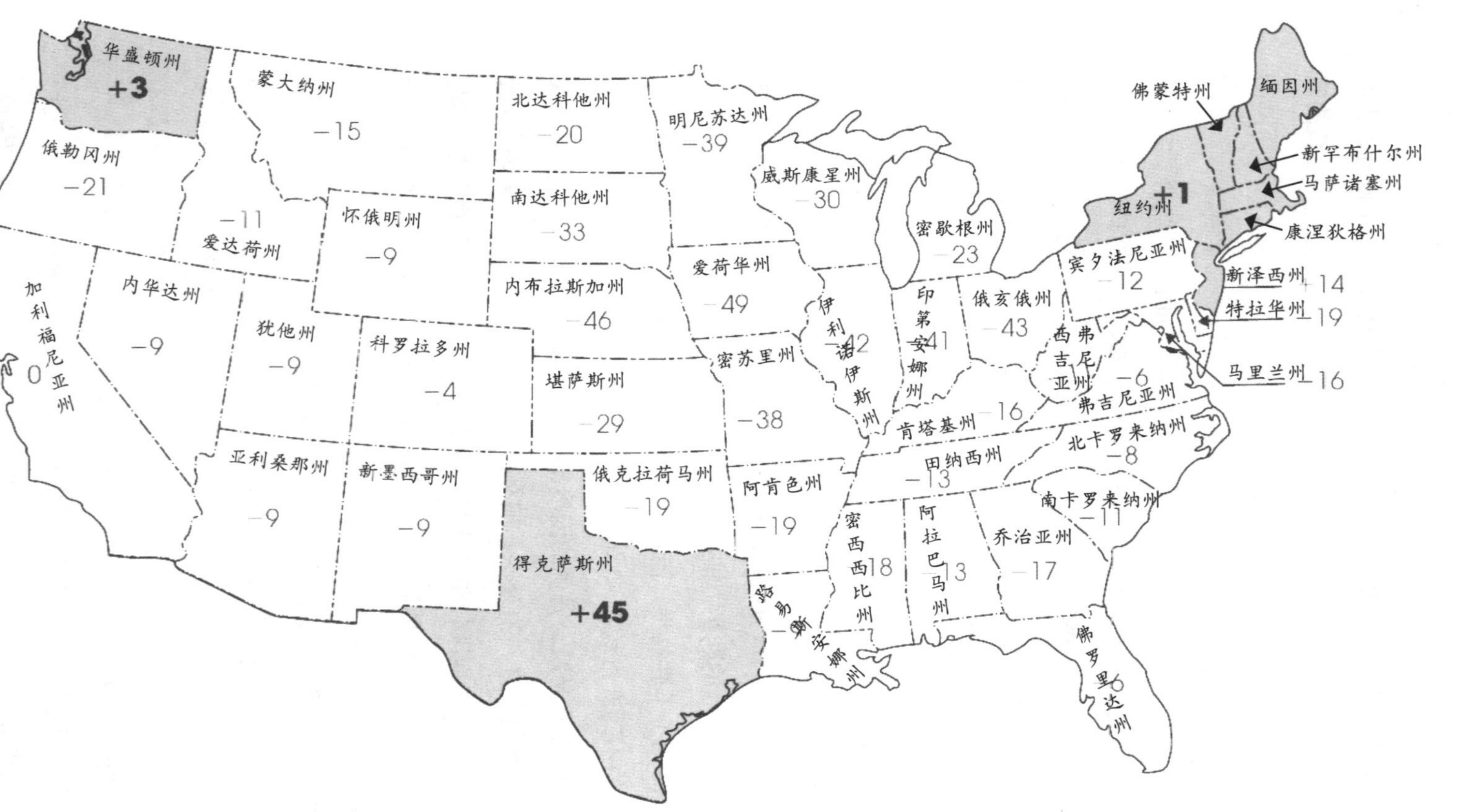

图 6.3　美国农业用地每公顷的价格变化（1981 ~ 1985 年）

资料来源：美国农业部经济研究服务局，“农业地价值”，1985 年 6 月 7 日。

1 美元的最初投资只能变成 4.30 美元。不过，这只是平均数，个别情况下市场增值率可能很高，也可能很低，而这只是把住宅房产当做基本投资产品所带来的问题之一。此外，对于这种投资，我们可能无法通过多元化组合减轻因地域集中造成的风险。即使你有能力这样做，平均回报率也不会很高。

那么，人们为什么还会普遍把房产、而且是住宅房产看作良好的长期投资产品呢？也许因为这是一笔大投资，但更主要的是因为房产投资可以依赖债务杠杆。大多数人都不使用现金购置房产，他们可以借款，而且是大笔的借款，而需要用到现金的部分或许只是占到 20% 甚至更低的首付款。

假设你购置一套价值 25 万美元的房产，以现金支付 20% 的首付款即 5 万美元，并在 5 年之后卖出这套房子。此时，或许这套房产的价值已经上涨到 27.5 万美元。也就是说，这套房子实现了 10% 的总增值率，但是相应的年均收益率只有 2%，这远远不及购买国库券带来的回报，甚至低于通货膨胀率。但是，这还不是你的真实收益率。因为你毕竟只付出了 5 万美元的投资啊！这 2.5 万美元的收益率就相当于你的投资实现了 50% 的增值，年均收益率约为 8.5%，这绝对是一笔好生意！

不过，你忽略了房产买卖中的交易成本等问题，事实上，这种成本可能超过总交易价格的 4%。你住在那里也是有成本的，每年都要支付利息。此外，你还要支付房产税和房屋管理费，需要支付房屋维护费、室内专修费或是草坪修剪费等等，这些都是房产所有权人在计算收益时容易忽略的成本。的确，如果你没有购置房产的话，你需要支付房租，这笔租金可能高于或者低于利息和维修成本，当把房产看做投资品而不是享受生活的工具时，房租同样是计算收益时必须考虑的隐形成本。最重要的是，真正让不动产收益显得异常诱人的是债务杠杆，不过，任何人都应该知道，任何一种债务都有可能成为让你坠入深渊。

图 6.4 也是我最喜欢引用的一个例子，它显示了 1912 年到 1976 年期间以不变的美元价格，以 1967 年的价格为基准，和当前美元价格，

以 1978 年的价格为基准，来表示的农产品价格。从 1912 年到 1975 年，以当前美元价格计算，你的年均收益率仅为 3.3%，而且这还没有扣除房产税，这基本上相当于通货膨胀率或是国库券的收益。如果以不变美元价格计算的话，扣除通货膨胀率，你投资的产品在其寿命期内几乎没有实现升值。如果扣除房产税，你很可能会遭受损失。

该图反驳了不动产具有通胀避险功能的观点。如果你在 1912 年购置一套房产，需要在 1942 年卖出，那么，你的资产相当于贬值 40%，这显然不是抗通胀保值功能的表现，而是实实在在的长期熊市。要做到不赔钱，你至少得等到 1968 年出手，如果考虑到交易成本、房产税和维护费，你或许永远都不会实现盈亏平衡。

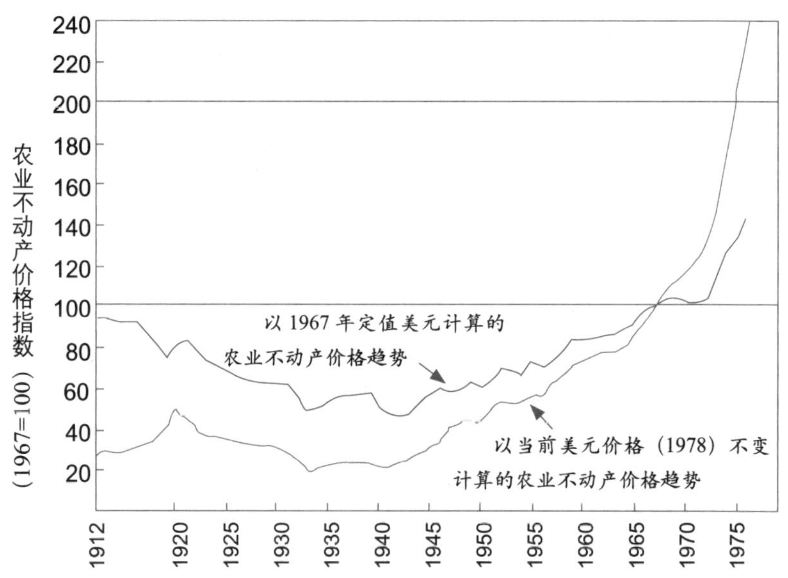

图 6.4　美国农业不动产价格的变化趋势（1912 ~ 1978 年）

资料来源：雷利·巴洛维（Raleigh Barlowe），《土地资源经济学：不动产经济学》（*Land Resource Economics: The Economics of Real Estate*, 1978）。

的确，不动产总是有价值的，但对于我们中的大多数人，房子的价值只提供一个遮风挡雨的地方。当然，不动产还拥有其他一些无形价值，不可否认，有很多成功的不动产投资者，但我所见过的最佳投资者，依旧是那些在地域和产品比如商用、民用、工业用或是混合分布上实现多样化组合的投资者。

尽管人们的记忆力很差，但刚刚发生的房市低迷应该还停留在人们的记忆当中，因此，当下一个繁荣市场重新到来时，当不动产再度成为永不赔钱的热门投资对象时，但愿你们不要忘记痛苦的回忆。不管未来的热门投资到底是科技股、不动产、黄金、五花肉、马来西亚的林吉特或是其他什么东西，当每个人都觉得它“不会赔钱”时，它就肯定会赔钱。或许这是明天就会发生的事情。

闪光的不一定都是金子

进行长期预测很困难，同样困难的是预测目前的热门资产何时会变成冷门，何出此言？即使某些资产已经在市场上领跑很长时间，它仍然有可能延续辉煌，过去一贯热门的资产并不意味着一定会降温。但是，当没有发现支持我们投资决策的基本面因素时，资产继续热门可能性显然不是购买它的理由。

在我 2011 年创作本书的时候，黄金在市场上一直被热烈追捧，人们认为黄金具有某种内在价值，其实它不过是一种商品而已，和任何其他商品一样。只要在你的记忆中搜索一下，其中的道理就不难理解，任何商品都有自己的价值，人们需要为之付出代价。所有商品都要面对跌宕起伏的价格震荡，处于涨跌兴衰的周期之中，这是商品的本质，黄金也不能例外。

我想用图 6.5 说明问题，它能够阐明重点。首先，它显示了 1780 年以来黄金市场的几次大涨大落。其中，大牛市非常罕见而且间隔时间较长，即使出现也多是昙花一现。1780 年以来的大部分时间里，黄金的价格几乎是固定不动！实际上，直到 1973 年，黄金才成为一种可以自由交易的商品。尽管全世界到 1971 年才全面放弃金本位，但对黄金的价

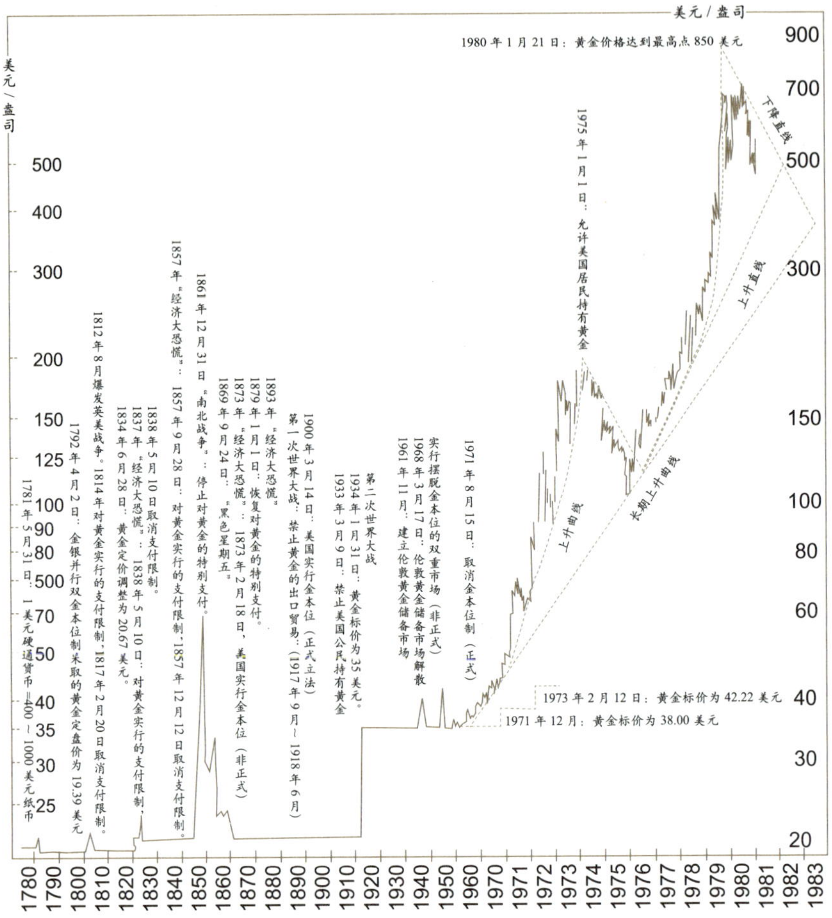

图 6.5 美国黄金价格的 200 年历史（1781 ～ 1981 年）

资料来源：周期研究基金会（The Foundation for the Study of Cycles），1981。

格控制却一直延续到 1973 年底，直到此时，对黄金交易的控制才有所放松。

我喜欢这个图表的原因还在于它带有一定的欺骗性，有时欺骗性会让我们有所启发。图中左侧的价格变化经历 170 年左右的时间，而右侧的变化却只用了 30 年。在黄金可以进行自由交易之后，价格便像火箭一样暴涨，疯涨之后是一点点回落，但另一轮疯涨随即而来。

那些喜欢黄金并认为黄金可以保值、抗通货膨胀的人，他们的依据就是黄金耀眼夺目的 40 年自由贸易史。这太有诱惑力了！我们的分析应该依赖于手里所掌握的数据，但哪怕只有一点数据，也会让我们有所收获。因此，我们不妨先看看这些数据讲述了怎样的故事。

图 6.6 显示了在自由交易期间即从 1973 年放弃布雷顿森林体系时的黄金价格，可以看到，图 6.5 中显示的发生在上世纪 70 年代的那种上涨，在这段时间里又短暂出现两次。随后遭遇暴跌，而 1982 年便再次小幅反弹，然后……什么也没发生。每一个曾在上世纪 80、90 年代投资过黄金的人都应该记得，在整整 22 年的时间里，黄金行情始终在波动中处于横向盘整状态，偶有小幅上涨，但从未超过 1980 年的最高位，而 1983 年出现的市场高点不足挂齿。与股票走势相比，黄金的盘整时间似乎有点漫长，而且停滞趋势也更明显。如果在 1978 年到 1982 年这段时期的任何时候买进黄金，并持有 20 年，那么，你的这笔投资基本上处于不赔不赚的状态，甚至会小有亏损。有关黄金投资归根结底在于市场择机的详细分析，可以参考我在 2010 年创作的《揭穿真相》一书。

随后，从 2005 年开始，黄金市场连续出现三次短期快速上涨。因此，黄金的自由贸易历史为我们讲述了黄金市场的基本规律：上涨，停滞，上涨，下跌，上涨，令人痛苦的漫长停滞与下行趋势，而后再次上涨。

认识黄金市场的另一个途径是看图 6.7，它显示了全球股票、美国股票、国库券以及黄金的价值增长情况。的确，尽管股票的波动性较大，但它在波动中带来正收益，即使波动剧烈，而且算上本世纪初乏善可陈收益状况，股票的整体回报依旧居高不下。

还有一个更令人震惊的发现：在黄金实行自由贸易期间，国库券的总体收益率明显高于黄金，而且黄金价格的波动性更大！在行情跌宕起伏的情况下，投资者希望获得较好的长期收益，但他们终究无功而返。

事实也并非完全如此，和其他工业金属以及多数大宗商品一样，要想成功地投资于黄金，我们需要对市场上涨和下跌的时机做出准确判断。如果你想尝试的话，不妨问问自己：“我上一次准确预见短期市场走势是在什么时候？是怎样做到的？”然后再客观地追问：“我上一次错误预见短期市场走势是在什么时候？整体而言，我做出正确判断的次数多，还是做出错误判断的次数多？”

比如说，你是否在上世纪 90 年代买进了科技股，然后在 2000 年 5 月做空科技股？你是否曾在 2001 年做空全球股，又在 2003 年 3 月回购全球股并一直持有到 2007 年？你是否曾在 2007 年 1 月买进石油股，并在 2008 年 7 月的最近一次暴涨时抛出？你是否在 2009 年秋季买入了新兴市场股票呢？或是在 2009 年初市场普遍看跌时买入全球股？你是否在 2008 年 4 月抛出欧元、买进美元？你是否因为贵金属、能源及奢侈品等板块在熊市中跌幅最大、在新一轮牛市中反弹也最大，而曾在熊市触底后大量持仓这些股票？

如果你没能掌握这些时机，你怎么知道自己能对下一轮黄金牛市或是熊市做出准确预测？如果事实已经证明，你还不是一个把握市场时机的高手，那就不要去尝试黄金短线投资。

告诉你做长期保守型投资者的奥秘，或许这恰好适合你，这样，你就不必再费心劳神地去预测市场短期走势。你完全可以保守应对黄金投资，耐心等待市场盘整期的到来。既然如此，我们为什么不能以保守策略对待其他拥有长期超额回报率的投资品呢？

如图 6.7 所示，股票的收益率远远优于黄金，几乎是在每一个区间内都是这样。在整个观察期内，投资于美国股票的 1 美元将增值为 43.38 美元，投资于全球股票的 1 美元增值为 27.40 美元，而投资于黄金的 1 美元却只有 14.838 美元。即使是国库券的回报率也超过了黄金，最初的 1 美元投资可以变成 19.25 美元，不仅收益能力更强，而且波动性更低！如果你曾坚守一个 20 年几乎没有给你带来回报的投资，那么，你更有理由坚守一个获利大于亏损、且更有可能短期内就能创造回报的投资。

黄金是否会成为下一个坠入深渊的投资品？没人知道，我从没有想过去尝试黄金短线投资，因为从历史数据看，黄金投资的长期回报率低得可怜。我很清楚，自己并不知道如何判断黄金市场的投资时机，如果

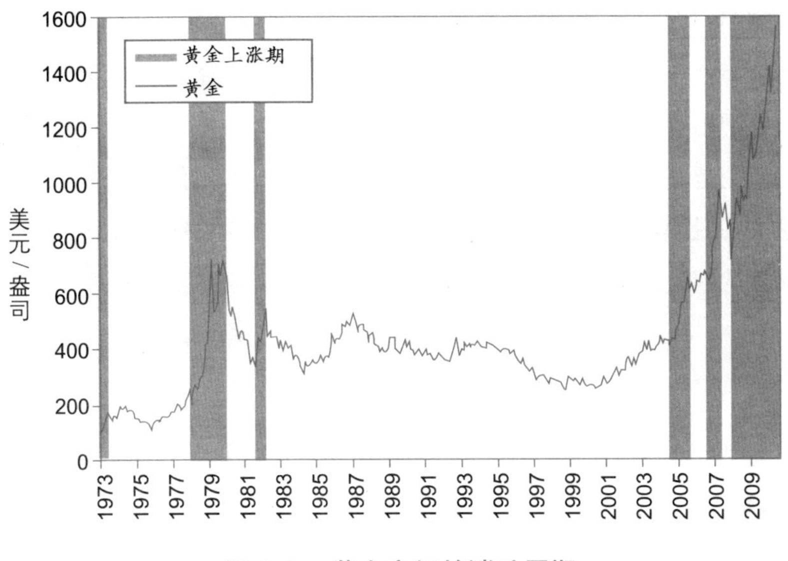

图 6.6　黄金市场的涨跌周期

资料来源：全球金融数据公司，纽约黄金市场金锭价格（美元 / 盎司），1973-11-30 ～ 2011-6-30。

图 6.7　1 美元价值的增值：股票、债券与黄金（1973 ～ 2010 年）

资料来源：全球金融数据公司，纽约黄金市场金锭价格（美元 / 盎司），标普 500 指数总收益率，10 年期政府债券总收益指数，1973-11-30 ～ 2010-6-30。

你觉得自己是一个能够把握时机进行黄金短线投资的高手，那太好了，因为你显然不需要我的建议。不管你对自己时机选择能力的判断正确与否，你都不会听从我的建议。

无论是黄金、白银、不动产，还是能源、技术、普通消费品或奢侈品之类的股票，千万不要自欺欺人地以为，优异的长期业绩一定表明长期风险的淡化。未来就是未来，它不可能是昨天或者今天的翻版，风险永远存在。以往热门的东西，只能说明它曾经的辉煌，但丝毫不能说明未来的风险或是收益如何。

哪些股票能领跑未来市场?

股票在长期的收益能力是否有可能超过债券、现金、不动产和黄金呢？很有可能。以往的历史数据、金融理论以及诸多基本面因素都无一例外地证明，股票应该具有这样的收益能力。但是在股票这一大类资产中，如果选择某一局部类型的股票作为长期投资对象，既有可能在某些时期实现超额收益，也有可能在某些时期而且是较长时期不及大盘。

这是长期投资的基本规律，在短期内，股票的业绩会表现出较强的差异性，因此，把握时机很可能会让你大赚一笔，不一定要精确无误，只需基本准确，但前提是你要有这样的判断能力。如果你没有这样的时间、爱好和能力去预测市场走势，就不要强求。实际上，只要避免频繁交易，即使以保守姿态对待股票，也足以让大多数投资者在你面前甘拜下风。

但如果你想掌握更多的投资技巧，历史或许可以告诉我们，哪些股票最有可能成为未来 12 到 24 个月的领跑者。尽管历史是有益的工具，但它只是一种构建未来预期的工具。要确定到底哪一类股票最有可能跑赢大盘，我们还需要考虑一系列的经济、心理和政治因素。

历史告诉我们，当熊市彻底反弹时，持有小盘股是个不错的选择。当然，这需要准确判断市场走出谷底的时间，如果能做到这一点，你就

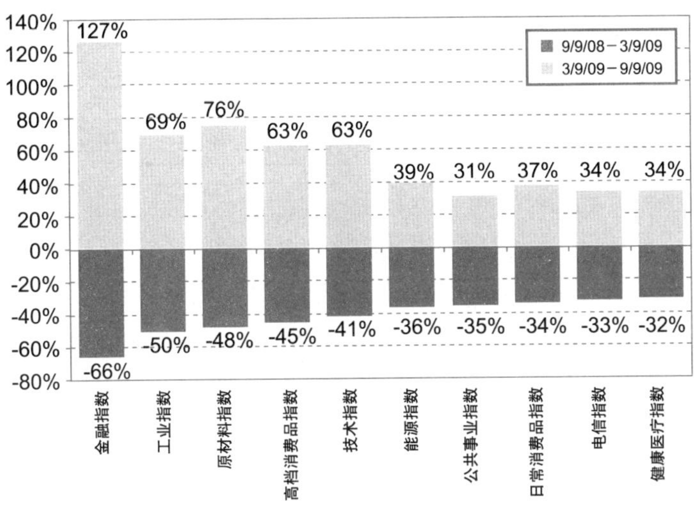

图 6.8　跌得越狠，涨得越猛（2009）

资料来源：汤姆森路透，MSCI 金融指数，MSCI 工业指数，MSCI 原材料指数，MSCI 高档消费品指数，MSCI 技术指数，MSCI 能源指数，MSCI 公共事业指数，MSCI 日常消费品指数，MSCI 电信指数，MSCI 健康医疗指数，价格期间均为 2008-9-9 ～ 2009-9-9

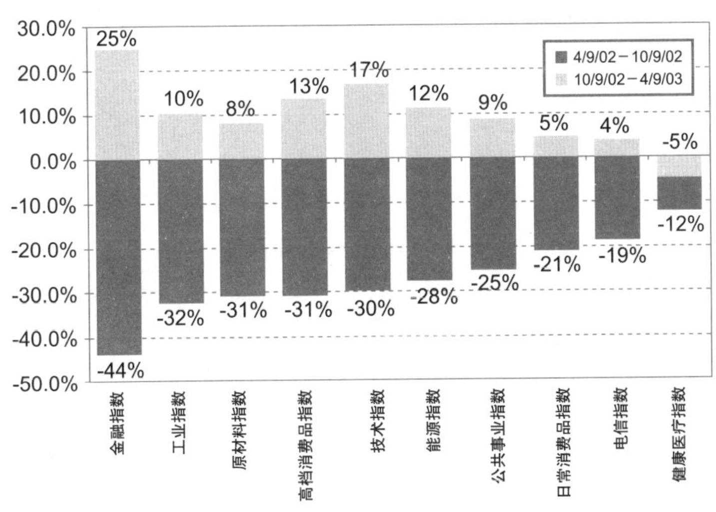

图 6.9　跌得越狠，涨得越猛（2003）

资料来源：汤姆森路透，MSCI 金融指数，MSCI 工业指数，MSCI 原材料指数，MSCI 高档消费品指数，MSCI 技术指数，MSCI 能源指数，MSCI 公共事业指数，MSCI 日常消费品指数，MSCI 电信指数，MSCI 健康医疗指数，价格期间均为 2002-4-9 ～ 2003-4-9

不必绞尽脑汁地去预测某一类股票的市场走势了。在熊市临近结束、新一轮牛市刚刚开始时，选择小盘股一般不会让投资者失望。

在牛市进入稳定期之后，你就应该选择大盘股了。牛市越成熟，你选择的股票盘面就应该越大。当然，历史不能告诉我们当前的牛市是处于初期还是成熟期，因为牛市的持续时间是不可预测的。但大量历史数据表明，最合理的策略就是在牛市初期选择小盘股，在后期选择大盘股。

同样，历史还表明，**在熊市接近尾声时，我们应该选择在熊市后期跌幅最大的股票**。因为这些股票最有可能在牛市开始时强劲反弹，图 6.8 和 6.9 显示了不同板块在上两次进入和走出谷底时的市场表现。几乎完全一致的是，这些板块在熊市见底前六个月的业绩最糟糕，而在触底反弹后的六个月表现最优异。

因此，如果你确信市场正处于熊市见底阶段，就应该知道要选择哪些板块了。

历史以及基本面因素还表明，通常情况下，如果你预期长期利率与短期利率之间的利差将会缩小，表现为较为平滑的收益曲线，那么，成长股的收益往往会超过价值股。但如果你预测相反的情况会出现，也就是说，长短期利率间的利差将会扩大，表现为较为陡峭的收益曲线，那么，价值股的表现往往要超过成长股。

较为陡峭的收益曲线表明长期利率与短期利率之间的利差正在扩大，而这个利差在本质上就是银行通过借贷赚取的利润。利差越大，银行可以赚到的潜在利润也越大，于是，银行就愿意提供更多的贷款。因此，当银行急于放贷时，价值型公司就会受益，因为在这种情况下，这些公司往往会选择借款而不是发行股票进行筹资。当企业筹集到更多资金时，就可以认为他们会把这笔资金用于企业成长，进而在未来创造更多的利润。这是价值股的成长之道。

当收益曲线相对平缓时，银行的放贷意愿较低，这显然不是价值型公司喜欢看到的。但投资银行恰恰喜欢通过发行股票来帮助企业筹集资金，此时，成长型公司就会如鱼得水，原因很简单：虽然他们可以通过借款筹资，但通过发行股票筹集资金显然更容易，因此，银行不愿意放贷时，成长股往往会受益。

这只是几个较为典型的示例，有关这方面的详细分析可以参考我写于 2006 年的《股票投资就问三个问题》以及 2010 年的《揭穿真相》。我们还可以通过其他很多方式对未来展开预期，一旦养成这个习惯，一切就会变得得心应手，要善于使用历史数据，并客观考虑当时的状况以及这些状况是否类似于当前现实。看看这些状况会如何影响市场，以及哪些股票会受到影响，不过，这绝不是在告诉你未来将会发生什么，任何人、任何事物都不可能知道未来会发生什么！但历史可以帮助我们对未来做出更合理的预期，以及这些预期在未来 12 个月成为现实的几率有多大。

不过，假如你想知道某类股票在未来 5 年或 10 年的表现，那你就只能凭借运气了，除非你能预见未来股票供给的波动情况。你果真有这个本事，最好告诉我一声。

第章

政治效应如何影响股市？

为何选举年股市波动较大？比尔·克林顿是如何利用经济和股市的波动击败里根成功当选的？

小布什是因为擅长股票投资才赢得连任？

奥巴马的医改对美国经济和股市产生了怎样的深远影响？他通往连任之路的筹码又是什么？

Markets Never Forget (But People Do)

股市收益率的高低取决于投资者对立法因素的风险厌恶倾向到底是提高还是减少。

还想看看投资者的记忆力到底有多么糟糕吗？问问他们对政治的看法就知道了。人们总有很多理由喜欢一个政党，讨厌另一个政党，不管这些理由是对还是错。我们经常会听到这样的话，政党 A 是经济和股市的福星，而政党 B 则是经济和股市的丧门星。

事实并非这么简单，这些被政党偏好所迷惑的投资者，往往会忽略由基本面因素所决定的市场趋势，取而代之的是以意识形态来判定市场趋势。

只要简单回顾一下历史，就能纠正人们健忘的毛病，但痴迷于意识形态的人总能找到搪塞的理由，比如说他们会不假思考地说，“是的，我更喜欢政党 A，在政党 A 执政时，股票市场确实跌得很厉害，但你得看长期内的平均水平”。问题是，看看长期的市场平均收益水平，他们的理由就站不住脚了。

按照人类大脑的工作原理，**我们总是倾向于记住与思维定式相符合的事情，忘记与偏见不相符的那些事情**。如果有人指出你的错误，即使他们会用铁的证据证明你错了，你还是会反驳，按照你的结论构造选取数据的时间窗口、寻找支持自己的特例或是其他靠不住的理由。

这种被称为换框法（reframing）的策略是一种常见的本能性保护机理，在股市的现实形态与他们预测的情况偏离时，人们就会采用这种方式为自己开脱。实际上，这不过是投资者记忆力缺损以及确认偏误（confirmation bias，或称验证性偏见，指不管个人想法是否正确，都会倾向于支持固有成见的心理倾向。——译者注），它都是人类常见的认知错误。

但是，只要把记忆的时间窗口再延长一点，再认真研究一下股市的历史，我们就可以避免这些错误，你会发现：

- 就长期而言，在本质上任何一个政党对股市的影响都不会好于或是差于其他政党。
- 受意识形态蒙蔽的人们，往往会丧失有助于改善他们预期质量的预测工具。
- 尽管任何政党对股市的影响在本质上并不优于其他政党，但是在现实中确实会产生这样的效应，只不过这种效应完全属于偶然，而且不可能仅属于某一个政党。
- 这并不是特殊现象，其他国家的市场也会受到这种政治效应的影响。

不要戴有色眼镜去投资

我们在第 5 章里曾提到过，有些人不喜欢我的言论，他们偶尔会指责我既是顽固不化的民主党人士，又是不可一世的共和党派。但我两者都不是，我也从不把自己标榜为独立派，我从来没有效忠过任何一个党派。无论是民主党还是共和党我都不喜欢，我经常会对他们做出批判。

我喜欢把自己的意识形态放到一边，至于我到底倾向于共和党还是民主党，或者是其他政治取向，这根本就不重要。从定义上看，任何合法政党都是荒谬的，当然，我说的是政党本身，而不是自称皈依这些政党的正常人，因为他们大多是友善的人。作为一个基金经理，我的目标就是在意识形态层面上坚持不可知论，为什么这么说呢？**因为政治偏好本身就是一种偏差，偏差对于投资来说很可能是致命的，它们会让你在认识市场时戴上有色眼镜，让你看不到某些事物，而对另一些事物则会给予过度关心。**

偏见并不会自然而然地消失，因为它是人类的一种正常心理，就像人脑的进化一样，偏见也会发展。在本质上，偏见同样是一种认识方式，它是我们追随社会趋势的产物，长期偏爱某种事物会带来严重的投资失误，同样，因为你个人的偏好而偏爱某一类人，同样会带来类似的危险。

你可以热爱自己信奉的政党，事实上他们或许也会对你投桃报李，当然是以他们自己的荒谬方式，尤其是在你经常对他们进行政治捐赠的时候。但任何政党都不会关心你的投资组合包括什么。

我怀疑你的信仰能坚持多久，因为你可能很快就会有新的想法，比如说，“我支持的政党不喜欢我的投资组合，但另一个政党却憎恨我的投资组合”。我希望能改变你的这种看法，任何政党都不可能认真思考资本市场的运行状况，甚至会漠不关心。

那些强烈支持共和党的人总倾向于认为，共和党更注重商业，因而有利于经济和股票市场的发展。而坚定的民主党派人士则认为，自己的政党才最有能力推动经济与资本市场的发展。可惜两者都不正确，历史表明，任何政党都不存在更适合股市长期发展的特性，但这并没有妨碍人们忘掉很多本不该忘记的事情。

- 1992 年 9 月 10 日：“某些分析师建议迅速清仓，因为民主党候选人比尔·克林顿的当选将导致股市在未来的 6 个月陷于困境。华尔街更喜欢有利于推动企业发展的民主党政府。”但是在克林顿执政期间，不仅经济繁荣，股市也是如火如荼。
- 2009 年 8 月 16 日：“按照对道琼斯工业指数平均值的价值增幅衡量，股市在民主党执政期间的表现始终好于共和党。”一派胡言，事实恰好与此相反，此外，如第 4 章所述，如果采用不恰当的指数比如道琼斯指数并忽略股利，你的假设或许根本就站不住脚。

◆ 1971 年 12 月 12 日："如果大选日前一个星期一的道琼斯工业指数平均值高于 1972 年的首日开盘水平，那么，毫无疑问尼克松总统将再次当选。但如果该平均值低于 1972 年首日的开盘水平，民主党极有可能成为执政党。"这又是一派胡言。

◆ 1996 年 10 月 31 日："《今日美国》、CNN 和盖洛普的民意调查结果显示，公众认为，民主党在经济、教育和医疗等重大问题上的处理能力更出色。"或许是吧，但一次民意测验只能衡量人们一段时间内的感受，而感觉则是飘忽不定的东西。

◆ 2010 年 9 月 21 日："值得注意的是，根据皮尤调查公司进行的民意测验，公众对哪个政党更有能力推动美国经济的看法正在向着有利于共和党的方向发展。"看到了吧？民众的感受已经变了，而且变得很快，因此，千万不要相信感觉，不管是你自己的感觉，还是其他什么人的感觉，都不值得信任。

很多人不同意我的政党之间无所谓孰优孰劣的观点，因为他们对自己的观点已经笃信不疑，他们甚至是在感情用事。我说过，个人对某个政党的信奉很正常，也没有错误，而且这也是大多数美国人的习惯，但投票给任何一个政党在本质上都不会让你成为一个更出色的投资者。

历史上很多优秀投资者都对两党各有所好，尽管投资界似乎更看好共和党，但我们会在下文中看到，这种癖好几乎没有任何意义。用意识形态的有色眼镜去勾勒对未来市场的预期，显然是非常危险的。

我不知道有多少共和党人曾告诉我们，如果巴拉克·奥巴马上台的话，股票市场就会因为他和民主党的所作所为而遭受重创。请注意，就在奥巴马就任的几个星期后，股市便触底反弹，到现在为止，在奥巴马的任期内，市场总体状况依旧明显好于平均水平，怎么会是这样？

不管你是喜欢还是憎恨执掌白宫大权的那个人，或是认为绝大多数政客不过是一群罪犯，这些都与你的投资毫不相干。说到这个，在2011年和2012年读到这本书的人，应该不会忘记针对“奥巴马医疗改革”展开的那场激烈争论。有人喜欢，也有人痛恨，但你的个人感情对股市毫无影响，你认为应该发生什么或者必须发生什么并不重要。奥巴马的医改方案或其他法案可能会让你迷惑不解，甚至会让你发疯。你完全可以把它们剔除到投资决策之外，不要考虑它们，因为它们与你的投资决策毫无关系，这就要看你自己怎样去衡量了。

当然，在你决定应该把选票投给谁的时候，政党的政策或多或少会对你产生影响。如果你认为一个决策或政治指令非常糟糕，你可能会气愤地咬牙切齿，对于投资而言，愤怒没有任何意义，你应该理性地去认识问题：

- 如果彻底抛弃我的政治偏见和一厢情愿的幻想，未来12个月左右的时间可能会发生哪些事情呢?
- 利用我手里的所有工具，我认为最有可能发生的事情是什么?
- 大多数人认为最有可能发生的事情是什么?
- 我认为最可能发生的事情与大多数人的预期之间是否存在巨大差异?
- 如果这种可能性变成现实，它们在未来12个月左右的时间里会给股市带来什么样的影响?

这才是对股票最重要的问题，至于某个人成为椭圆形办公室的主人会让谁开心，让谁难受，显然不是股市所关心的。同样，以奥巴马的医改为例，和其他任何立法一样，它的实施必然会有受益者和受害者。你对这项立法作何感想并不会影响他人的喜怒哀乐，因此，你需要关心的问题是哪些人或企业会成为一项法案的受益者，然后再权衡一下你是否能把握其中的投资机会。当然，奥巴马的医改法案可能会被彻底推翻，或是其中的很多内容将被修改变更，那么，到底会是其中的哪些内容呢？它对股市又会带来哪些影响呢？作为一个基金经理，这些才是你应该关心的事情。

同样，预测市场在未来 12 到 24 个月内的走向，在很大程度上就是在预测一系列可能发生的结果，了解大多数人的预期，最后，不管好坏，要看看你的预期与这些可能成为现实的预测之间存在多大差异。

因此，即使是在经济增长乏力或是企业利润低迷的情况下，股市依旧有可能牛气冲天，正因为这样，股市在经济强劲增长时依旧有可能会黯淡无光。这其中的奥秘并不在于实际发生了什么，或者是你希望发生什么，而是在于大多数人作何预期，以及他们在现实与预期偏离时会作何反应。如果多数人都预期经济将陷入低迷，那么停滞不前或是不温不火的增长就已经好于预期了，于是股市依旧会繁荣昌盛。但如果人们的预期过于美好，即便经济形势一片大好，但股市仍然会乏善可陈。

因此，我们千万不要再去想："我喜欢这家伙，我认为他会推动经济进一步增长，另一个家伙则是一个笨蛋。"你可以在家里谈论这些话题，或是在鸡尾酒会、政治集会、博客或是其他场合畅谈自己的感受。但是在决定自己的投资策略时，一定要摈弃这些意识形态问题，它会让你付出惨重代价。

国家领导人与风险厌恶

表 7.1 显示了 1926 年即有标普 500 指数数据以来所有美国总统的任期起始年份以及在他们任期内的股票年均回报率。总体上来看，股市在共和党执政期间的年均收益率为 9.3%，在民主党执政期间的年均收益率为 14.5%。

稍安勿躁……我是不是说过，无论是民主党还是共和党都无所谓好坏呢？不可否认，股市的总体平均收益率在共和党执政期间确实有点糟糕，但这种反差在很大程度上还要归结于“大萧条”时期首轮大熊市带

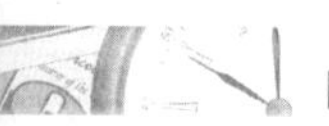

表 7.1 总统大选期出现的不规则收益率

总统	党派	第 1 年（%）		第 2 年（%）		第 3 年（%）		第 4 年（%）	
柯立芝	共和党	1925	不适用	1926	11.1	1927	37.1	1928	43.3
胡佛	共和党	1929	**-8.9**	1930	**-25.3**	1931	**-43.9**	1932	**-8.9**
罗斯福 -1	民主党	1933	52.9	1934	**-2.3**	1935	47.2	1936	32.8
罗斯福 -2	民主党	1937	**-35.3**	1938	33.2	1939	**-0.9**	1940	**-10.1**
罗斯福 -3	民主党	1941	**-11.8**	1942	21.1	1943	25.8	1944	19.7
罗斯福 / 杜鲁门	民主党	1945	36.5	1946	**-8.2**	1947	5.2	1948	5.1
杜鲁门	民主党	1949	18.1	1950	30.6	1951	24.6	1952	18.5
艾森豪威尔 -1	共和党	1953	**-1.1**	1954	52.4	1955	31.4	1956	6.6
艾森豪威尔 -2	共和党	1957	**-10.9**	1958	43.3	1959	11.9	1960	0.5
肯尼迪 / 约翰逊	民主党	1961	26.8	1962	**-8.8**	1963	22.7	1964	16.4
约翰逊	民主党	1965	12.4	1966	**-10.1**	1967	23.9	1968	11.0
尼克松	共和党	1969	**-8.5**	1970	3.9	1971	14.3	1972	19.0
尼克松 / 福特	共和党	1973	**-14.7**	1974	**-26.5**	1975	37.2	1976	23.9
卡特	民主党	1977	**-7.2**	1978	6.6	1979	18.6	1980	32.5
里根 -1	共和党	1981	**-4.9**	1982	21.5	1983	22.6	1984	6.3
里根 -2	共和党	1985	31.7	1986	18.7	1987	5.3	1988	16.6
老布什	共和党	1989	31.7	1990	**-3.1**	1991	30.5	1992	7.6
克林顿 -1	民主党	1993	10.1	1994	1.3	1995	37.6	1996	23.0
克林顿 -2	民主党	1997	33.4	1998	28.6	1999	21.0	2000	-9.1
小布什 -1	共和党	2001	**-11.9**	2002	**-22.1**	2003	28.7	2004	10.9
小布什 -2	共和党	2005	4.9	2006	15.8	2007	5.5	2008	**-37.0**
奥巴马	民主党	2009	26.5	2010	15.1	2011	——	2012	——
平均值		——	**8.1**	——	**9.0**	——	**19.4**	——	**10.9**

资料来源：全球金融数据公司，1925-12-31 ~ 2010-12-31 标普 500 指数总收益率。

来的巨大震荡，以及罗斯福执政初期股市的大幅反弹。而且这都是很久以前的事情了，如果不考虑这段极端时期的影响，两党执政期间的平均收益率就极为接近了：11.1% 对 13.6%，这显然不足以让投资者来为谁将成为执政党下赌注。在认识股市均值的时候，另一个必须牢记在心的秘诀是：剔除极端现象以及变化非常大的数字，然后再看看直线平均法是否更适合于投资决策。

但在这种情况下，你或许仍然会觉得民主党就是比共和党好。数据确实支持这样的结论，但假如不考虑胡佛和罗斯福这两位总统，共和党的执政时间则远远超过民主党，因此，两者的出发点就是不公平的。假如我们彻底放弃意识形态优越性的观点，转而专注于从这些数字中寻找规律，那么我们或许会发现某些切实可行的市场模式。

表 7.1 将总收益率分解到每一位总统任期内的 4 个年度，现在，我们姑且不考虑具体年份，只看 4 个年度的年均收益率。第 1 年和第 2 年的平均收益率分别为 8.1% 和 9.0%，第 3 年和第 4 年的平均收益率则分别是 19.4% 和 10.9%。

这是一个非常有趣的规律。现在，我们再来看看个别年份的情况。在每届总统任期的后半段，也就是第 3 年和第 4 年，股市收益率几乎全部为正。自 1939 年以来，每位总统任期的第 3 年从未出现过收益率为负的情况，不仅没有出现过负的收益率，而且大多时候都为两位数的正收益率。以上每位总统任期的第 4 年仅出现过 4 次亏损，而且他们在此年的股市收益率大多达到两位数。

现在，我们再来看看每位总统前半段任期内股市的表现，整体而言，股市收益率起伏性较大，而且第一年的波动性要高于第二年，但差别并不大。**从历史上看，你在前两年遭遇亏损的概率要远远大于后两年**。当然也不是没有明显的例外，毕竟，在投资这个问题上显然不存在放之四海而皆准的规律。

对于这种情况，基本面因素可以做出更准确的解释，也就是说，**股市收益率的高低取决于投资者对立法因素的风险厌恶倾向到底是提高还是减少**。不管采取何种表达方式，或是用了几千页纸，新的立法最终都要带来资金、财产的重新分配或者监管方式的转变。政治家喜欢把立法标榜为改进社会福利的工具，但是，它们的真正目的无非是从现有拥有者手中拿走一部分东西，然后再把它们转移给其他人。

大量的学术研究表明，人类对损失的厌恶程度是对收益喜好程度的两倍多，也就是说，25% 收益带来的快感才能弥补 10% 损失带来的痛苦。美国人当然也不例外，对欧洲人来说，这种差异更明显。因此，当立法带来的风险增加时，比如说总统任期前两年，那些因此而遭受损失的人对这项法案的憎恨程度，自然要远远超过那些受益者对它的喜好程度。我们可以公开表达这种喜怒哀乐，因此，这个过程就像是一场哑剧，虽然每个人都不需要直接表达自己的情感，但他们用还是实际行动影响了市场发展，并导致总体风险厌恶水平的加剧，进而造成收益率的剧烈波动以及平均收益率的恶化，这也是我们在表 7.1 中所看到的情况。但当针对立法的风险厌恶程度下降时，即总统任期后两年，股市在历史趋势中表现出一致的正收益率。

国家领导人任期政治学的奥秘

造成立法风险厌恶在任期的前后两年截然相反的原因是什么呢？哪些是国会可能赞成或是不会赞成的呢？

就像我们都知道的那样，英语中的政治学（politics）这个词源于拉丁语中的 poli 和 tics，它们的意思分别为多和小型吸血动物。在我看来，很多地方政府的官员都是不错的人，但一个国家的政治绝非是一场球赛。根据我的观察，即使是最理性、最善良和思维健全的公务员，只要去了华盛顿，不出 5 年就会变成很多吸血动物中的一个。这些吸血动物的唯一目标就是寻求连任，或是升迁到更高的职位，他们选择做什么或是不做什么，目的无非是为了招揽拥护者、增加自己的知名度和筹集资金，没有钱他们就无法展开无休无止的竞选活动。

他们为什么如此热衷于成为吸血动物？没人知道，或许他们有时也会像孩子那样不成熟，我不知道该怎么解释。或许有些人已经失去理性，帮助人类的疯狂梦想让他们丧失理性。我认为，大多数人只是出于他们的个人利益，或因为华盛顿特区有一种特殊病菌，会感染那里的所有人，激活他们的吸血本性，诱使他们陷入疯狂而诡异的怪圈。

这些吸血动物只想寻求连任或是进一步升迁，而总统就是这群吸血动物的头领。他已经不可能再升迁到更高职位，因此，他最想做的事情，或者说他的唯一目标就是谋求连任。他的演出最多只有 8 年的时间，而且享受 8 年掌声的唯一机会就是实现连任，他希望这个梦想成为现实，就像我们将会看到的那样，他们常常能如愿以偿。

吸血动物的领袖或许根本就不清楚资本市场是如何运行的，我们还从未见过一个熟知股市的总统，但令人费解的是，他们对政治史却了如指掌。他们都知道，在当代美国的总统史中，在任总统在中期选举时的支持度可能会略逊于反对党。2002 年，小布什成为 100 年以来第一位在中期选举中战胜对手的总统，但他的共和党随即便在 2006 年的大选中惨败给对手，这同样验证了历史的规律。

因此，总统们都知道，不管他们想通过多么永恒而伟大的法案，他们一定要在任期的前两年内通过，我之所以说的是“他们”，是因为迄今为止的美国总统还没有女性，因为在任期的后半程，随着自己的权利不断被削弱，总统们将面对更大的挑战。

此外，总统们都知道，大显身手可能会惹恼某些人，譬如某些地位显赫的独立选民，没有他们，总统们就有可能失去一批重要的支持者，因此，他们需要拉拢这些独立选民，让这些选民认为除了自己之外别无选择。经过风风火火的前两年，然后，他们又发现死对头一般的国会让自己在后两年无所作为，于是，这个领头的吸血鬼通常会选择退避三舍，尽可能地让所有人满意。某些时候，这种退让也是一种自我保护，在全球形势面临窘境时，挡在眼前的国会很可能会让总统一筹莫展。与其针锋相对，还不如以退为进。此时，总统做的最多的事情，就是指责反对党的阻挠，让他们一事无成，例如，他或许会说：“我本想让你们好好享受一番，但我的敌人不允许这么做，因此，让我接着干吧，把选票投给我，投给我的伙伴，踢走那些反对者，下一次，我会让你们得到更多！”

这不仅仅只是理论，历史也验证了这一点，大多数实质性立法都是在总统任期的前两年通过的，而在后两年却很难再听到立法的呼声。随着总统权威的削弱，可以通过的法案数量也相应减少，于是，人们对政治的风险厌恶情绪从前两年的最高点下降到后两年的最低点。股市形势基本体现了这样的总体趋势，正因为这样，市场的平均收益率通常会在第 3 年达到最高峰，并在第 4 年延续较好的势头。

进入第 4 年，政治选举活动的影响再度显现，吸血鬼开始大张旗鼓地宣传连任之后的宏伟蓝图。这可能会让股市受到影响，但在总体上，这不过是例行公事而已，人们已经习惯了华盛顿的这种做法，因此，股市基本面基本乐观。

不妨看看最近发生的事情，在奥巴马任期的第一年里，我们经历了一场声势浩大的医疗改革以及由此带来的种种纷争。进入第 2 年，我们又进行了以《多德 - 弗兰克法案》的通过为标志的金融服务业监管制度改革。但是在第 4 年，国会几乎没有通过任何有实质性意义的法案，除了提高债务上限之外，这样的法案既是争议最多，但也是最容易通过的。原因很简单，在 2010 年中期选举之后，国会的否决权开始生效，因此，几乎没有通过任何法案，这样就被市场对政治的风险厌恶开始下降。

政治风险厌恶情绪的高低是影响市场的一个重要因素，它甚至可以成为决定市场走向的风向标。但其他因素同样重要，因此，政治绝不应该成为你看空或者看多市场的唯一理由。但建立在历史数据基础上的规律确实不乏说服力，因此，人们在总统任期后两年表现出的乐观情绪，以及在前两年风险厌恶情绪的加剧，并非不可理解。

要看透平均收益率假象背后的本质，我们先看看总统任期前两年股市的情况吧。第 1 年和第 2 年的收益率的确低于平均水平，但这更多是因为市场的波动性，而不是收益率的原因。回头再看看前面的表 7.1，在前两年里，当收益率不为负的时候，通常会达到较高水平，而且基本为两位数的正收益率，尽管不是一贯如此，但至少可以说明，我们不能想当然地认为前两年的收益一定会很糟糕。

那么，这些年的市场表现到底怎样呢？在市场预期普遍看好的年份，如果政治风险厌恶倾向受到某种影响而加剧，一向刻薄的国会会让吸血鬼不再热心于财富的再分配，此时，这个意料之外的利好因素很可能会改善股市收益率。同样，我们必须透过表面，合理认识构成这个平均收益率的具体要素。

还有一点要记住的是，这个规律的优势在于，它经常被人们所蔑视，甚至是被彻底忽略。如果你突然听到很多人在讨论同一件事情，那么这很可能意味着，这件事根本就没有看上去那么美好，至少当下是这样的。这种事情在过去偶有发生。但由于我们实在是太健忘了，因此，只要一年时间人们就会彻底忘记过去，迷恋于眼前的热炒，只有事实摆在面前，我们才意识到历史是多么有用的工具。

如何将大众的偏见变成你的获利点？

意识形态对投资来说是一种危险的东西，就股市整体趋势而言，哪个党派执政并不重要，但是在某个特定时点上，它却可能具有决定意义。这并不是因为某个党派在本质上优于其他党派，而是因为资本市场不依赖于某些人的决策，相反，它取决于几十亿人做出的几千亿、几万亿个决策。

偏见是人的本性，这是我们在本书中多次强调的观点，但它不见得是坏事。**如果你彻底摆脱偏见的束缚，同时能分辨其他投资者的偏见将如何影响其决策及市场，那么或许你就能更客观地认识世界，更好地挖掘潜在利润。**

在总统任期周期的第 1 年和第 4 年，即上任年之后的大选年，偏见发挥了尤为重要的作用。如前所述，根据我个人的经验以及无数民意调查的结果，投资群体更倾向于看好共和党。我提到这个，并不是因为你是共和党人而取悦于你，或者因为你是民主党人而想激怒你，这只是一种实践观察的结果，无论如何，请务必牢记，在投资中一定要彻底摈弃意识形态的偏见。

共和党的政治家们自认为他们在扶持企业、发展经济方面会起到更大作用，在竞选时，他们的嘴上总是挂着让企业界心情舒畅的甜言蜜语，做出无数让企业界翘首以盼的承诺，当然，这样做对股市是有利的。而民主党则被认为对企业界不够友好，相反，他们对非市场性的社会事务更感兴趣。市场当然不喜欢这样的政府，因此，在大选年也就是第四年，当我们选举出一位共和党总统时，股市平均上涨了 15.6%，而在选举出一位民主党总统时，股市平均涨幅却只有 6.7%，见表 7.2。这就把事情抽象成了一个再简单不过的因素：**在其他条件不变的情况下，如果我们预先知道将产生一位共和党总统时，我们就能预言，大选年将迎来一个大牛市。**

表 7.2　不合常理的倒置

	大选年（第 4 年）(%)	加冕年（第 1 年）(%)
民主党获胜	6.7	14.9
共和党获胜	15.6	0.8

资料来源：全球金融数据公司，1925 ～ 2010 年标普 500 指数总收益率。

事实同样再简单不过，当我们选举了一位共和党总统时，大选年的股市确实表现不错，但总统上任年股市的表现却差强人意。再看看另一面：如果我们选举一位民主党总统，市场在大选年的表现确实不够好，但在总统的上任年股市却出奇得好，这又是怎么回事？

共和党人当选总统时，他就不再是候选人而是总统，此时，他已经开始考虑连任的事情了。他需要独立选民的支持，还要尽可能地拉拢一部分民主党人，他知道共和党已经不能再给自己带来更多的支持了。这个共和党总统不可能兑现他曾经的承诺，他还要和自己的政敌进行斗争，就像奥巴马总统在 2011 年不得不和民主党自由派对峙一样！于是，市场突然发现，这个总统并没有像他们所期待的那样去执政，他根本就不是那个他们曾经支持过的候选人，相反，他只是一个政客，因此，共和党总统上任年的股市反倒更加波澜起伏，而且平均收益率也只有 0.8%。再看看表 7.1 中的数据。在共和党总统的加冕年，唯一的正收益率出现在小布什政府时期，除此之外，统统都是负收益率，无一例外！

民主党政府却恰恰相反，民主党的总统同样也是政客，在竞选时，他同样会慷慨陈词地支持华尔街那些有钱有势的大人物，毫不留情地呵斥小人物，于是这些小人物惶恐不安地逃离市场，这就导致大选年的股市平均收益率较低。但他也想谋求连任，也不想惹恼华尔街的那些富豪，毕竟他们可以带来很多选举资金。此外，如果要更好的保住这个位置，他就必须保持中间立场，他的每一个决策都要兼顾两个党派的利益。于是，市场会意外地发现，原来民主党也并非像他们最初担心的那样敌视企业界，这样在民主党总统的第一年任期内，股市的平均收益率就变成了 14.9%。而且收益率的波动也较小。除了罗斯福的第二任期和第三任期之外，因为当时正处于“大萧条”时期，唯一一届总统任期首年股市收益率为负的，就是卡特政府，而也仅为 -7.2%，似乎不算意外的是卡特并没有实现连任。

再来看看奥巴马总统吧，在他的任期内的股市几乎完全符合这个规律。如果你是一个共和党人士，你应该不会喜欢奥巴马。值得注意的是，他的医疗健康法案实际上远未达到他最初承诺的目标，同样还有金融服务业的监管改革。时至今日，民主党的背景已经开始让他感到力不从心了。这很正常，不过与之前完全吻合的是，在奥巴马总统的大选年，股市异常灰暗，而在他的加冕年，股市则迎来艳阳天，这绝对是再正常不过的常态了。

因此，如果你认为共和党将在大选中获胜，你就应该有足够理由对市场持乐观态度，但如果你认为民主党将获胜，那你就应该当心了，同样，还需要考虑经济和情绪等其他市场因素，还有加冕年的市场波动。如果你是一个共和党人，有一点要牢记在心：千万别犯很多人在 2009 年曾经犯过的错误，他们一厢情愿地以为，既然你如此讨厌这个新的民主党总统，那市场当然不会给他面子。市场或许就会领情，而且常常会领这个情，因为市场的担忧情绪就是选举的动力。如第 1 章所述，股票市场的变化往往领先于经济形势，而不是滞后于经济。

别忽视了政治带来的投资机会

如果是在 2011 年和 2012 年阅读这本书，有些人或许会感到一丝恐慌,在他们看来,如果奥巴马连任,那就会对 2012 年的股市带来不利影响。历史才是最好的先导，事实根本就不是这回事。

我当然不知道奥巴马是否会连任，至少在写这本书时即 2011 年还看不到任何蛛丝马迹，我只能说，精力旺盛的在任者很难被击败。在标普 500 指数的历史中，有 14 位在任总统曾试图谋求连任，其中只有 3 位以失败而告终，他们分别是福特、卡特和老布什。值得注意的是，在此之前福特从未在众议院席位以外赢得过任何竞选胜利，而在一个明显倾向于共和党的领域，如果你心目中的候选人是共和党候选人，那赢得国会席位的机会自然大增。作为总统候选人，明显缺乏选举经验的卡特显然是一个弱者。

于是，我们就这样选择了卡特，他的对手是一个极其孱弱的候选人福特，卡特的运气实在是太好了。但卡特的运气同样又很糟糕，就在他谋求连任时，面前横亘着两道他根本就无法逾越的高墙：一个是流年不利的市场指数，而另一个就是共和党历史上最强大的参选者，他就是后来被称为“伟大沟通者”的罗纳德·里根。

把老布什推下台的罪魁祸首，是他眼看着在加剧却始终无力扭转的经济衰退。尽管在任期内这场经济衰退悄然离去，但老布什的功劳却并不为大多数人所认同，见第 1 章，每一场经济危机之后都会出现这样的结局。事实上，很多人都在嘲笑老布什的经济危机结束论，尽管他并没有说错，但是在决定选票去向时，这已经无关紧要了。此外，布什总统争取连任的对手，同样是被视为民主党历史上的最佳竞选人：那个能知你痛的比尔·克林顿。克林顿也充分利用了公众对“经济衰退已结束”

的怀疑心理，抛出了一个令美国人最解气的竞选口号："关注经济，笨蛋！"尽管布什并不是笨蛋，但克林顿却成功地让老布什看上去就像是一个笨蛋。

竞选者很难打败在任者，人们经常会说奥巴马的民意支持率实在太可怜了，根据盖洛普在 2011 年 8 月进行的民意测验，奥巴马的支持率只有 39%。很多人认为他的总统生涯将要走到尽头，因为迄今为止，还没有一个人能在支持率低于 40% 或是差不多的数字的情况下实现连任。希望确实不大，但只要明天不是大选日，任何情况都有可能发生。我在写这本书的时候距离大选年还有一年多的时间，如此长的时间什么事情都有可能发生，民意支持率的波动显然是股市波动所无法企及的。因此，今天的支持率毫无意义，而且它又进一步的证明了我们的记忆力是多么糟糕：人们总是忘记，总统的民意支持率可能会发生戏剧性的变化。

这一点在克林顿的第一届任期中就得到了验证，当时，比尔·克林顿的支持率非常低，罗纳德·里根也一样，但他们都轻而易举地赢得连任。哈里·杜鲁门在连任时的民意支持率很高，但他在第一届任期内的支持率始终很低，最低甚至低于 33%，但他还是赢得连任。那么，你是否知道，在连任竞选中民意支持率最高的总统是哪一位？老布什和林登·约翰逊，后者主动放弃连任。

但是，这对市场来说意味着什么？就在 2011 年，也就是在写这本书的时候，我还没有准备好怎样对 2012 年的股票市场做出预测，但当时已经存在一个利好因素，我猜你肯定没有听说过：我们要么让现任民主党总统实现连任，要么选举一位新的共和党总统，这种权衡绝对会成为股票市场的一个亮点。

回忆一下前面民主党和共和党在大选年股市的表现：当我们在大选年选举一位共和党总统时，市场通常会高企，因为市场对民主党有畏惧心理。这种效应会在共和党总统的第一届任期内得以强化，并在第二届任期内逐渐消除。在选举一位新任的共和党总统时，市场尤其会产生高预期，股市在这些年份的收益率甚至会达到 18.8%，见表 7.3。而新当选的民主党总统通常只会让情况变得更糟，股市的平均收益率居然为 -2.7%。

表 7.3　首次当选年与再次当选年收益率比较：当选年的“甜点”

	民主党（%）	共和党（%）
首次当选	-2.7	18.8
再次当选	14.5	10.6

资料来源：全球金融数据公司，标普 500 指数总收益率。

尽管市场会对民主党总统的首个大选年感到担忧，但民主党执政并不总是带来厄运，当他作为在任者谋求连任时，这种情况就会大为改观，因为我们都知道这个人是谁，我们都对他很熟悉，不管你是否喜欢他。如果我们让他连任，那是因为我们都认为他还没有那么糟糕，就像我们在 1996 年选举比尔·克林顿连任时，股票上涨了 23.0%。

历史数据显示，在民主党总统实现连任时，股票的平均收益率为 14.5%，见表 7.3。尽管这个数字不如共和党总统的首个大选年，但毕竟要好于共和党总统的连任之年，后者执政时期的股票平均收益率仅为 10.6%。此时，当在任总统第二次在大选年对企业大打感情牌时，市场已不会再像以前那样轻而易举地被感动了，他们在内心深处已经知道，这位民主党总统只不过是另一个政客而已。因此，不管选举一个在位的民主党总统连任，还是选举一位新的共和党总统，我们必须在 2012 年选出一位新总统，而最终无论谁当选，他都将为股市的发展注入强大的推动力。

这个示例也强调了表 7.3 所说明的基本面因素。表 7.4 说明，在任总统在加冕年也符合这样的规律。如果新任总统不是一个彻头彻尾的社会主义者，市场便会解脱，加冕年的市场平均收益率会达到 22.1%。但如果新任总统对经济发展不太热心，加冕年的股市则会下跌 0.6%，但是到了第二届任期，这些影响都会消失。尽管股市的平均收益率还说得过去，但显然不及民主党总连任统的加冕年，上涨幅度达 8.9%。在共和党总统连任的第二个加冕年，尽管股市的总体表现不佳，但平均收益率仍然不低于 2.7%，此外，这个平均收益率并不是一成不变的。根据上述总结，我们再回头看看表 7.3，会发现一个一致性程度较高的趋势，显然，某些民主党总统加冕年的市场收益率确实好于其他总统。总体上，共和党总统加冕年的股市收益率低于市场平均水平，唯一的例外就是老布什。但我们仍会发现其中较高的一致性规律，而且这种一致性规律也是我们需要加倍关注这个基本面因素的原因。

表 7.4　首次当选与再次当选年收益率比较：不合常理的倒置

	大选年（第四年）(%)	加冕年（第一年）(%)
民主党首次当选	-2.7	22.1
民主党再次当选	18.8	-0.6
共和党首次当选	14.5	8.9
共和党再次当选	10.6	2.7

资料来源：全球金融数据公司，标普 500 指数总收益率。

在这些数据中，或者说是在股市的整个历史中，我们根本就找不到证据可以证明，共和党执政期间的股票市场总体优于或者逊于民主党政府执政期间的股市。反之，我们倒是可以体会到，市场预期、意识形态偏见在股市中扮演了一定的角色，但它们的影响毕竟是短暂的，某些情况下，这些偏见也可能有助于塑造市场对未来 12 个月或 24 个月的预期。

我们中的很多人非常关心政治，而且始终对政治抱以高度热情，短暂的记忆力却让我们忽略了政治带来的关键信息。我们忽略了最基本的规律：**股市在总统任期前两年会剧烈震荡，大涨或是大跌，而第三年和第四年则是利好的年份**。同样被我们忽略的是，选举一个共和党总统会让市场在大选年有一个好彩头，但加冕年则流年不利，而共和党总统连任年也会遭遇这样的尴尬。我们同样无法意识到，在民主党总统的大选年市场将面临熊市，加冕年则对应牛市，而竞选连任年都是股市的好年头。

几十年以来，这些基本规律都被验证了，它们基本未发生变化，而且一致性很强，尽管如此，我们还是视而不见。我们之所以视而不见，部分原因就在于我们糟糕的记忆力，还有一部分原因则在于自负：我们总是固执己见地相信自己的政治观点，以至于当政治让我们失望时，我们会自欺欺人地选择视而不见。

有关美国总统和股市的历史很容易收集，也比较容易总结，并从中发现规律。我认为，大多数投资者甚至懒得去尝试，其原因就在于他们早已对政治有先入为主的观念。既然不研究历史，他们就只能根据自己糟糕的记忆行事了，我们都知道拙劣的记忆力会给我们的分析能力带来怎样的影响，对于那个很有可能成为下一个吸血鬼头目的人，不管是喜欢还是憎恨，我们都应牢记，没有任何证据可以说明，他会成为股票市场的丧门星。

那么，某些政策是否会给经济增长、企业盈利、创办企业或是扩大企业规模带来副作用呢？当然会，我永远也不会反对这样的观点。但也没有任何证据可以证明，某一个政党从诞生之日就是管理经济的笨蛋，这也正是我们需要进行全球性投资的原因所在。

不妨再看看几个愚蠢的政治现象，2002 年 7 月，共和党总统和国会共同签署了《萨班斯 - 奥克斯利法案》，这是过去 10 年立法实践中通过的最愚蠢、对市场最为不利的法案，迄今为止仍是这个国家的毒瘤。2010 年，民主党总统和国会通过了一个同样愚蠢而且收效甚微的《多德 - 弗兰克法案》（*Dodd-Frank*）。两个政党都是国家的绝对控制者，两个法案也同样的愚蠢之极。这样的例子数不胜数，但有一点是可以肯定的：愚蠢绝不仅仅属于某个政党。

“驴象之争”如何影响股市？

我在 2011 年创作本书的时候，2012 年总统大选正在如火如荼的进行着。我既不知道共和党提名人将会是谁，也无力对大选结果做出任何预测。尽管我曾接受过政治学的正规培训，但我从来没有考虑过把预测大选结果当作自己的本行，而当一个事后诸葛亮却是件很容易的事。

下面这个例子会让你发现，有一种事后诸葛亮或许是我们不了解的。这个例子不是对 2012 年大选结果的预测，而是为了说明我们总是会忘记隐藏在身边事情中的规律，拙劣的记忆力让我们无法把生活中的点点滴滴串在一起。这个规律只遇到 4 次例外，而正是这些例外才使我们得以验证规律。

了解一下共和党的西部提名人效应吧。自 1948 年当选的托马斯・杜威开始，除一人外，所有共和党的提名人都来自于西部。

这个唯一的例外就是杰拉德・福特，尽管出生于内布拉斯加州，福特始终是密执安州议员，那里绝对不是西部。福特通过一种极不寻常的方式成为美国总统：首先被任命为副总统，但并非是通过选举，而后又因现任总统辞职而成为总统。如前所述，福特是一个实力并不是很强的总统候选人，1976 年在任时，福特在党内提名时差一点就输给里根，这在现代政治中是前所未有的事情。这似乎可以说明，共和党只喜欢来自西部的提名人，很自然，他在随后的连任竞选中败北，这也进一步验证了这一规律。

自托马斯・杜威（Thomas Dewey）与罗伯特・塔夫脱（Robert Taft）的传奇大战之后，其他每一位共和党提名人均有着强烈的西部背景，这个规律从来就没有被打破。来自纽约的杜威属于东北部的自由派共和党人，而他的对手塔夫脱则代表中西部的保守派共和党。尽管杜威赢得上世纪 40 年代的这场党内提名大战，但塔夫脱还是成为最终的胜利者。显然，杜威对于 1952 年选举中，德怀特・艾森豪威尔成为提名人有一定的促进作用，出生于得克萨斯、成长于堪萨斯的艾森豪威尔具有明显的西部背景，或者，更明确一点说，东北部自由派的反对者们更有可能接受塔夫脱的追随者。

来自南加州的尼克松被视为右派强硬势力的总统候选人，实际上并非如此。不管怎么说，政治更多的是幻想，而非现实，政治的主题就是幻想，即使是在 1968 年和 1972 年，尼克松还是一个地道的纽约人，他代表的却是加利福尼亚。尼克松不仅知道共和党并不是铁板一块，而且还知道他必须让自己成为西部人，因为共和党的灵魂在那里。巴里·戈德华特、里根、布什父子、多尔、麦凯恩，统统都来自西部！当然，老布什出生于东北部，而且属于共和党中的温和派，但老布什在里根政府担任副总统之前，而且是在被提名为共和党总统候选人之前，老布什一直生活在得克萨斯，他在那里有着深厚的背景，而且他对这样的背景感到很满足。

有趣的是，在这些来自西部的提名人当中，没有一个来人自中西部、落基山脉以及除堪萨斯以外的平原地区。但堪萨斯在美国历史中拥有着不同寻常的政治地位，只不过还没有被人们所认同，详见附录。

共和党人始终对来自北方的共和党左派人士颇有微词，其中就包括杜威、尼尔森、洛克菲勒、比尔·斯克兰顿、约翰·林德赛以及 2011 年的马萨诸塞州前州长米特·罗姆尼，所有这一切都可以追溯到杜威 - 塔夫脱之争。在这场竞赛中，来自南方的共和党势力成为最终的决定性力量，而共和党根本就不信任东北部的温和派。他们到底会提名谁呢？我也不知道，这不是我关心的事。

重要的是，我们总要尝试以前没有尝试过的事情，或许现在就需要去尝试。任何规律总有例外，如果共和党只做以前经常做的事情，他们或许应该选择里克·佩里（Rick Perry）这样拥有西部背景的人，他知道应该怎样穿牛仔皮靴，而且马上能识别出不同的响尾蛇。但也未必，政治也会随着时间的推移而改变，但规律未必永远正确，或许就在今天或者明天，它就会出现某种变化。

我完全可以理解共和党人为什么对西部牛仔如此信任，但我不敢确定自己一定是对的。不管我的想法对错与否都无法验证，而且这种肤浅的政治观点也没有什么实际意义。既然我没有办法为自己的政治观点做出结论，自然也就没有理由再去推行这样的理论了。

可以肯定的是，这种规律是存在的，只是不知道它为什么会存在，同样可以肯定的是，迄今为止还没有人注意到这个规律！这个规律已经存在了 60 多年，但我们从未细心地去解读过它。它就在我们的身边，而且反复出现，我们却丝毫没有注意到它的存在，即使是我们熟知的规律，我们也一样察觉不到。

再看一下民主党的东部提名人效应。相比之下，还存在另一个同样显而易见但却被人们视而不见的规律，在提名总统候选人的时候，民主党有着完全不同的思维方式。在超过 100 年的历史中，除了 3 个特例之外，民主党从未提名过任何一位将政治基地安扎在密西西比河以东的候选人，他们对西部人一点也不感兴趣。但有谁注意到这了？当然有！是南方人？是的，他们是共和党不感兴趣的人，除非你把得克萨斯也看成是南方，但我从不认为得克萨斯属于南方地区。那是东北部？或许是，还可能是中西部的？没准，但肯定不是真正的西部。因为西部人从未到达这么远的地方。我的意思是，大多数人肯定还没有注意到这些规律，尽管它就在我们眼前，我们总是对这些再明显不过的事实视而不见。不管怎么说，还是有很多人对此给予了关注。

同样，这 3 个例子就是对以上规律的最好验证。第一个例子就是哈里斯 · 杜鲁门。他是以富兰克林 · 罗斯福第三个任期内副总统的身份来到华盛顿的，并在罗斯福逝世后接任总统一职。杜鲁门的经历多少有点像杰拉德 · 福特，后者被看做史上实力最弱的总统候选人。尽管通过选举成为副总统，但杜鲁门仅在任 82 天罗斯福就病逝了，此时的杜鲁门显然还没有为自己积攒足够的从政经验，更谈不上已经为担任美国的最高元首做好准备，时值第二次世界大战酣战之际，很多事情都需要美国参与。就这样，杜鲁门就成了密西西比以东这个规律的第一个例外，但他成为总统确实有着不同寻常的经历，作为一个以堪萨斯城为大本营的政治家，杜鲁门并非来自密西西比的大西部。如果不是凭借这样的方式成为总统，几乎可以肯定的是他永远也不可能通过正常渠道获得提名。

林登 · 约翰逊是一个更例外的特例，但也并非完全不可理解，来自得克萨斯的约翰逊确实是一个地地道道的西部人。他的经历验证了西部人艰苦奋斗、一步一个脚印、不畏艰险和追求独立的崇高品格，这都是让西部人引以为荣的品质，我本人也为此而感到骄傲！和杜鲁门与福特总统一样，约翰逊也是在担任副总统后最终成为总统的，同样和杜鲁门、福特总统一样的是，作为在任总统，约翰逊在 1964 年获得总统竞选提名资格。让人感到疑惑的是，如果换一种方式，不知道约翰逊还能不能获得提名。

第三个特例是休伯特·汉弗莱，在约翰逊退出总统竞选后，汉弗莱是作为在任副总统获得 1968 年总统竞选提名的。在 1968 年的新罕布什尔州民主党初选中，尤金·麦卡锡在与约翰逊的竞选中出人意料地获得大胜，这让约翰逊意识到，他的实力已经不足以获得提名并最终赢得大选了。同样又是一个不同寻常的故事，更具戏剧性的是，当时加州初选的重要性远大于现在。在加州获胜之后，罗伯特·肯尼迪在提名大战中成为领先者，在那个晚上，肯尼迪遇刺身亡。

我们同样无从考究的是，如果罗伯特·肯尼迪没有遭到暗杀，休伯特·汉弗莱是否还能获得这个提名资格。他或许根本就没有机会，因为在当时的民意测试中，汉弗莱始终处于落后位置。有一件事非常有趣：汉弗莱的竞选办公室就设在距离密西西比只有 2 英里的明尼苏达州，这又是一个例外，但这个例外与规则似乎又接近了很多，所以只能算是一个小小的例外，需要注意的是，汉弗莱在大选中失败了。

如果不考虑这些例外，民主党的总统候选人一直都是来自密西西比以东。而最近的一个例外，则是来自内布拉斯加州的威廉姆·詹宁斯·布莱恩，即使是这个例外，也是很久以前的事情了。而且内布拉斯加州也不算是大西部，对于这个布莱恩，我们可以在附录中看到他在《绿野仙踪》（*The wonderful wizard of OZ*）里对应的角色。

当然，这只是我个人的理论，既然从未经过科学方式检验过，因而也不必过于较真。和我对共和党的观点一样，随着时间的推移，任何基本面因素都有可能发生变化，到了那个时候，我们或许会发现这些所谓的规律已经消失。

两个极其具有说服力的规律却始终摆在我们面前，我们每个人都在关注政治动向，都知道大选的结果，但大多数人却没有注意到其中的规律。有时候，我们当代人类的思维似乎并不善于识别最简单的规律，因为我们的记忆力和我们的分析力总是不相吻合。而历史则是我们认识自己、克服记忆力缺陷最好的工具，它让我们看到更有意义的规律性，就像我们对总统任期的分析一样，我们完全可以用更基本的因素去解释这些规律。

把赌注压在企业家身上更靠谱

我并不认为政治家是出于恶意而做出不当之举，正因为如此，我才不同意某些意识形态主义者的观点：他们憎恨的人天生就是邪恶小人，而他们喜欢的人天生就是圣明的天才。相反，我认为大多数政治家只不过对经济知之甚少，在政治上又过于狡诈，完全是自私又自利的自我陶醉者。

大多数国家公务员都可以看作是职业从政者，对于大多数职业政客而言，他们并不是每天都在制定着会影响私人企业盈利的决策，因此，企业员工的命运也并非是由政治家掌握。相反，对企业负责的应该是董事会以及董事会的成员，他们需要监督企业，并使得企业不断实现利润，实现股东价值等。即使企业没能在一定时期内创造利润，这些董事也不会被解雇，但政治家的命运则是由选民决定的。的确，取悦于选民和经营一个赚钱的企业根本就是两码事，不妨想想很多政治家，他们几乎从未做过什么好事，但依旧还活跃在政治舞台上。

由于大多数职业政治家都没有经营过企业，也没有过在私企长期任职的经历，因此，他们根本就不会认真思考影响全球经济的诸多要素，更何况这些要素本身就是不计其数、复杂多变而且又难以理解的。尽管我无法看清政治家大脑里的东西，也不想看，那或许会让我感到恶心，但他们似乎都坚信，经济可以完全控制在他们的掌心里，而且他们相信自己能够运筹帷幄，控制一切风险。政治家们希望你能对他们充满信心，这样，你就可以把手里的选票投给他们，他们会说：“投给我一票吧，我会保护你们。那个家伙只会偷走你的钞票，让你们的日子不得安宁。”

对于那些确实经营过企业的政客们，情况就好多了，不过我依旧认为，等到他们在华盛顿待上5年之后，他们就会把过去的一切忘得一干二净。**政客们的记性还不如投资者，他们的记忆力将更多地受公众舆论左右，因为他们唯一关心的就是能否赢得选票。**他们不再认为自己应该像一个CEO那样，去为股东创造价值，雇用更多的劳动力，而是像一个职业政治家那样去思考问题：“我应该去讨好谁，让他心甘情愿地为我掏竞选赞助费，让我继续留在这个舒适的办公室里。”

你或许会觉得某些政客天生就是坏蛋，事实也许就是这样的。但总体而言，难道他们真的是不希望帮助社会的公务员吗？或许他们会这么想，这的确是某些公务员的目标，至少在最初的时候是这样的。但如果你想帮助社会，为什么不创办一个能雇用更多劳动力的企业，让他们拥有体面的收入呢？为什么不去研究可以治病救人的疫苗、癌症治疗方法、糖尿病治疗方案或是医疗设备呢？或是提供一种更有价值的服务，比如说替他人管理资金，或者为他人提供资金，帮助他们开办企业，生产更有效率的疫苗、更便宜的运动鞋、更安全的汽车、更酷的软件或是更省钱的小玩意呢？可以说，私人部门创造的社会福利要远远超过政府，而且是政府永远都无法企及的，无论是在增加社会财富，还是改善生活质量等方面，都是如此。

因此，我始终为我的祖父亚瑟·费雪（Arthur Fisher，1875 ~ 1958）而感到骄傲。他曾是约翰斯·霍普金斯医学院的第四期也就是1900届毕业生。约翰斯·霍普金斯出生于一个富裕家庭，拥有庄园与很多企业，他不仅创办企业而且还投资有道，他让家族的财富实现巨额增长。霍普金斯于1873年去世，他留下了一笔巨大的财产，这笔财产大多用于社会捐赠，其中的部分遗产用来创办了一家医院。他为医院制定了几项基本原则：医院必须致力于吸引最有天赋的人才，为长期医疗研究提供平台。而且这家医院始终为穷苦大众提供免费治疗，这在那个时代是不可思议的事情，这就是今天霍普金斯医院的前身，这家世界一流的医疗机构已经获得很多突破性研究成果，为全世界带来福音。多年以来，约翰斯·霍普金斯医学院几乎每年都被评为世界顶级医院之一，而且在医学界的每一个领域，约翰斯·霍普金斯医学院都是无可置疑的佼佼者。

没有人强迫约翰斯·霍普金斯一定要做一个造福社会的人，也没有人要求他创建一个私人企业典范，去从事服务于全世界的事业，更没有政府法规强迫他把全部私人财产捐赠给民间慈善事业。他之所以这么做，是因为造福社会就是他的人生目标。或许你想知道霍普金斯到底给人类做出了多大贡献，遗憾的是，我们根本就无法量化他为世界做出的贡献。我敬仰约翰斯·霍普金斯，无论是他本人还是他创建的机构，但我也知道，这个世界上还有很多这样的例子。在我看来，以创造财富为出发点的约翰斯·霍普金斯，创造了一万个政治家也无法与之相提并论的社会财富，没有这些富人，慈善事业就寸步难行。

我们姑且不考虑约翰斯·霍普金斯的慈善事业，或是其他任何慈善机构。我们只需知道，很多企业家不仅成功地经营着自己的企业，也为这个世界创造了巨大的财富，更重要的是他们为社会福利做出的贡献。要理解这一点并不难，只要看看福布斯 400 强中的那些创业者就足够了，试着算一算：他们到底雇用了多少员工，他们为员工支付了多少薪水，给他们带来了多少福利。再想想这些企业的股东：他们的所有权为自己带来了多少财富。然后再思考一下与这些企业存在商业往来的其他企业：通过把自己的中间品卖给这些创业企业，或是向他们采购关键性软件，或是办公家具、会计服务等，这些关联企业实现了多少利润，再想想这些关联企业的员工、股东等。最后，我们再看看这些企业创造的产品和服务，到底给我们的世界带来怎样的改变：我们的沟通变得到底有多快捷，我们的生活变得多么美好，我们享用的商品是多么物美价廉，我们自己又是多么健康，我们的心情又是多么愉悦轻松。没人能算得出，这只会让你蒙头转向，因为这根本就不是我们所能理解的。

不妨做一个简单的设想：如果没有微软，我的公司就无法运转，因为我根本就没有办法做事情。于是，我打开戴尔电脑进行信息查询，然后再用我的黑莓手机给思科公司打一个求助电话。受益的不仅仅只有我，与政治家对我们强制性征税、然后高高在上地告诫我们应该使用哪种灯泡相比，这些创业者以及他们所经营的企业给世界带来了巨大福音，而且也更具有普遍性。

你或许不同意我的看法，这也没什么！你可能会觉得我对政治家有点愤世嫉俗，甚至是嫉妒憎恨。但我不得不重申，我根本就不关心别人会对我的这些观点作何评判。的确，我承认我很可能是犯了一个彻头彻尾的错误，但我只是在表达一些根本就无法被证明的观点。我仍然希望借助本章告诉大家，在面对市场，尤其是在进行投资决策时，如果能撇弃意识形态，我们就可以借鉴历史并从中发现规律，以史为鉴，而不再把赌注压在大选结果上，这或许会给我们的投资带来更多的利润。

和其他与市场有联系的社会现象一样，在政治问题上，我同样希望能让各位明白：市场不会忘记过去，但人却善忘，而且这一次未必会有所不同。

第8章 全球化是陷阱还是机遇?

美国股市打个喷嚏，世界股市便开始颤抖。希腊发生债务危机，整个欧洲便陷入泥淖。中国经济增速放缓，世界经济便开始震荡不安，在全球化的浪潮中没有谁能独善其身。

作为一个投资者，怎样才能抓住投资机会并避免其中的风险?

Markets Never Forget (But People Do)

任何时候都不能把所有鸡蛋放在一个篮子中。即使随机构造的一篮子股票投资，也比仅投资于某一只股票更安全。

我们经常会在媒体上听到这样的说法："这个世界的联系正在变得更加紧密！"或者"在这个日趋全球化的世界里……"

的确如此，这个世界之间的联系正在变得越来越紧密，在每一个新的10年里，世界都会发生翻天覆地的变化。但奇怪的是，现在的人们却常常对这个世界到底有多么错综复杂感到迷惑不解。这就像人们总是在说，现在比以前更捉摸不定了，见第3章。难道他们到今天才注意到这个世界的全球化趋势？只有极其健忘并且对美国历史的彻底忽略，才会认为这是一个新现象。事实是，我们的世界早已经迈入全球化时代，而且这种全球化的历史远远大于人们的猜测，其程度也远远超过大多数人的想象。忘记这一点将会造成严重的投资失误，美国股市的市值毕竟只占全球股市的43%。就平均水平而言，在美国投资者的投资组合当中，海外股票所占的比例仅为14.4%，这一点显然还需改善。回顾1990年，美国还只有122只共同基金会考虑投资国外股票，更不用说直到上世纪中期才出现的ETFs即交易所交易基金了。现在，美国已经拥有2 758只全球基金，不过，投资者投资的全球性显然未达到他们应该达到的水平。

当然，我们最关心的问题是，谁才是最早推动共同基金全球化的人？

答案是约翰·邓普顿爵士，他的传奇不仅在于他的远见卓识，他对全球投资趋势的把握，还在于他能打破常规束缚、解放思想，更在于他拥有全球性的思维与视野。他清楚地意识到，我们正在面对的是一个全球性的投资市场，在这个市场上，有无数被美国投资者所低估甚至彻底忽略的机会，而约翰爵士已经在这个时候开始进行全球投资。

很多美国人不仅对外国股票敬而远之，甚至根本就没有认真考虑过投资外国股票，直到 2010 年和 2011 年“欧债危机”的发生，以及部分新兴市场股票在 2009 年和 2010 年火爆异常的时候，他们才隐约感到其中的机会。

如此鼠目寸光的并不只有美国投资者，但美国人肯定是典型代表。英国人同样也只习惯于投资英国股票，英国人投资国外股票仅占本国股市市值的 8.3%。德国人倾向于投资德国股票，国外股票仅占本国股市市值的 3.5%，日本人喜欢只盯着日本股票，国外股票占日本股市市值的 7.8%。不丹人就只能投资于不丹的股票了，当然了，不丹人或许会不投资。

很多人担心外国股票是因为它们来自异地，对本国投资者来说过于陌生。而且不仅仅是散户投资者，很多专业人士也把外国股票看作一个单独的资产类型，于是，在他们的投资目标中就包括了股票、债券、现金和外国股票！如果一定要推荐外国股票，很多人都会建议控制投资比例，或许只有 10%，但最多也只有 20%，但非美国股票毕竟占全球股票市值的 57% 啊！

很多投资者容易忽略的是，国外的资本市场对我们来说并不陌生。今天的世界已经是一个日趋紧密的世界，而且很早之前就已经如此，更重要的是，它还在变得越来越紧密，越来越不可分割。人们还是会忘记这一切，或者说他们就是想自欺欺人地对这一切视而不见。

如果你现在就已经感到不适应，那么情况只会变得更糟糕，因为明天的世界只会变得比今天更紧密。这种关联性的存在远比我们想象的要早得多，在 150 多年前这种关联性就已经存在了。彻底忘记这 150 年的故事，确实让我们可以聊以自慰。

我并不喜欢在投资中使用外国这个词，这似乎更像是一个语义学的词汇。我个人更喜欢使用全球来取代外国。因为外国的含义更多的是在强调我们与他们的区别，而全球则具有整体性的含义。按照这样的理解，我们所探讨的问题就不再是区分国外与国内投资，或者说非此即彼，只能选择其一，相反，我们应该从全球角度出发，去考虑每一种投资策略。为什么要这样？

- 全球性投资市场的存在和影响已经远远超过大多数人的想象，我们有充足的证据说明这一点。
- 忽略投资全球性，可能就意味着忽略影响投资业绩的某种重要因素，即便你只是投资单一国家的投资者，也不能例外。
- 投资全球化，意味着给我们提供了更多管理风险和改善投资业绩的机会，这是历史给我们的启示。

不可抗拒的全球化投资浪潮

我研究过大量历史，通过阅读本书，尤其是看完上一章后，你也能认识到我对历史是多么地关注。经常让我感到困惑的是，居然连很多历史学家也认为，全球化浪潮是在第二次世界大战之后才开始的。这简直就是对历史的歪曲和诽谤！这其中的部分原因可能是，一战以来，随着以 1930 年《斯姆特 - 霍利关税法》（*Smoot-Hawley Tariff Act*）为代表的极端保护主义的兴起，世界贸易遭到灾难性打击，于是，为了克服这种贸易保护主义，短期性全球化趋势开始显现。不过，即便是个别国家试图通过建立理论上的贸易壁垒，在某些国家则是实质性的，来阻碍这种全球化趋势，但他们却无法真正阻止它。实际上，全球化趋势早在一战之前便已普遍存在，这是很多人没有意识到的。目光敏锐的多纳德·布德罗博士（Donald J. Boudreaux）绝对不会犯这样的错误，在创作于 2008 年的《全球化》（*Globalization*）一书中，他对全球化问题进行了全面而深入的阐述，这本书不仅可以帮助我们对当今全球经济的运行机制有一个初步认识，同时它也是我们理解全球化问题不可缺少的工具。

图 8.1 摘自我在 1987 年创作的《华尔街的华尔兹》一书，它的最早出处是卫斯理·克莱尔·米切尔（Wesley Clair Mitchell）的《商业周期：问题与背景》（*Business Cycles: The Problem and Its Setting*）一书。米切尔曾在 1920 年创建美国国家经济研究局，作为国家性研究机构，它保存了美国经济及其他诸多领域的经济数据，本书中的很多数据即来自国

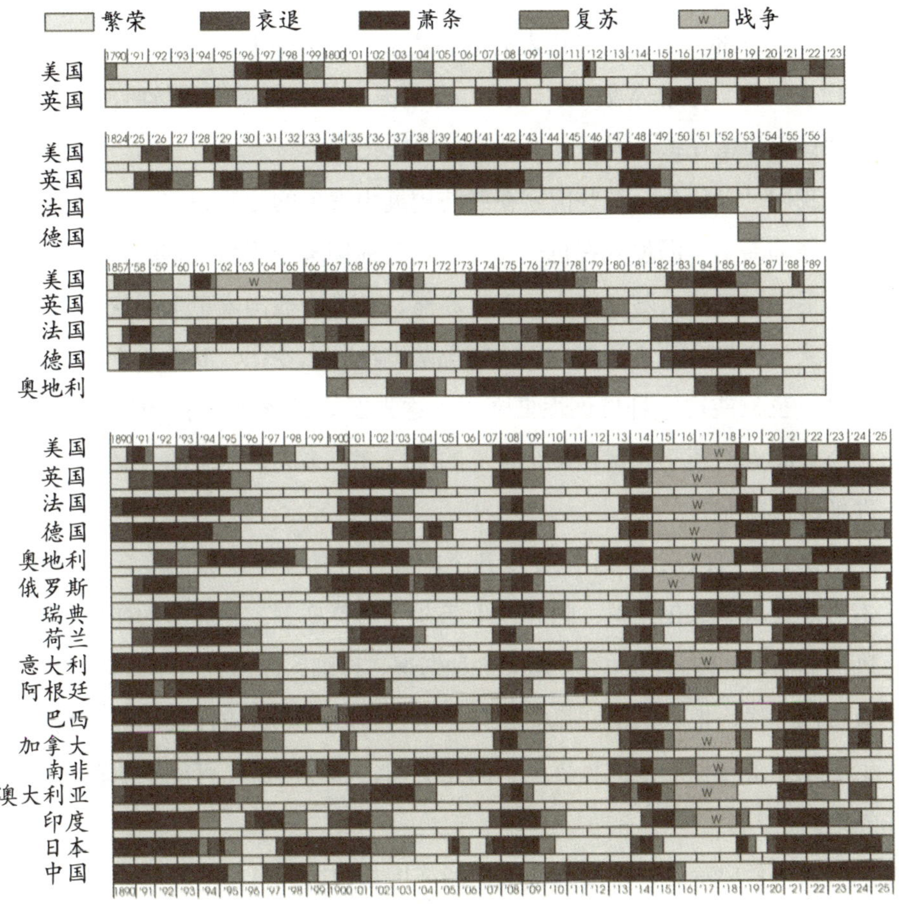

图 8.1　各国的商业周期（1790 ~ 1925 年）：同步中的世界

资料来源：卫斯理·米切尔，《商业周期：问题与背景》，马萨诸塞州，剑桥大学城，国家经济研究局，1927。

家经济研究局。随后，米切尔主管国家经济研究局长达 25 年之久，同时还创建了美国统计协会（ASS），此外，他还与罗杰·巴布森（Roger Babson）一同被称为标准经济统计学的奠基人。在他们之前，经济分析还停留在主观构想和猜测的层面上，我想，目前的分析依旧存在很大的主观性，尤其是那些没有接受过正规培训的人。

这张图反映了主要发达国家 1790 年以来的经济周期，而且首先从英国和美国开始，原因很简单，因为这两个国家拥有可靠数据的时间最早。1840 年，图中增加了法国，最后在 1853 年加入德国。我们再看看图形中的下部，黑色条形代表衰退和萧条，大多集中在一起，浅灰色条块代表扩张，也非常集中。当然，有些国家的经济周期持续时间较短，有些国家停留在扩张或是衰退期的时间较长。

我们可以认为，某些国家在经济周期中发展的比较超前，而有些国家则较为滞后，即便现在也一样。但在其他国家处于增长期的时候，发展滞后的国家也会随之赶上，反之亦然，如果少数国家患上了流感，其他国家至少也会流鼻涕。今天的情况基本没什么变化，如果一定要说有差别，也只能说这种传染性更强了。这张图的雏形诞生于 1927 年，如果今天的人们还不能认识整个世界的关联度有多高，当时的人又怎样会理解这张图呢？

我们还可以从图 8.1 中发现几个问题：任何一个主要的发达国家都不可能抵御全球化趋势，除非你生活在一个荒岛上，而且不和任何国家进行贸易，即使古巴也不会发生这种情况，否则，你逃脱不了这种趋势。像古巴一样，把自己彻底孤立起来完全是自找苦吃。或许我们都不愿意生活在一个与世隔绝的世界里，而在美国，你根本就不可能生活在与世隔绝的世界里。

另一个启示是：政治家喜欢把经济增长归结为自己的功劳，把经济衰退归结于对手的过错。这纯属胡说八道，看看前面的图就清楚了。如果经济衰退席卷全球，是没有哪个国家可以阻止的。此时，一个发达国家的政治家唯一能做的，就是想方设法采取措施，让本国经济好于世界上其他国家，但哪个国家都逃脱不了这个经济周期。总之，衰退是全球性的，繁荣也是全球性的。

不要把这个结论理解为：如果看到某个国家陷入衰退，这个国家就会自然而然地得到保护，这个世界倾向于步调一致，但不可能处于完全相同的节奏和速度。在某些情况下，一个国家陷入困境时，其他国家仍然有可能优哉游哉，尤其是相对较小的国家。通常，在每一轮经济周期中，不同国家经济的发展速度也是不一样的。在每一轮经济复苏中，都会有某些国家遭遇困境；在每一轮经济衰退中，都会有一些国家安然无恙。但如果全球经济发展趋势已基本形成，这种强大的力量就会把每个国家拉入这个漩涡中。不管全球经济增长还是回落，大多数主要发达国家都会进入这个轨道，只不过受影响的程度可能会有所不同而已。

美国打个喷嚏，世界就要颤抖

全球经济是紧密相连的，资本市场也不例外，而且这种相互关联的历史甚至远超我们所想象。图 8.1 仅仅揭示了美国及其他发达国家股市年收益率在 40 年内的变化趋势。不同国家的股市收益率的涨跌幅可能会有所不同，但它们在变化方向上却极少不同，即使存在分歧，也会在短时间内迅速回归。

人们经常会认为投资外国股票的风险很大，如果这是真的话，美国和非美国股市的表现就不可能会如此地接近。如果真是这样的话，当美国的股市下跌时，外国股市就会下跌或是进入盘整震荡，但至少不会与美国股市联系如此紧密。

另一个有趣的现象与第 6 章有关，从最早拥有美国以外股市的数据开始，国外股市的年均收益率为 9.4%，而美国股市的年均收益率则是 10.0%，的确太接近了！为什么会这样？尽管具体的运行轨迹不一样，但金融理论表明，在长期内，结构相近的股票应该具有极为接近的收益率，事实也证明了这一点。

图 8.2 揭示了 40 多年的股票历史，这已经是足够长的时间了。但又怎样判断很久之前这些影响股市的因素是否就已经具有全球性效应了呢？图 8.3 就是一个非常有说服力的早期示例：1929 年股市崩盘前后的伦敦、纽约、柏林及巴黎证券交易所。

同样，我在 1987 年的《华尔街的华尔兹》一书中也使用过这个图，在那个时候，还很少有人为全球至上的投资理念而呐喊。这张图及其所反映的历史却明确地指出，即使你只进行国内投资也必须以全球思维思考问题。对于 1929 年的股市崩盘和“大萧条”，大多数人所了解的还是集中于美国股市和美国经济，似乎我们生活在荒漠中的一个孤岛上，厄运只降临到美国人的头上。这依旧是一个全球性现象，因为全世界的股票交易所均惨遭暴跌，而且下跌首先是从美国以外的市场开始的，但是在美国却很少有人愿意提及这段历史。

我们再看看图 8.3，请注意，伦敦和柏林的证券交易所首先涨到高点，并在 1929 年小幅下调！当美国股票还在继续上涨时，巴黎股市则在 1929 年的大部分时间里处于盘整状态。这就是说，美国以外的股票

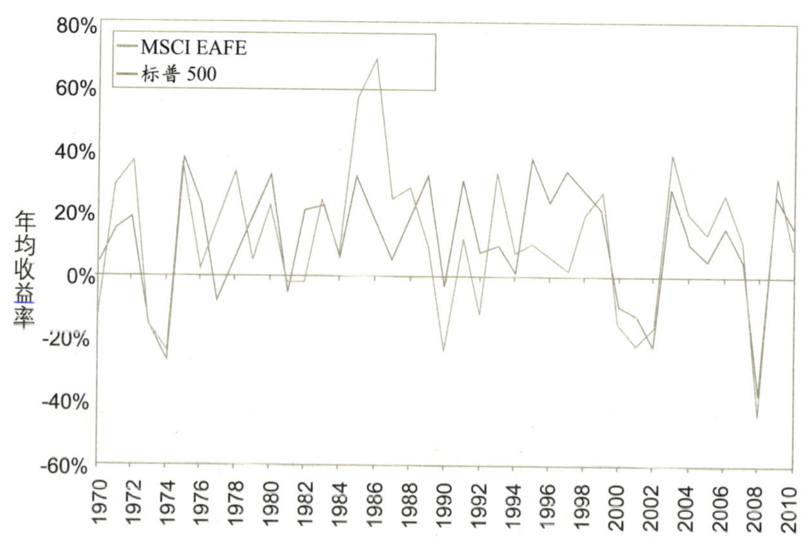

图 8.2　标普 500 指数与 MSCI EAFE 年均净收益率：强相关

资料来源：汤姆森路透，标普 500 指数净收益率，1969-12-31 ~ 2010-12-31。

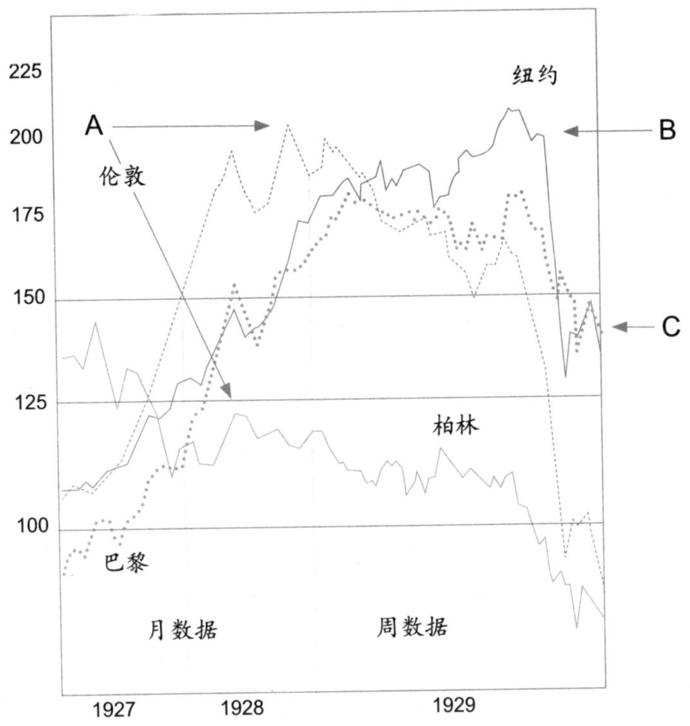

图 8.3 1929 年股市崩盘前后伦敦、纽约、柏林及巴黎证券交易所

资料来源：欧文·费雪，《股市灾难及其影响》（*The Stock Market Crash and After*，1930）。

市场为我们提出了警示，尽管闭关自守的美国人还不愿意关注这些。但是，了解全球市场，想想在其他国家发生事情美国会不会再出现，这对我们的投资还是有好处的，尽管你可能永远也不会持有国外的任何资产。

这张图最初来自欧文·费雪（Irving Fisher，1867 ～ 1947）的一本书。很多人想当然地认为我和欧文·费雪有什么血缘关系，什么也没有。欧文是上世纪 20 年代美国最著名、也是最受敬仰的经济学家。他或许还是以自由市场为核心、后来被称为新古典经济学的缔造者之一。而他的学派后来被凯恩斯学派所取代，后者在随后几十年的时间里成为经济学的主流。

此外，欧文·费雪还经常被学界视为“货币数量论 ”的创造者，该理论在 20 世纪的经济学中具有里程碑式的意义。通货膨胀研究者和经济学家们将货币数量论归结为一个简单的公式：MV=PQ。在这个公式中，M 代表货币供给，V 代表货币流通速度，即货币在经济体中的流通速度，也就是货币在一年中循环多少次；P 代表价格水平，我们可以认为它代表了经济中的通货膨胀水平，Q 为交易次数。不要试图用现实中的数据来验证这个公式，它毕竟只是一个纯粹意义上理论化的公式，但这个理论的伟大意义是不可否认的，它也是米尔顿·弗里德曼（Milton Friedman）最为推崇的理论，正是从货币数量论出发，弗里德曼提出“通货膨胀无非是一种货币现象”。而这句话的全部含义就在于，通货膨胀的根源就在于货币供给过量，或是货币流通速度太快，抑或是兼而有之。

人们喜欢把通货膨胀归结为是由无数怪异因素造成的结果，比如说，石油价格、贸易赤字或者预算赤字，但所有这些因素都与货币供应量或是流通速度直接相关。如果进一步深挖这个理论，我们会发现，通货膨胀的根本原因就在于市场上流通的货币过多，但却没有足够的消费吸收这些货币。大多数货币主义者都会说，如果我们创造的货币数量多于我们所创造的商品数量，且货币流通速度维持正常水平，我们就会看到较高的通货膨胀水平。人们对不同环境的货币流通速度以及国际贸易的影响等诸多因素始终争论不休，不过，我们现在还没有必要讨论这些问题，因为这与本书主题毫不相关。

但欧文·费雪的《股市灾难及其影响》一书则让我们看到了股市历史中最残酷的一面，在这本出版于 1930 年的书中，费雪提出了股市即将好转的观点。见鬼！在此之后，公众就开始对费雪嗤之以鼻，甚至是毫无顾忌地嘲讽。即使在 40 多年前，在我还是一个年轻的经济系学生时，人们对他早期的贡献也只是给予了有限尊重，而更多的人则是在以各种方式诋毁他的名声。

但事实是，费雪并不是先驱者，因为学术界的经济学家很少会成为领导者。他有一点令人难以接受，在经过与肺结核的斗争之后，他的身体反倒变得更健壮，蓄上了山羊胡子，并把自己变成了一个活跃的素食主义者，这有点不符合他令人生畏的形象。他写出了一本关于保健、美食和健身方面的畅销书《如何生活：现代科学下的健康生活指南》（*How to Live: Rules for Healthful Living Based on Modern Science*）。

这都是 1929 年之前的事情，费雪竟然对灶性脓毒症之类的事情笃信不疑。按照这个荒诞不经的观点，人类心理疾病的根源在于隐藏在牙齿等器官内的传染性毒素。费雪还是一个优生学家，他之所以在上世纪 30 年代饱受诟病，其中的原因并不完全在于 1929 年的股市崩盘。在希特勒开始执政时，优生学在美国和世界大部分地区都不为人所关注。

对于他的所谓灶性脓毒症理论，最具有讽刺意义的是，当他的女儿被诊断为精神分裂症时，他居然找到一位灶性脓毒症专科医生为女儿实施手术，令人发指地取出女儿体内的器官，直接把女儿送上天堂。那真是一个愚昧无知的时代，我们真得感谢现代科学啊！今天不会再有人做这样的事情了。当然，费雪没有在那个时代得到公认，还有一个原因：他是一个极端严格的禁酒主义者。

不管怎么说，虽然他的很多观点和行为都很稀奇古怪，但他还是为经济学做出了巨大的贡献，他最早指出国外股市将出现暴跌，而来自国外的流动性将给纽约证交所带来巨大压力。或许如此吧！如果长期观察海外股市，我们或许就会在这场大潮袭来之前有所准备，只要看看图 8.3 就明白了。图中的点 A 为英国和德国股市达到最高点的位置，而纽约和巴黎证交所的最高点则几乎同时出现在点 B，然后，他们又同时暴跌至点 C。

这种灾难完全是全球性的，随之而来的“大萧条”同样是全球性的，但大多数经济学家和历史学家都没有提到这一点，前提是假如他们知道的话。无论是股市灾难，还是经济危机，它们的影响都是全球性的，只不过在不同国家会呈现出不同的表面特征而已。

我们可以尝试从结果到原因的反向逻辑。今天，人们普遍认识到，1930 年的《斯姆特 - 霍利关税法》对几百种商品设置了新关税或是提高了原有关税，这个灾难性的法案成为“大萧条”的主要诱因之一。很多人认为是 1929 年的股市崩盘导致了“大萧条”。不，人们不喜欢这样的记忆，当时的股市与现在的股市没有什么区别。股市先于经济形势变化，并通过市场股值反映一系列拙劣政策的影响。尽管《斯姆特 - 霍利关税法》是在 1930 年通过的，但胡佛在大选中却把增加农产品关税、保护美国农民作为自己的竞选纲领。在通过之前，国会曾对该法案展开了激烈辩论，众议院也是在 1929 年中期才通过一个与《斯姆特 - 霍利关税法》类似的法案！全球市场都将对此做出回应。

愚蠢的贸易保护政策滋生了更愚蠢的贸易保护主义者，这是一个经久不息的恶性循环。《斯姆特 - 霍利关税法》使得各国纷纷采取报复性关税。如果人们很快就能忘记这些，那政治家忘记的就更快了。在我们让某个东西的代价更昂贵时，同时会发生什么事情呢？人们当然会减少对它的需求量！政治家们用愚蠢的随意性关税提高了全球贸易的成本，减少了世界贸易的规模，从 1929 年到 1934 年，全球贸易量整整减少了 2/3，全球经济增长遭遇窘境。我们不可能为美国设立一个单边的贸易壁垒，只要我们提高关税，其他国家也会跟进。如果对方提高关税，我们也会提高关税。

随后，同样愚蠢的美联储也做出了一个愚蠢的决定，从 1928 年到 1933 年，他们从实体经济中抽走了 1/3 的货币供给。今天，大多数人都能理解，抵御经济增长放缓、防止经济紧缩和经济衰退的途径之一，就是增加货币供给。不妨再想想费雪的货币等式：如果货币流通速度 V 因经济增长减速而增加，我们可以通过增加 M 即货币供给来实现等式的平衡，这样或许可以防止经济紧缩的恶性循环。尽管这还算不上完美，但至少我们不应该在货币流动速度放缓时减少货币供给。

灾难性的货币政策再加上愚蠢之极的贸易保护主义政策，加剧了一场原本正常的经济衰退，进而演化为“大萧条”。这就是当时全球股市面对的现状。如果你想更多了解一下货币政策对“大萧条”以及当代美国货币政策的影响，米尔顿 · 弗里德曼的《美国货币史，1867 ~ 1960》(*A Monetary History of the United States*，*1867 ~ 1960*）绝对是不可不读的。

至今为止，很多人仍然认为是二次大战的战时生产终结了“大萧条”。

如果真是这样的话，在战争结束时，美国及全球经济为什么又重新陷入“大萧条”呢？《斯姆特 - 霍利关税法》是彻底的愚蠢之举，它对经济的恢复和发展起到了阻碍作用。以 1944 年的《布雷顿森林协议》为起点，世界各国开始削减关税，无论是总体水平还是平均水平，关税水平从此都进入了下行通道。尽管在某些时间或局部位置，人们依旧会做出同样愚蠢的事情，但是就总体而言，国际贸易自第二次世界大战以来的自由化趋向日渐明显，而早已存在的全球化趋势也持续升温。有趣的是，《斯姆特 - 霍利关税法》至今仍然被美国政治家津津乐道，他们甚至根本就不愿意承认自己是错的。

因此，很多人对全球投资的认识是错误的，他们根本就没有认识到，或者是忘记了，全球化早已经不再是新生事物。那又怎样呢？它有可能会带来严重的投资失误，让我们丧失对投资风险实施有效管理和改善投资业绩的大好时机。

尽管很多人认为外国股票的风险更大，但真正的风险或许根本就不在于投资本身，尤其是在美国人的投资前景不甚乐观的情况下，更是如此。不过，如果你将投资对象完全限制在某个单一国家，忽略全球形势，也意味着你忽略了将对本国股市产生重要影响的因素，不论是美国、英国、德国或是日本，还是不丹，概莫能外。

重新评估税率与利率对股市的影响

假设你决定只投资于美国股票，而且你是一个美国人，你生活在美国，工作在美国，你的一切都在这里。难道可以说，对你而言只有美国国内的事情最有意义吗？不一定，大多数宏观经济因素都是全球性的。国外发生的事情势必会影响到国内经济形势，反之亦然。如果其他国家的经济都在强劲增长，那么，美国也很难走上相反的方向，不管你认为国内的形势有多么糟糕、政治家们有多么愚蠢、社会问题有多么错综复杂、教育有多么不入流、美国的家庭是多么地不堪一击，无论你怎样悲观，都不可能让美国与世界背道而驰。而这一点对经济、资本市场、企业盈利等问题更是如此。同样，如果世界其他国家都在陷入危机，美国也不可能独善其身，不管你觉得它看上去有多美妙，或许只是遭受的打击会比其他国家稍轻一点。

的确，影响不同国家股市的因素可能会千差万别，比如说税率、监管、货币政策等。但我们经常看到的情况是，即使是国家层面的动因也会间接影响到其他国家。譬如，监管或税收政策调整会导致跨国公司改变经营模式或变更经营地点，而美国的总统大选似乎同样具有全球性影响。但是，在国家层面上一种动因的特殊性越强，它在全球范围内的影响力就越小。如果你是一个全球性投资者，一个国家的负面动因可能会让你减少对这个国家的投资规模，不管怎样，我们首先都要从全球视角认识投资，毕竟，这个世界上任何国家都是相互联系、相互影响的。即使你是一个仅针对某个单一国家的投资者，我当然不推荐这样做，国际形势总是会影响到国内股市的行情。

你是否过度强调本土因素？我们应当重新评估内部因素和外部因素的权重。这里有一个非常有说服力的例子：税率的变化。政治家们喜欢减税，借此宣扬他们的提议是多么的好，让他们显得像圣人一般高高在上，而他们的对手则卑鄙可怕，因为他们总是在毁掉就业机会，他们憎恨穷人、憎恨孩子或是憎恨你。

几乎每一次提到税收政策时都会引起激烈争论，人们总是相信，高税收会打击股市，而低税收则是股市的天堂。事实并非如此，实际上，税率变化对股市影响的历史是错综复杂的，我认为，最根本的理由在于外部因素的影响先于内部因素。不管国内环境多么恶劣或是多么优越，美国都不可能逆全球趋势而行。

图 8.4 ~ 8.7 显示了历史上几次资本利得税的重大调整。图 8.4 显示，1981 年，资本利得税从 28% 降至 20%，有些人可能会认为，股市将迎来大牛市，事实并非如此。在国会通过这些减税法案之后，股市在 12 个月的时间里暴跌了 22%。再看图 8.5，1987 年，资本利得税重新回调

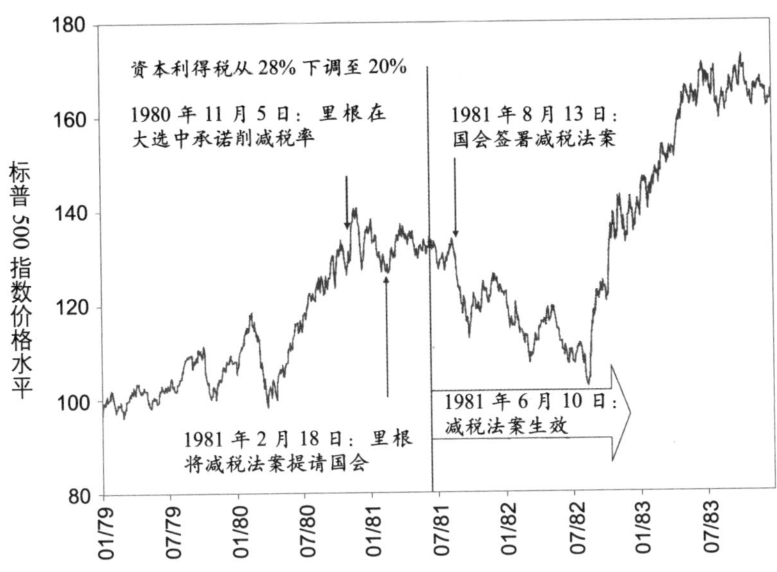

图 8.4　1981 年《经济复苏法案》（*Economic Recovery Act*）：削减资本利得税税率

资料来源：全球金融数据公司，标普 500 指数价格收益率，1978-12-31 ~ 1983-12-31。

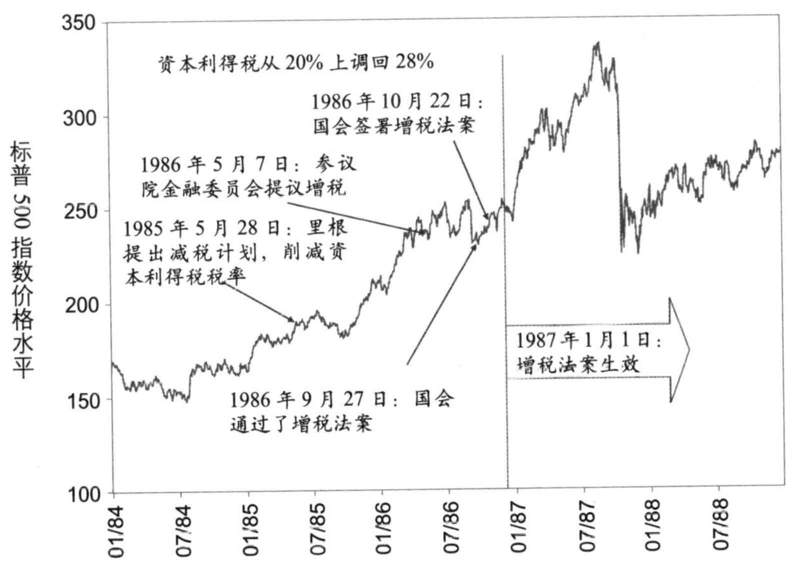

图 8.5　1986 年《税收改革法案》（*Tax Reform Act*）：提高资本利得税税率

资料来源：全球金融数据公司，标普 500 指数价格收益率，1983-12-31 ~ 1988-12-31。

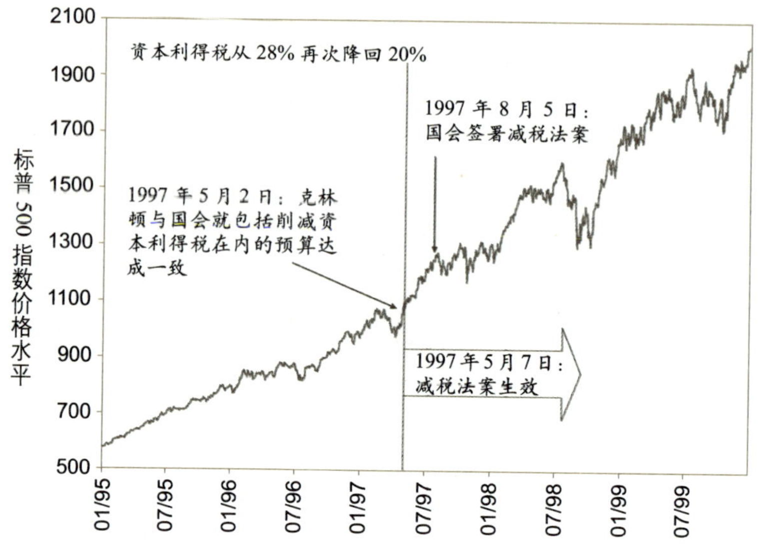

图 8.6　1997 年《纳税人减免税法案》(*Taxpayer Relief Act*)：削减资本利得税税率

资料来源：全球金融数据公司，标普 500 指数价格收益率，1994-12-31 ~ 1999-12-31。

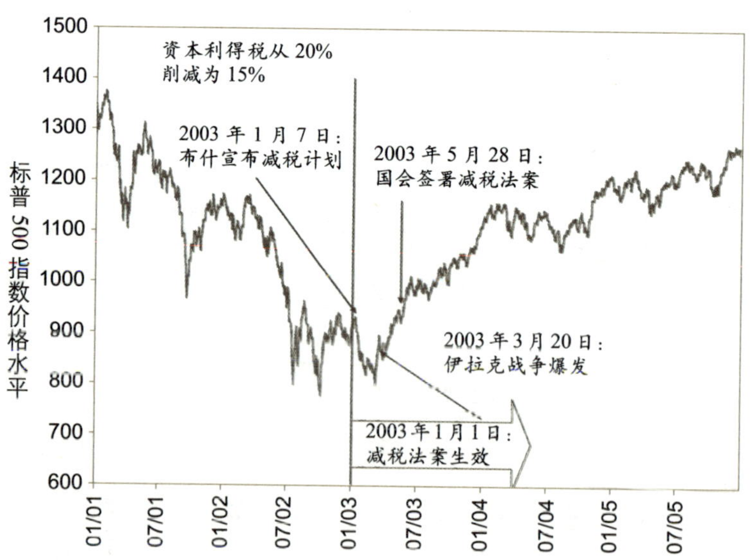

图 8.7　2003 年《就业和增长减税调节法案》(*Jobs and Growth Tax Relief Reconciliation Act of 2003*)：削减资本利得税税率

资料来源：全球金融数据公司，标普 500 指数的价格收益率，2000-12-31 ~ 2005-12-31。

到 28%，标普 500 指数一路飙升，直至 1987 年股市大跌为止，这似乎与税率变动毫不相关。

在图 8.6 中，1997 年的资本利得税再次从 28% 调回 20%，而股市则依旧延续上涨。图 8.7 中，2003 年资本利得税又被削减为 15%。股票市场在经历了初期的暴跌后，随即便迎来了为期 5 年的大牛市，这同样说明税率变化与股市运行毫无干系。

因此，股市在减税后大跌，在增税后大涨，并在随后的两次减税后继续维持原有趋势。所有这一切都说明，尽管政治家、权威人士、邻居还有你的表兄弟，都希望你把税收政策的调整视为首要动因，并将其与股市的变动联系起来，但是在任何孤立因素的影响下，股市的变化往往都是渐进的。因此，全球化形势对股市的意义很可能远远超出我们的想象。美国只能维持全球股市的固有方向，在上述时间段内，按周数据计算的美国股市和非美国股市相关系数始终不低于 98%。这是一个再简单不过的事实。

我个人认为，较低的税率在任何情况下都是一种影响力巨大的渐进性利好因素。但也有一些无足轻重的例外，比如说降低现行的负利率，或是低利率造成经济学家所说的经济替代效应，但它们都不是本书的核心，故在此不做赘述。美国、英国、德国、日本或是不丹的税收政策对其他国家的影响是有限的，累进税政策的改革或许可以为本土企业创造更有利的经营环境。但一个国家的损失就是另一个国家的收益，因此，税收改革在全球层面上不会为国家之间带来实质性差异。

税收改革可能会对某些特定行业带来重大影响，改变其盈利甚至决定其经营成败。比如说，如果英国对银行业实施惩罚性税收，就可能会增加非英国银行的竞争力。但这并不会改变市场对银行业的整体需求或是银行业在全球经济中扮演的角色。这样的例子似乎有点过于挑剔，但是在更广泛的市场范围内考虑这个问题，某些更具宏观性的动因通常会掩盖某个国家的税收政策，尤其是税收改革仅针对调整边际税率的情况下更是如此。

例如，在全球企业盈利能力持续下滑的情况下，如果货币流通速度突然降低并导致通货紧缩，或是全球性经济衰退已经到来，那么即使是大规模削减企业及个人税收，也不可能会产生多大的积极作用。反之，如果全球企业的盈利能力稳步提高，世界经济同步增长，那么增税提案或许会让你咬牙切齿，因为这很有可能意味着，不管有无增税，你的国家都会因此而受到拖累。

因此，如果媒体忿忿不平地指责税收政策或其他某个问题会把世界经济拉下水，或是兴高采烈地赞誉某个本地化动向会把世界带向繁荣，我们还需冷静对待：它或许根本就没有那么大的影响。毕竟，本地因素的力量还过于微小、影响范围也过于狭小，不要忘记，全球化浪潮将席卷整个世界，忽略全球化动因则会让你陷入危机。

紧盯全球最优异的股票市场

更重要的是，对于那些不能正确认识国际因素的投资者，他们会丧失管理风险和改善投资业绩的大好时机。就像我在2011年所指出的那样，新兴市场的股市在2009年和2010年的上佳表现，使得国外投资正越来越受欢迎。按照我的设想，在新兴市场股市大幅落后于全球股市时，这种情况迟早都会发生，这是风水轮流转的规律，很多对美国以外的投资市场本来就很陌生的投资者必然会弃暗投明，他们将再次认为，外国投资危险无比。

的确太糟糕了！大多数投资者都知道，即使是随机构造的一篮子股票投资，也比仅投资于某一只股票更安全。但这只股票或许可以上涨1 000%啊！这样的事情确实曾经发生过，但遭遇1 000%下跌的概率也同样存在。无数学术研究和实证经验都验证了多元化投资的好处。人们总是习惯把多元化投资理解为仅针对板块而言，那么，人们为什么不能把全球性投资视为实现多元化投资的下一个步骤呢？而且我们追逐的目标也不应仅限于新兴市场，因为它们毕竟不可能永葆活力。

实际上，我们真正需要考虑的，就是像约翰爵士那样去寻找那些尚未引起人们关注的美国股市以外的股票。

在创作于 2006 年的《股票投资就问三个问题》和 2010 年的《揭穿真相》这两本书中，我详细介绍了投资全球化的诸多益处。此外，我的同事艾伦·安德森（Aaron Anderson）也曾在 2009 年写了一本令人称道的畅销书《拥有世界》（*Own the World*），他在书中阐述了全球化投资的理由和手段。如果你对全球化投资还知之甚少，我强烈推荐你认真阅读一下这 3 本书，因此，我在此就不想过多赘述这方面的理论了，这也不是本书所讨论的问题。

我们还是有必要做一下简单归纳，学术界和投资界都认为，你的投资对象在范围上越宽泛，通过多元化投资规避股票风险的机会就越大。但任何投资的范围不管多宽泛，都不可能超越全球化投资。你总不能去做宇宙间投资吧！因此，将投资的范围扩展到全球，我们就可以增加风险管理的层级性，对国家层面的风险实行充分分散。如果你也像很多人那样对美国的未来忧心忡忡，那么，投资的全球化或许是最合理的选择。但他们中的很多人还是不愿意投资海外产品，因为他们的脑子里充斥着一种根深蒂固的错误观念：如果美国股市表现不佳，其他国家的股市肯定也好不到哪里。

我们还是没有必要把这想象成世界末日的大决战，即使某个国家实施一项灾难性的税收政策，你也不会受到毁灭性打击。如果未来的某位美国总统提名著名演员查理·西恩担任美联储主席，你可以在减少美股投资比重的同时，依旧享受持有股票的长期收益。或者说，如果其他某个国家任命查理·西恩担任经济领域的领导人，你就可以下调对这个国家的投资比重。

投资的全球化并不能帮助你规避系统风险，全球市场同时暴跌的情况并不少见。但扩大投资范围确实能一定程度上帮助我们分散风险。

总而言之，这就是风险管理的基本要素，在投资业绩层面，投资范围越广，我们获得改善投资业绩的潜在机会也越多。如果你看好德国工业股，就可以增加德国工业股的投资权重；如果你看好巴西的银行股，就可以适当增加对巴西银行股的投资。事实上，我们不必强迫让自己的每一次预测都成为现实，而且这也是不可能的事情，但是，假如你找不到足够说服自己的证据，也可以选择不下注。此时，你只需追踪作为投资基准的全球指数，以消极投资策略构建一个全球性的投资组合，然后选择静观其变，即便如此，你的投资业绩依旧有可能超过大多数投资者，我们已经在第 2 章里讨论过这个问题。

但是，如果你的长期预测结果大都能兑现，那么你就有可能跑赢大盘，但这很难做到，肯定不容易！相对于仅针对某个国家的窄范围投资而言，全球性投资依旧让你的投资业绩更有可能超过大多数投资者。即便这个国家是美国，也不例外！

我希望投资者反复揣摩表 8.1，因为不管我如何鼓吹全球投资，很多固执的投资单一国家的投资者仍然会我行我素，他们根本就不相信我的胡言乱语，风水一定会轮流转。这样的人很多，而且很常见。第 6 章的图 6.1 就是一个这样的例子，它同样适用于个别国家，而其中的原因就是投资者没有从全球视角认识投资。所以说，投资过程中全球化投资是首先必须考虑的，随后才是国内因素。这张表显示了过去 70 年里股市收益排在前 5 位的国家，可以看到，排在前 5 位的国家其股市收益率一直在变化。而美国也并没有如我们想象的那样，始终排在前面，因此，风险管理和改善业绩的机会无处不在，无时不在，前提是你要抓住这个机会。

历史是最好的投资向导

到这里，我们的讨论将近结束。我希望这本书不仅能为读者带来乐趣，也希望它能给你带来一点启发，最好能让你在自己的投资中有所受益。我更希望读者能领悟到，根据过去永远不能预测未来。

看过本书之后，我相信你能体会到这一点，仅凭一次又一次地重复

表 8.1　过去 20 年股票市场表现最优异的 5 个国家和地区（%）

年份 / 排名	1		2		3		4		5		美国收益率
2010	希腊	90.4	英国	10.3	中国香港	9.2	奥地利	6.7	挪威	1.1	-2.1
2009	中国香港	49.5	澳大利亚	35.6	**美国**	**31.3**	新加坡	25.0	新西兰	20.8	31.3
2008	中国香港	32.3	瑞士	18.1	**美国**	**7.4**	新加坡	6.3	荷兰	3.4	7.4
2007	中国香港	116.7	芬兰	83.2	新西兰	70.0	新加坡	68.0	瑞士	46.7	10.1
2006	芬兰	52.5	挪威	24.1	日本	21.6	瑞典	18.8	爱尔兰	14.5	2.0
2005	瑞士	45.0	**美国**	**38.2**	瑞典	34.1	西班牙	31.2	荷兰	28.9	38.2
2004	西班牙	41.3	瑞典	38.0	葡萄牙	36.4	芬兰	34.7	中国香港	33.1	24.1
2003	葡萄牙	47.4	瑞士	44.8	意大利	36.4	希腊	36.2	丹麦	35.0	34.1
2002	芬兰	122.6	希腊	78.1	比利时	68.7	意大利	53.2	西班牙	50.6	30.7
2001	芬兰	153.3	新加坡	99.4	瑞典	80.6	日本	61.8	中国香港	59.5	22.4
2000	瑞士	6.4	加拿大	5.6	丹麦	3.7	挪威	-0.4	意大利	-0.8	-12.5
1999	新西兰	9.5	澳大利亚	2.7	爱尔兰	-2.7	奥地利	-5.0	比利时	-10.2	-12.0
1998	新西兰	26.1	奥地利	17.3	澳大利亚	-0.3	意大利	-6.3	挪威	-6.7	-22.7
1997	希腊	69.5	瑞典	66.1	德国	64.8	西班牙	59.2	奥地利	57.8	29.1
1996	奥地利	72.3	挪威	54.5	希腊	46.1	比利时	44.9	爱尔兰	43.1	10.7
1995	加拿大	28.9	挪威	25.7	日本	25.6	丹麦	25.3	奥地利	25.2	5.7
1994	西班牙	50.2	葡萄牙	48.4	爱尔兰	47.6	瑞士	46.7	挪威	46.3	15.3
1993	芬兰	50.1	中国香港	41.2	德国	35.9	希腊	32.9	挪威	32.4	6.0
1992	日本	-29.1	瑞士	-29.9	**美国**	**-37.1**	西班牙	-40.1	法国	-42.7	-37.1
1991	挪威	88.6	澳大利亚	76.8	新加坡	74.0	瑞典	65.9	中国香港	60.2	27.1
1990	瑞典	34.8	丹麦	31.1	中国香港	23.2	新加坡	22.2	加拿大	21.2	15.4

资料来源：汤姆森路透，个别国家的股票市场收益率计算区间为 1989-12-31 ～ 2010-12-31。

过去不能预测未来，我就可以写一本 10 000 页的书，然后挨家挨户地推销这本书，而且作为回报，每个阅读这本书的人还可以得到我的 1 万美元酬劳。于是，某些博主就会说，“费雪这个大傻瓜，他居然认为股市历史是预测未来行情的唯一手段”。

因此，我最后还要重申一次：根据过去不能预测未来。过去以某种方式发生的事情，未必会以同样方式在未来重新再现。如果只依赖历史判断未来的市场走势，你很可能会付出惨重代价。

相反，市场的历史只是一个检验假设的试验场，如果整个世界都在说，“X 将会发生，而且我们都知道，这表明 Y 必定会随后发生”，那你不必轻信。你可以亲自检验一下，看看 X 和 Y 在历史中是否表现出很强的相关性。如果以前不具有这种强相关性，那现在也很可能不具备这种强相关性，除非你能找到一个极具说服力的理由推翻这个逻辑。有的时候，所有事件都是对的，而且 X 在某些情况下确实导致了 Y 的发生，但是在我的长期职业生涯中，我看到的更多的是人们期望的事情并没有发生。或者说，即使期望变成现实，也不是出于人们一致认同的理由，抑或只是一种巧合，既然如此，这种逻辑显然不足以成为我们下注的理由。

此外，如果全世界在看到 X 时就会预测 Y 将发生，历史却告诉你，Y 并不会在每一次 X 出现之后如期而至，那么，你就可以下注 Y 不会出现，而且多半会赢。我们还可以再进一步去揭示在 X 之后到底会发生什么！或者说，到底是什么导致了 Y 的发生。但要做到这一点，我们首先要学会以史为鉴，把历史当作实验室。以历史为依据，能为我们构建更合理的预期，并以此为出发点，在对当前经济、政治和投资情绪基本了解的情况下，确定我们认为最有可能发生的事情。

之后，我们还要牢记，仅仅因为某些事情似乎有合理的原因成为现实，但这并不意味着它一定会以这样的方式出现。资本市场的复杂性是难以想象的。有些时候，确实会发生某种实在难以预料的事情；有些时候，我们对历史的解读就是错的！但既然说投资是一个概率游戏，而不是一个确定的游戏，那么，我们就必须以构建合理的概率分布作为投资的起点。

另一个需要牢记的要点是：不管我们的分析能力有多强大，我们对历史的理解有多深刻，我们总是会时不时地犯错，而且会犯很多的错误。这很正常，正如我在本书中反复强调的那样，100% 的精确度不仅不可能，也不应该期待。如果你想 100% 达到你的投资目标，你注定会失望，因此，你唯一应该做的就是调整预期。但假如我们能经常对市场历史进行分析和回顾，那么，我们就可以更准确地判断市场行情，从而减少自己失误的概率。这就是历史带给我们的启示。

作为本书的终结，我送给各位最后的忠告，也是读者最应该牢记的是：在市场面前，我们将记忆远远抛在了脑后，而且你绝不是例外，所有人的记忆都非常糟糕。尽管这本书会让你一而再、再而三地发现，人们经常会忘记反复出现的规律，或是选择对这些规律视而不见，即便我们已经认识到这些规律，但在你放下这本书的时候，还是会有很多人忘记它们。

千万不要让这样的事情再重复下去了，我们必须随时随地牢记在心：**我们很容易忘记市场曾经发生过的事情，而且不管以往的投资收益是多么丰厚，我们都必须研究历史，以史为鉴，历史永远是我们最好的向导。**货币和市场或许永远也不会忘记历史，但人们却注定会忘记历史。规律永远是规律，这一次不会有所不同，下一次抑或是我们人生的任何一次，都不会有所不同。

后 记

美国经济史的镜子——堪萨斯

政治是影响资本市场的一个因素，而堪萨斯在美国政治中则扮演着特别重要的角色，这倒不是因为堪萨斯曾经诞生过几位共和党的总统提名人。

很久以来，堪萨斯始终是美国人平民主义的化身，因为《绿野仙踪》中的多萝西就是堪萨斯人，今天，大多数美国人都相信，这只不过是孩子们喜欢的一个童话故事而已。实际上，这部出自平民主义作家之手的作品有着深刻的政治象征意义，它影射了当时社会在金本位和白银本位问题上的政治分歧。下面这段文字摘自我创作于 2006 年的《股票投资就问三个问题》一书，它详细解读了“奥兹王国”即金本位的深刻含义。可以肯定的是，在创作这个故事时，作者莱曼·弗兰克·鲍姆（L. Frank Baum）挑选堪萨斯作为故事的起点是别有用心的。

《绿野仙踪》和 1 盎司黄金

你知道，在莱曼·弗兰克·鲍姆着手创作《绿野仙踪》时，难道他就是想写一部童话故事吗？不是的，按照他的本意，这部作品应该是一部寓意深刻的政治讽刺小说，他想借本书表现出 19 世纪

90 年代的政治人物以及他们之间的经济分歧。

不过，我们已经没有必要去想影片背后蕴含的深刻含义了。这部拍摄于 1939 年的影片，原本是想给处于黑暗中的人们带来一份快乐。但如果我们回到原著，在 1900 年的那个时候，人们都会知道多萝西那双银鞋背后的含义，从视觉理论上，红色或许更令人愉悦，它应该马上让读者想到，书中所描绘的“奥兹仙境”(OZ)，实际上所代表的就是 1 盎司黄金。这也是鲍曼最想告诉读者的东西。

19 世纪 90 年代到 20 世纪初，支持金本位货币体系和放弃金本位并采取其他金属本位货币体系的两个政治派别始终处于激烈论战中。在 1879 年美国恢复金本位后，经济紧缩随之而来，随后整个国家的商品价格和工资水平双双下降。国内外一系列的错误政策,最终导致了 1893 年的“经济大恐慌”和随后的全球经济大萧条。尽管这不是有史以来规模最大的经济萧条，但其影响深远、意义重大。今天，虽然我们还无法找出这场经济浩劫的起因，但美国经济的败落无疑成为全球经济灾难的一个主要诱因，而在美国金本位更是饱受诟病。

于是,整个国家突然之间开始强烈要求取消对银矿开采的限制。此时，威廉·詹宁斯·布莱恩（William Jennings Bryan）开始在“自由白银运动”中扮演核心角色。批判家们认为，这在本质上是一场全面的通货膨胀，而支持者则认为，通货膨胀确实存在，但局势仍处于有序可控状态。舆论界则普遍认为，这场争论已经被定格为一场在人民和与政治集团相勾结的东方银行业之间展开的斗争，前者将会因银本位和通货膨胀率增长而受益，后者因维持现状而受益。顺便提一下,这种平民百姓对商业大亨的好戏在今天依旧司空见惯，某些事情总是千篇一律，这的确有点好笑。

正是在这样的背景下，鲍姆创作出这部传奇的童话佳作，而小说本身更是体现了他对银本位的支持，以及对平民主义者的声援。他在作品中塑造的每一个角色,对于读者来说恐怕都再熟悉不过了。

堪萨斯是平民主义运动的发源地，来自当地农村家庭的多萝西，是一个贫穷但无畏的女孩，她是美国民众的代言人。勇敢的多萝西代表着美国人的精神——心地善良，年轻漂亮、活力四射，而且充满希望。而奥兹仙境则象征着美国，尤其是美国东部，而且特别是曼哈顿，这是一个离不开黄金而且已经被黄金照花眼的地方，这里已经与金本位彻底融合为一体。这里到处都是金黄的道路，而这耀眼的金黄就是黄金发出的光芒！

故事中的东方女巫代表前民主党主席、支持金本位体系的格罗弗·克利夫兰，在平民主义者的心目中，他就是一个能力超强的恶棍，因为他是1892年大选当选的美国总统，请记住，这是他第二次当选，他也是1885～1892年期间执政过的总统，但是在1888年的竞选中败给了本杰明·哈里森，在1893年“经济大恐慌”开始时，正直克利夫兰的执政期。他是一个十足的恶棍，因为他明目张胆地支持金本位、彻底抛弃坚持平民主义思想的民主党人，因为在平民主义者的眼里，民主党就应该反对那些主张金本位的共和党人。当克利夫兰在政治上失意的时候，一阵银本位运动旋风把多萝西的房子吹落到东方女巫的领地上，东方女巫被砸死了，但却留下了宝贵的银鞋。此时，住在奥兹王国东部边缘的小矮人们还在无知中挣扎，很显然，他们根本就不知道银鞋的魔力。他们甚至在地图上根本就找不到堪萨斯城这个地方——尽管这是东部的首都，于是，他们只好让多萝西去见女巫。

多萝西的第一个同路人是稻草人，实际上，他是一个灵敏机智却被人们看不起的西部农民。在讨论银本位时，大家根本就不让稻草人插嘴，因为奥兹王国的人认为稻草人头脑太简单，以至于根本就无法理解这么复杂的问题，最后，是多萝西用银鞋的魔力，才让稻草人得到了自由。多萝西的第二个同伴铁皮人，东方银行的苛刻利率把这个普通工匠变成了呆板僵硬的傻子，他们不仅偷走了铁皮人的手艺，还偷走了他的灵魂。这个心地善良、身体健壮的劳动者和生活在19世纪90年代的很多人有着相似的命运，最终，浑身生锈、已无力举起斧子的铁皮人被开除了。胆小怕事的狮子也加入了他们的行列。这个狮子不是别人，正是威廉姆·詹宁斯·布莱恩。1896年和1900年两届总统大选的民主党总统候选人，只不过他两次都败给了威廉·麦金利。

尽管布莱恩的确具有发号施令的权利，但最终他还是一个失败者，他根本就没有狮子的力量或勇气。随着美国经济在19世纪90年代末有所好转，原本支持麦金利的阵营也开始分崩离析。有些人认为，麦金利应该更多关注当前更紧迫的政治问题；还有一些人则认为，他应该继续担当与银本位做斗争的领袖，否则就是在向东方银行的坑人利率低头认输。但他毕竟缺乏勇气，缺少一个狮子的心。

至于巫师居住的翡翠皇宫，很显然就是在说白宫，这里面到处都是形形色色的官僚。巫师看上去很友善，而且希望得到辅佐，但巫师还是把自己的4个伙伴送到西方女巫的老巢。显然，巫师的原型对应着马卡斯·阿雷佐·汉纳。很多人认为汉纳是麦金利当选总统的幕后操纵者。来自俄亥俄州的汉纳是美国历史上最著名的幕后政治策划者，19世纪90年代，他牢牢控制着共和党的大权，而且在很大程度上还左右着麦金利的政治主张。除了制造幻象之外，巫师这个角色没有任何真实的权利，这象征着政治不过是一场幻象而已。

而这个来自西方的邪恶女巫，当然就是指同样来自俄亥俄州的威廉·麦金利总统。来自俄亥俄州的某个人怎么会变成了西方的邪恶女巫呢？很容易理解，如果站在鲍姆的角度，你就会发现，邪恶的纽约城通过银行利率控制了一切，于是，纽约哈德逊河以西的一切都变成了她的领地。在当时，很多人认为明尼苏达州和威斯康辛州应该属于西北部，这也是西北航空公司把总部设在明尼苏达州的原因所在。直到今天，我们依旧习惯于把俄亥俄州划归美国的中西部，至于中东部这样的说法，在美国根本就不存在。

麦金利是一个坚定不移的金本位和关税支持者，在平民主义者的眼里，麦金利比克利夫兰更邪恶。而吞并波多黎各、关岛和菲律宾的念头，丝毫不能改变仇人对他的嫉恨，这只会让他们把麦金利看成贪得无厌的资本主义者。这个巫师急于赶在多萝西发现银鞋的魔力之前占有银鞋，于是，他试图通过一系列离间4个朋友的诡计害死多萝西，并彻底瓦解他们作为一个整体而拥有的强大力量。谋害多萝西指的是银本位运动，而所谓的离间计则是指上述吞并波多黎各、关岛和菲律宾的计划和美国-西班牙战争。而南方的“善良女巫”格林达，则挥舞一下手里的魔杖，解决了4个人之间的矛盾，最终，失去银鞋的多萝西回到了堪萨斯，而这背后的含义，就是南方力量对平民主义运动的一贯支持，而且这种支持一直持续到平民主义运动消亡为止。

整个故事蕴含着着深刻的政治含义，也有较深的货币政策的寓意。有会飞的猴子，被监禁的维基海盗，虽然没有出现在美高梅的电影里，金黄色的罂粟庄园，甚至还有巫师送给我们英雄的礼物，送给狮子的一小瓶液体勇气，布莱恩本人就是一个著名的禁酒主义者，不管怎么说，在这些形形色色的人物身后，我们不难发现他们的含义。

难道你不相信吗？1990年，休·罗科夫（Hugh Rockoff）发表了一篇著名论文，名为《〈绿野仙踪〉的货币寓意》，在网上或是当地图书馆都能找到这篇文章。罗科夫在解析这部作品的角色和台词时，深入剖析了其中蕴含的经济、货币及政治含义。我们不妨先看看这篇论文，然后再重新阅读鲍姆的《绿野仙踪》，我相信到时你会大吃一惊，原来深受孩子们喜爱的童话作品，根本就不是我们想象得那么简单。

资料来源：Hugh Rockoff（1990），“The ‘Wizard of OZ’ as a monetary allegory”，*Journal of Political Economy*，98(4)739-760。

致 谢

我是一个历史迷。19世纪让红杉顺流而下的那段伐木历史一直让我如痴如醉，因为我喜欢高大的树木，尤其是红杉。我还迷恋市场和经济史，红杉是纯粹的业余爱好，市场和经济不仅是我的爱好，更是让我难以割舍的职业。因此，我一直想写一本讲述如何以史为鉴的书籍，今天，这个时机已经成熟。虽然我此前曾写过两本类似题材的书：《华尔街的华尔兹》和《股票投资就问三个问题》，但它们所涉及的历史实在是太短了，而且远远不及本书。

不仅如此，就在我于2011年创作本书的时候，我们刚刚经历了一段被很多人称为史无前例、历史性的时期：2008年的信贷危机、经济衰退以及2007～2009年的大熊市。在很多方面，这段时期都是历史性的：一场空前的大熊市和超越平均水平的经济衰退。但是在其他很多层面上，这只不过是一场普普通通的熊市而已。

我们的社会似乎总是倾向于过分关注差异，刻意减少相似之处。虽然其中的原因众多，而且这些原因也是相同之处大于相异之处，但投资者在熊市期间进进出出的行为却如出一辙。在2010年、甚至是2011年，也就是在经济衰退早已结束之后，投资者依旧会说“这一次会不同”，会担心曾在三年前触发经济衰退的事件再度呈现，尽管市场在历史上也曾触底后大幅反弹，而且全球GDP正处于史上最高点。但投资者几乎从不相信经济复苏，并坚信这个世界正在经历翻天覆地的变化，事实往往并非如此。

因此，我认为现在正是我认真思考如何做到以史为鉴的时刻，它们不是预测未来的杀手锏，根本就不存在这样的东西，而是作为一种辅助性工具，让投资者在研习资本市场预测学的过程中受益更多。

任何一本书都不是一个人的作品，即便是一个掌管几百亿资产的投资公司CEO，他笔下的书也需要大量情节和背景资料。创作是我享受生活的一种方式，随着时间的推移，利用工作之余进行创作的激情似乎有增无减。因此，我一定要感谢劳拉·霍夫曼斯，她不仅一直勤勤恳恳地为我及我的公司进行写作，还管理着一批才华横溢的作家，她也是我们公司官方网络杂志Market Mind的执行主编。对于我的第八本书以及我们合作的第五本书，霍夫曼斯继续发挥了巨大作用，她根据我的构思起草了全书纲要和脉络，并得到了我的首肯，此外，霍夫曼斯还完成了一部分极端精彩的草稿。她承担了创作中最艰苦的任务，而把构想和润色的乐趣全部留给了我，这对我来说显然是再理想不过的事情了，我就像是一个被宠爱的孩子，还有什么比这更妙的呢?

劳拉也承担了大量日常工作，似乎我每年都在拉着她做这种事情，让她不得不暂时放下自己手里的事。因此，我一定要感谢她背后的那个团队，因为他们不得不承担了很多本应由劳拉承担的任务。他们当中包括：企业沟通集团的副总裁戴夫·爱克雷，他为劳拉的团队重新调整了任务安排；托德·比利曼和阿曼达·威廉姆斯，同为公司的写手，她们泰然自若地承担起劳拉留下的非书籍创作任务，需要提到的是，她们本身就是非常优秀的作家。此外，我还要感谢纳加·斯里尼瓦斯、伊丽莎白·戴林格、阿什雷·姆斯和伊芙琳·切，作为劳拉所在团队的成员，他们承担了劳拉留下的很多工作，杰克·加姆博协助劳拉对本书中引用的很多材料进行了筛选。我还要把最真挚的感激送给劳拉的丈夫艾伦，因为在每年书籍上市的旺季，他都要在晚上和周末安排好劳拉被工作占用后的家庭生活。

本书全部图片、表格和数据由马特·施莱德负责，他是我们的研究分析及制作团队的正式主管人。负责处理日常工作事务的是丹尼尔·林奇，对于我的每一本书，寻找和筛选数据都是一项默默无闻的苦差事，而我们主要是劳拉负责进行二审、三审、提出质疑并提请二重和三重确认。理论上很简单，但重要的是你必须用现实做出验证，因此，我们必须让自己的数据有说服力。丹尼尔井井有条地处理着这个问题，让一个经常会漏洞百出的过程变得井然有序、有理有据。

公司的图片设计师雷拉·艾米丽设计的封面让人拍手叫绝，品牌部副总裁莫莉·莱茵尼奇总能为我的书提出意想不到的好建议。营销内容部门副总裁法布·奥纳尼和营销部副总裁吉姆·斯莫林斯基都是网络奇才，他们负责本书的市场发行，而我的出版社约翰·威利出版公司也对本书爱不释手。

和以前一样，我还要再次感谢杰夫·赫尔曼，他是一个优秀的代理人，是他帮我联系到约翰·威利出版公司。谈到威利，我不得不感谢劳拉·沃尔什，作为编辑，她始终站在我们的身后，给予我们最大的支持。在她的团队成员中，还有朱迪·霍沃斯、莎朗·波利斯、南希·罗斯查尔德、约斯林·柯德娃·瓦格纳和图拉·巴坦切夫，没有他们的辛勤工作，就没有本书的面世。出版图书并不容易，但他们却让一件原本不易的事情变得轻而易举！

此外，我还要感谢本公司的两位副董事长杰夫·希尔克和安德鲁·托伊费尔，还要感谢艾伦·安德森和威廉姆·格雷瑟，尽管并没有直接参与本书的制作，但这四位举止高雅的绅士一直在辅佐我管理公司的投资，他们还给我的创作给予了很多灵感。

负责公司日常经营的是另外两位总裁斯蒂夫·特里普莱特及达米安·奥纳米。如果没有上述六位管理者，我们的公司就不可能始终保持如此上佳的表现，如果我的公司经营不利，我不知道还有谁会愿意看我写的书。还有，如果是那样的话，我认为自己也就没有时间再做这件充满快乐的事情。

当然，我要把最重要的人留在最后，她就是陪伴我41年的妻子谢丽安。我花在写书上的时间就是离开她和家庭的时间，我永远感激她的耐心，永远感谢。

肯·费雪

伍德赛德，加利福尼亚

中资海派出品

为精英阅读而努力

一年只需 60 分钟的快乐投资理财书

学校没教你的 9 大投资致富黄金法则

安德鲁·哈勒姆是新加坡国际学校教师，曾有过一段艰苦的蜗居生活，每天步行十几公里去班。当窘迫生活状况被发现后，一位同事差点发动大家为他捐款。但凭借良好的消费习惯和先人一步的投资，在三十几岁时，他就成了百万富翁。

2002 年起，安德鲁开始撰写理财类的文章，发表在 MoneySense 及《读者文摘》上，曾两次被提名为加拿大“全国出版奖”候选人。他还就“9 大致富黄金法则”在《环球邮报》和《华尔街日报》上发表多篇文章，丰富了巴菲特的投资理论。

[加拿大] 安德鲁·哈勒姆　著
孟波　刘寅龙　译

中资海派出品
定　价：36.00 元

亚马逊投资理财类图书排行榜第 1 名
年度最好读、最有效的投资理财书

投资大师费雪　教你怎样炒股

沃伦·巴菲特之师菲利普·A. 费雪经典力作

在市场如火如荼时眼花缭乱，却又在市场一蹶不振时悲观彷徨，不要再被市场主宰了！拿起这本投资宝典，它将帮助你在股市中做回自己的主人，即既不会错过任何机会，也不会承担任何额外风险，你一定可以达成比市场更好的收益！

书中生动且经典的案例比皆是，作者的分析精辟透彻，既不乏专业性又不失趣味性，令人拍案叫绝。费雪对通货膨胀的分析研究极具前瞻性和预见性，就连弗里德曼也为书中令人难以置信的精辟分析所动容。即使在今天，这些观点和建议也依然不乏生命力，必定会让你叹服。

[美] 菲利普·A.费雪　著
刘寅龙　译

中资海派出品
定　价：32.00 元

深邃的智慧　前瞻的理论
投资股票才是致富之道

短信查询正版图书及中奖办法

A. 电话查询

1. 揭开防伪标签获取密码，用手机或座机拨打 4006708315；
2. 听到语音提示后，输入标识物上的 18 位密码；
3. 语言提示：您所购买的产品是深圳市中资海派文化传播有限公司出品的正版图书。

B. 手机短信查询方法（移动收费 0.2 元 / 次，联通收费 0.3 元 / 次）

1. 揭开防伪标签，露出标签下 18 位密码，输入标识物上的 18 位密码，确认发送；
2. 发送至 13825050315，得到版权信息。

C. 互联网查询方法

1. 揭开防伪标签，露出标签下 18 位密码；
2. 登录 www.801315.com；
3. 进入“查询服务”“防伪标查询”；
4. 输入 18 位密码，得到版权信息。

中奖者请将 18 位密码以及中奖人姓名、身份证号码、电话、收件人地址和邮编 E-mail 至 szmiss@126.com，或传真至 0755-25970309。

一等奖：168.00 元人民币（现金）；
二等奖：图书一册；
三等奖：本公司图书 6 折优惠邮购资格。
再次谢谢您惠顾本公司产品。本活动解释权归本公司所有。

读者服务信箱

感谢的话

谢谢您购买本书！顺便提醒您如何使用 ihappy 书系：

- 全书先看一遍，对全书的内容留下概念 。
- 再看第二遍，用寻宝的方式，选择您关心的章节仔细地阅读，将“法宝”谨记于心。
- 将书中的方法与您现有的工作、生活作比较，再融合您的经验，理出您最适用的方法。
- 新方法的导入使用要有决心，事先做好计划及准备。
- 经常查阅本书，并与您的生活、工作相结合，自然有机会成为一个“成功者”。

<table>
<tr><td rowspan="8">优惠订购</td><td colspan="2">订阅人</td><td colspan="2"></td><td>部门</td><td></td><td>单位名称</td><td></td></tr>
<tr><td colspan="2">地址</td><td colspan="6"></td></tr>
<tr><td colspan="2">电话</td><td colspan="4"></td><td>传真</td><td></td></tr>
<tr><td colspan="2">电子邮箱</td><td colspan="2"></td><td>公司网址</td><td></td><td>邮编</td><td></td></tr>
<tr><td>订购书目</td><td colspan="7"></td></tr>
<tr><td rowspan="2">付款方式</td><td>邮局汇款</td><td colspan="6">中资海派商务管理（深圳）有限公司
中国深圳银湖路中国脑库 A 栋四楼　　邮编：518029</td></tr>
<tr><td>银行电汇
或转账</td><td colspan="6">户　名：中资海派商务管理(深圳)有限公司
开户行：招行深圳科苑支行
账　号：81 5781 4257 1000 1
交行太平洋卡户名：桂林　　卡号：6014 2836 3110 4770 8</td></tr>
<tr><td>附注</td><td colspan="7">1. 请将订阅单连同汇款单影印件传真或邮寄，以凭办理。
2. 订阅单请用正楷填写清楚，以便以最快方式送达。
3. 咨询热线：0755−25970306转158、168　传　真：0755−25970309
E-mail: szmiss@126.com</td></tr>
</table>

→利用本订购单订购一律享受 9 折特价优惠。
→团购 30 本以上 8. 5折优惠。